The Struggle for the Soul of Physics under Hitler

Philip Ball

為第三帝國服務

菲利浦·鮑爾——著

張毓如——譯

Serving the Reich

目錄

序言

近日有一種日益普遍的觀點，那就是科學等同於率直的宇宙探索：使用固定、透明和平等的方法論努力尋找真理，不像人文學科一樣，受意識形態教條和模稜兩可所困擾。可以肯定的是，科學家也是人，但科學（在此看法中）超越了我們個人專注的事物，所論及的是更重要的地球萬物，揭示的一切既原始又抽象。我們身處的時代可以讓人不害怕挑戰科學是「脫離現實、純粹的知識」。相反的，有些科學家和科學擁護者認為，歷史學家、哲學家和社會學家大多只提供經過妥協、或許半真半假的陳述，神學家編造虛構的故事，政治家貪贓枉法，只在意選票，文學理論家則是厚顏無恥的小丑和騙子。即使是研讀科學的歷史學家、哲學家和社會學家，也經常遭到科學家以懷疑態度、甚至徹底的敵意看待，不僅是因為他們讓科學的井然形象變得複雜，也因為一些科學家無法想像，科學為什麼會需要這種監督。為什麼不能放過科學家，讓他們好好挖掘真相？

這種過分樂觀的描述無疑引出了我的懷疑論。這些趨勢興起又衰落。我們常說，科學家曾經為神服務，在其他時代曾為工業服務，又或者為國家的榮耀服務。僅僅幾十年前，科學看來在文化融合中如魚得水，以混沌又複雜的撩人圖像讓我們入迷，同時尋求與藝術家和哲學家對話。但是，來自宗教和政治基本教義派、裝腔作勢的文化相對論者和庸醫的攻擊，顯然讓許多科學家感到四面楚歌，迫切想要奪回一點點學術權威。而且科學仍舊可以提供實際可行的研究手段和可靠的知識，對此科學從業人員都感到自豪。

然而，堅持科學的純度有其危險，而我希望這本書能夠提出反對的理由。當我在研究德國第三帝國崛起時，工作於其中的科學家的回應時，我不得不對其中許多人的態度感到失望。他們認為科學「無關政治」、「超越政治」，比起任何人類交流的事務來說，都是更需要責任和忠誠的「更崇高的使命」——聽起來和我在今日所聽到和讀到的科學家發言十分相似。

彼得．德拜是這個故事裡的一個關鍵人物，也被認為是科學家中的科學家。審視德拜的一生會發現，當生命出現其他東西，一個不能用俏皮話或公式回答的東西，或者最糟糕的是，一個科學根本不該費心在如此世俗的事務上加以辯護的東西，這個人會變得多麼有問題。

德拜就像他的許多同事，無疑在如此艱難的時代盡其所能。無論人們是否想要批評他的選擇，一九三〇年代的德國科學家真正的問題無關個人缺點，而是科學機構本身其實已經成為一棟缺乏明確社會和道德取向的建築物。它為自己在世界上的行為創造了託辭。我們必須珍惜和捍衛科學，但代價不是讓它有別於其他人類活動，而是應該心懷獨特的義務和道德界限。

最先讓我了解德拜的故事的是科學史家彼得・莫里斯，對此我深深感謝。在許多專家和其他智士極其慷慨的幫助下，讓我有機會通過這個特殊時代和地點的洶湧洪流，並且希望能將在本書試圖達成的結果在最慘的災難中存活下來。而在這裡我要感謝希瑟・道格拉斯（Heather Douglas）、艾瑞克・柯蘭德（Eric Kurlander）、迪特爾・霍夫曼（Dieter Hoffmann）、羅爾德・霍夫曼（Roald Hoffmann）、霍斯特・康德（Horst Kant）、吉斯・范金克爾（Gijs van Ginkel）、馬克・沃克（Mark Walker）、斯特凡・沃爾夫（Stefan Wolff）和班・威登（Ben Widom）。諾爾維格・德拜—薩辛傑（Norwig Debye-Saxinger）和我討論他祖父的生活和工作中一些敏感問題時，表現得非常親切。紐約柏油村的洛克菲勒檔案中心讓我的參訪經驗非常舒適並富有成效。

我十分感激，我的經紀人克萊兒・亞歷山大（Clare Alexander），和我在包德利海德出版社的編輯約爾格・亨斯根（Jörg Hensgen）、威爾・薩克因（Will Sulkin）及他的繼任者斯圖爾特・威廉斯（Stuart Williams）在和我一起工作時，一直非常可靠並支持我。我在此特別感謝約爾格對德國文化和歷史的視角。我很高興能再次從靈敏可靠的文字編輯大衛・米爾納（David Milner）受益。與以往一樣，我的妻子茱莉亞和我的家人是我的靈感來源。

菲利浦・鮑爾

二〇一三年三月於倫敦

緒論　弄髒雙手的諾貝爾獎得主[1]

二十世紀偉大的物理學家很少能夠家喻戶曉，而彼得・德拜一定是這個聖殿中名氣最低的其中幾個。這樣的情況反映了他的工作和科學成就的性質。在許多方面，阿爾伯特・愛因斯坦、維爾納・海森堡和史蒂芬・霍金已經成為物理世界奧祕本質的代言人。相較之下，德拜卻在科學中一直以來不熱門的化學物理領域中做出了最大的貢獻。他破解了分子的物理性質，尤其是它們如何與光線和其他形式的輻射相互作用。他的成就非凡：舉例來說，他幫助人們理解，X光和電子束如何能夠顯示出分子的形狀和動作；他發展出鹽溶液的理論；他設計出測量聚合物分子大小的方法。他因為這方面的成就獲頒一九三六年的諾貝爾獎。有科學裝置以他為名，也有幾個重要的公式依他來命名。他的成就聽起來不足以撼動世界，事實上在許多方面也的確沒有。但德拜如今

[1] Rispens (2006b).

受科學家所崇敬，是因為他用驚人的直覺洞察力和數學能力，看到問題的核心，並且使用深刻且有用的方法發展出解決方法。很難有一個科學家能夠同時擁有如此理論而又務實的感受能力。

他的同事熱情談論他，他的訃聞受到舉世景仰。他有個可愛的家庭，並散發出硬朗、可靠、外向精神的氣息，最喜歡和妻子一起健行或從事園藝活動。不可否認的，和愛因斯坦或理查·費曼（Richard Feynman）相比，他的性格中沒有標新立異的部分讓大家想像。然而，這樣的特質本身不就是一種美德？

因此，當二〇〇六年一月，荷蘭記者賽柏·李斯彭斯（Sybe Rispens）所撰寫的《愛因斯坦在荷蘭》（*Einstein in Nederland*）一書出版，書中對德拜勾結納粹的指控，讓世人震驚。本書出版同時，李斯彭斯在一本名為《自由荷蘭》（*Vrij Nederland*）的荷蘭雜誌中撰寫了一篇文章，在文中稱德拜為「弄髒雙手的諾貝爾獎得主」。李斯彭斯認為，德拜從來都不是納粹黨成員，但他是「協助政權的志願者」[2]，並且對「希特勒最重要的軍事研究計畫」[3]做出了貢獻。李斯彭斯描述德拜如何從一九三五年直到一九三九年底離開德國那段期間，擔任柏林著名的威廉皇帝物理研究所負責人，而那裡的工作後來發展成核能的軍事用途。德拜於一九三八年擔任德國物理學會主席時，曾在一封信中署名，呼籲學會中所有的猶太成員離開。李斯彭斯稱此舉動為「有效的亞利安肅清行動」[4]。德拜甚至於二次大戰期間待在美國時（直到他於一九六六年去世之前，都待在紐約州伊薩卡的康乃爾大學），持續與納粹當局接觸。李斯彭斯認為，他這麼做是為了能夠在與納粹的敵對結束時，有返回柏林擔任舊職的可能。

在此之前，德拜在納粹德國的行為很大程度上被視為，一個誠實的人在邪惡政權的脅迫下不得不妥協，而這樣的暴行終於迫使他流亡。大家不願意去猜想德拜可能有更自私的動機。一位評論家認為，受人崇敬的物理學家的人生竟然有此讓人無法想像的複雜和爭議的說法，會讓他的崇拜者感覺「失去了一位英雄」[5]。

目前尚不清楚李斯彭斯的指控是否能夠禁得起科學家的許多關注。但是這樣的指控可能無法承受在荷蘭隨之而來的反應。兩所與德拜的名字相關的大學驚慌失措，急忙撇清。德拜的朋友實業家艾德蒙・侯斯丁克（Edmund Hustinx）於一九七七年成立「自然科學德拜研究獎」，並由馬斯特里赫特大學（University of Maastricht）管理。二〇〇六年二月這所大學徵詢侯斯丁克基金會的同意，希望該獎項能移除德拜的名字，原因是他在納粹時代「對學術自由的限制未做出充分的抵制」[6]。該大學的新聞稿宣布，執行董事會認為，目前的狀況和科學獎命名相關的範例並不符

---

2 Rispens (2006a), translated in Altschuler (2006), 97.
3 Rispens (2006b), translated in ibid., 96–7.
4 Rispens (2006a), 180.
5 Eickhoff (2008), 146.
6 press release from the University of Maastricht, 16 February 2006, 'Opgeroepen beeld moeilijk verenigbaar met voorbeeldfunctie UM', translated in Altschuler (2006), 98.

合[7]。而且，管理知名的德拜納米材料科學研究所的烏得勒支大學（University of Utrecht），同樣宣布，「最近的跡象顯示並不適合使用德拜的名字」[8]，從此會從研究所的名稱中移除德拜。

這些舉動和康乃爾大學化學系的反應形成了對比，該系長久以來對於擁有德拜這名校友感到自豪。針對前述主張，該系委託斯克內克塔迪的聯合學院的歷史學家馬克．沃克（Mark Walker）協同調查，沃克是研究第三帝國時期中德國物理學的權威。調查的結論是，德拜既非納粹同情者，也非反猶太主義者，而「將德拜的名字從系上拿掉的任何舉動都毫無依據」[9]。

沃克和其他科學史學家都堅持認為，李斯彭斯以極端化諷刺漫畫的概念塑造了德拜的形象，掩蓋了他對於納粹統治的反應和絕大多數德國科學家並無不同的事實。在德國國內，很少有人積極反對納粹，舉例來說，幾乎沒有任何非猶太裔教授辭去職位，或是以移民抗議一九三三年希特勒推行的有差別待遇的公務員法。但出於同樣的原因，只有極少數的科學家熱情擁抱了毒害人心的國家社會主義教義。歷史學家指出，德國大多數的科學家在面臨納粹國家的入侵和不公義時，做出了適應和逃避：也許稍有微詞、無視這樣或那樣的指令，或者幫助被解雇的同事，卻沒有持續採取抵抗行為。他們最關心的是如何維護自己的事業、自主性和影響力。德拜就是其中一個，不會比其他知名的科學家好，也沒有更糟糕。

無論李斯彭斯的主張功過為何（我也會在本書中加以審視），這場「德拜事件」重新開啟了針對德國物理學家在希特勒統治時期的行動長久以來存在且頗具爭議的辯論。他們對於國家社會主義者的專制和反猶太人的政策是否表達出強烈的反對，或者反而調整自己去適應這個政權？我們是否應該因為這些科學家的社會和專業角色、他們的國際關係、科學和哲學世界觀，而去考量他們擁有了特殊的地位以及超越一般人的義務？科學本身是否因為其在意識形態及軍事上的規劃，而遭受國家社會主義者強行徵用？是否如一些人所說，國家的種族政策消滅了科學？或者至少在開始投下原子彈之前，科學得以倖存，並在某些方面蓬勃發展？

有一點是明確的：這些問題，還有因為這些問題而對科學和國家的關係所產生的意涵，都無法透過「結合了聖徒傳和妖魔化、科學家正義與邪惡的特質，持續且致命的雙面操作」[10]來表達，而沃克認為這樣的操作經常破壞了早期對於第三帝國的科學所試圖做的了解。甚至到現在，還有人傾向理解德國科學家所做的選擇不是「正確」，就是「錯誤」，沒有灰色地帶。而這樣的分類往往是由寬容的自由民主擁護者以無所不知的後見之明所決定的。並不需要成為道德相對主義者才會發現這樣的情況有其危險。可以肯定的是，在這個故事中，有英雄，也有惡棍。但是大部分的角色都和我們大多數人一樣，不是英雄，也不是惡棍。他們的缺點、判斷失誤、他們的善

7 同前註。
8 press release from Utrecht University, 16 February 2006, 'Universiteit Utrecht ziet af van naamgeving Debye'.
9 press release from Cornell University, 2 June 2006.
10 Walker (1995), 2.

意和勇敢的行為，都會發生在我們身上，我們也會妥協和短視近利。或許這和善惡無關，而是人性，是人之常情。

三個故事

在本書中要檢視的三個人物，他們的個人歷史以對比和相似的角度，讓我們看見不同的方式，而在這些方式中，大多數科學家（和其他公民）位於適應納粹統治時應該共謀還是抵抗之間的灰色地帶。正是因為德拜、馬克斯·普朗克（Max Planck）和華納·海森堡（Werner Heisenberg）既非英雄也不是壞蛋，所以關於他們生活在第三帝國的現實，或是有關更普遍的科學和政治的關係，都讓人有所啟發。普朗克和海森堡的角色已經受到歷史學家非常詳細的檢視。德拜在過去被認為是一個不那麼重要、幾乎一閃而逝的身影，也正因為如此，最近爆發的德拜事件就顯得重要。然而，儘管有關納粹統治下的德國物理學界研究非常多，歷史學家對於應該如何判斷，還是極度不同意，甚至表現出激昂的情緒。

在德拜、普朗克和海森堡幾個形成鮮明對比的情況和決定中，我們可以發現解答這個問題的背景資料。這三個人的生命在許多方面相交且相互作用。德拜和海森堡的導師是同一個人。一九三〇年代初期，兩人在萊比錫並肩工作。普朗克對於兩個人的職業生涯都給予支持，而他們將他視為父親般的形象和道德的燈塔。德拜不顧納粹的意願，堅持將他在柏林主管的物理研究所以普朗克為名。戰爭爆發後，當德拜前往美國，最終是海森堡接替他的職位。

這三個人的個性都不一樣。很明顯的，他們都不熱中於希特勒政權，但他們無論是在管理上、智識上和激發靈感上，都是德國科學界的領導和指標人物。而且他們各自在設定物理學界對於納粹時代的反應基調上發揮了重要作用。他們每個人都在納粹時代之前和其中，為德意志帝國服務，但是這和服務希特勒不同，更不用說接受他的思想，他們之中沒有人看起來能夠認真考慮，這之間是否或如何有所區別。普朗克是保守的傳統主義者，認為自己是德國文化的守護者。這樣的人是愛國者，對於自己在社會中的地位有自信，並意識到他們的首要職責是服從國家。海森堡和普朗克一樣擁有愛國主義和公民責任感，但對傳統的看法並不相同。對他來說，希望在第一次世界大戰的屈辱後能夠再現德國精神，需要靠青年運動來鋪陳，而這樣的青年運動要能頌揚對自然、同志情誼、坦率的投入哲學問題所產生的浪漫依附。海森堡毫不猶豫的將創新的量子理論放入對於之前一切都有所懷疑的世界觀中，所以他不覺得自己效忠於普魯士文化的保守主義，而普朗克只是勉強幫忙推動量子理論。德拜則是個局外人，雖然在德國擁有傑出的職業生涯，卻同時堅持拒絕入籍德國。面對國家社會主義者的干擾和要求，普朗克的反應是苦惱且支吾。海森堡尋求官方的認同，卻又拒絕承認自己的妥協所帶來的後果。在三個人中，德拜在許多方面表現最曖昧，不是因為他最狡猾，但也許是因為他是個比較簡單、更不懂得反思的人：在他對於研究的投入中，他是「科學家中的科學家」、真正的「非政治化」，不管這樣是好還是壞。

這三個人的情況，讓我們知道了許多關於納粹國家的主導地位背後的因素。這樣的政權成為可能，不是因為人們無力阻止，而是因為他們沒能採取有效的行動——事實上，連察覺到這樣做的必要性都沒有——直到為時已晚。正是出於這個原因，評斷普朗克、海森堡和德拜時，不應該考量一個人的歷史紀錄是否可以被視為足夠「乾淨」到應該用獎牌、街道名稱和塑像來榮耀他們。這是關於我們是否能夠充分了解我們自己的道德優勢和弱點。就如希特勒統治下的公務員和德國抵抗運動的一員，漢斯．貝恩德．吉塞維斯（Hans Bernd Gisevius）所說：

> 在這場德國的災難中，我們必須從中學到的其中一個重要教訓就是，平心靜氣看待一個民族會陷入無所作為的困境，接受每個人都有可能墮入太過算計、機會主義或膽怯，以至於迷失自己，再也無法回頭。[11]

---

11 Gisevius (2009), 246.

第一章 盡可能的保守

一百年前科學界的做法和如今相距甚遠。想要了解差距有多大，你只需要拿今日科學會議的團體照和一九二七年在布魯塞爾以量子物理為主題所舉辦的索爾維會議所拍攝的照片比較[1]。在後者的照片裡，沒有休閒服、沒有學生，當然也沒有開朗的笑容——只有海森堡緊張、孩子氣的笑容稍微接近一點。嚴謹的服裝標準搭配著嚴肅的目光，散發出充滿壓迫感的期望，讓與會者了解，必須嚴守行為準則和受人尊敬的階級表現。有人認為，在前排的愛因斯坦右側的亨德里克・勞倫茲（Hendrik Lorentz），臉上的表情帶著訓斥的意味。更不用說，這是只有男性的組合，除了瑪麗・居禮（Marie Curie）之外，她雖然尚未滿六十歲，但似乎已經因為不斷接觸七年後會奪

---

1 這些只有受邀才能參加的會議，通常每三年在布魯塞爾的大都會飯店舉行，由比利時實業家索爾維（Ernest Solvay）贊助。一九一〇年，物理學家瓦爾特・能斯特（Walther Nernest）和亨德里克・勞侖茲說服了索爾維贊助這場會議。

去她性命的放射線，而顯得老態龍鍾。在中間排最左邊，看起來僵硬且不自在的人，就是德拜。

當然，如此的樣貌幾乎可說反映了時代。但在某些程度上可說是特別呈現出德國人的性格，因為以德語為母語的科學家主導了這個聚會。即使是現在，德國科學仍舊在某種程度上保留了這樣的禮儀和形式。外籍訪客都驚奇的發現，即使是親近的同事在稱呼彼此時也會加上職稱和姓氏，他們對於年資的等級劃分就如同日本社會一樣的微妙。當然，個人關係的狀態也會明確的以「你／您」來區別。對於參加索爾維這樣會議的德國科學家來說，語言禮儀體現出一個人的專業地位，儘管以其他標準來說，年輕的海森堡和沃爾夫岡・包立（Wolfgang Pauli）是朋友，但是在他們都成了全職教授之前，還是會用「您」來稱呼彼此。

在評價德國物理學家對於希特勒的回應時，若是沒有考慮塑造該回應的社會和文化期待，不僅不公平，實際上也毫無意義。此外，當我們看到今日的科學家穿著運動鞋和運動服拍照時，可能在告訴我們，學術界的科學家不再像愛因斯坦和他的同僚在大都會飯店清醒的列隊留影時，享有相同的地位。

這樣的尊敬帶來了義務和責任。德國學者大部分來自中層和中上層階級：他們知道自己在社會階級中的優勢，並且藉由位居這樣的階級，他們有義務支持自己的階級。這些人接受的教育十分重視教化的觀念，而教化是已經遠遠超出學習事實和技能的發展概念，其中包含了教養和人格的成熟，不管是在智識上、社會上和精神上。在教化的過程中，人們學會調整自己符合社會的要

一九二七年參加布魯塞爾舉辦的索爾維會議的與會者，會議的正式名稱為「電子與光子」。從左到右依序為：（上排）皮卡爾德（A. Piccard）、昂里奧（E. Henriot）、艾倫費斯特（P. Ehrenfest）、赫爾岑（E. Herzen）、德唐德（Th. de Donder）、薛丁格（E. Schrödinger）、維夏菲爾特（J. E. Verschaffelt）、包立、海森堡、福勒（R. H. Fowler）、布里元（L. Brillouin）；（中排）德拜、努森（M. Knudsen）、布拉格（W. L. Bragg）、克雷默（H. A. Kramers）、狄拉克（P. A. M. Dirac）、康普頓（A. H. Compton）、德布羅意（L. de Broglie）、玻恩（M. Born）、波耳（N. Bohr）；（前排）蘭米爾（I. Langmuir）、普朗克（M. Planck）、居禮夫人、勞侖茲（H. A. Lorentz）、愛因斯坦、朗之萬（P. Langevin）、古耶（Ch.-E. Guye）、威爾森（C. T. R. Wilson）、瑞查森（O. W. Richardson）。（Benjamin Couprie攝影，索爾維國際物理學化學研究會）

求和期望。教育系統本身強調哲學和文學的重要，讓人們欣賞德國文化。受過教育的精英被期待成為這個國家傳承的守護者，而這樣的角色讓他們感到受國家所用。我們在本書中將會看到，荷蘭物理學家塞繆爾．高斯密特（Samuel Goudsmit）有充分的理由反思二十世紀初期的德國科學文化。他在一九四七年寫道：「普魯士……只能夠為其資產階級提供有限制的自由，當然也沒有能力養成可能會質疑國家神聖使命的科學人。」[2]

然而，這種形式的愛國忠誠不被視為一種政治立場，而是某樣代替的東西。「就像大多數的教授」，歷史學家艾倫．拜爾岑（Alan Beyerchen）說，「德國物理學家強烈的想要保持政治超然。」[3]這並不意味著他們完全摒棄政治。大多數受到尊敬的公民宣布效忠一個政黨，但是他們是以公民的立場這麼做，並且普遍將政治和專業劃清界線。而這正是人們最常對愛因斯坦所做的投訴，連他的支持者也承認，他不尊重這個界線，他會藉由他對國際主義的擁護來「玩弄政治手段」。他的和平主義，即是這種態度的重要組成部分，讓他更加懷疑，愛國主義和民族自豪感不被認為是一種選擇，而是一種責任。幾乎沒有科學家支持在第一次世界大戰之後流行的左翼布爾什維克運動，和現今的學術界形成鮮明對比。相反的是，德國的大學院系主要往保守陣營傾斜，反對威瑪政府，並且對戰爭賠款有所不滿。

物理學比起多數學科更不沉浸在傳統中，較為自由，但是同樣的，我們不能假定情況和今日相同。德國學術界所宣稱的政治立場，其實是因人而異，以符合其特定的政治地位：對支持德國軍國主義和愛國主義的傳統保持觀望可說是「不關心政治」，反對民主的威瑪政府時，也是如此。

不情願的革命

沒有人比馬克斯・普朗克（Max Planck）更能詮釋十九世紀末德國科學家的傳統主義特質。他的傳記作者約翰・海爾布隆（John Heilbron）曾說：「普朗克的性格特色包括尊重法律、信任已建立的制度、奉行本分，以及絕對的誠實——有時的確太多顧忌。」[4]這是他的最大優點，也是我們必須認為他是正人君子的原因。在納粹時代，這些特質也將成為弱點，誘使他陷入停滯和妥協。

性格溫和的普朗克於一八五八年在荷爾斯泰因的基爾出生，當時還是丹麥的屬地。正如他自己所說，他的「生性平和，排斥不確定的冒險」[5]。他能想到的最好的冒險，能夠遠離人類社會

---

2 S. A. Goudsmit, 'The fate of German science', *Discovery*, August 1947, 239–43, here 242.
3 Beyerchen (1977), 1.
4 Heilbron (2000), 4.
5 同前註，3。

馬克斯・普朗克（1858-1947）攝於一九三六年。（馬克斯・普朗克學會）

中的混亂和不可預測的艱難，就是科學。「外面的世界是獨立於人類之外的，」普朗克寫道，「是某種絕對的東西，而對於追尋適用這種絕對的法則，在我看來是人生中最崇高的科學研究。」[6]就如同現今許多科學家，普朗克顯然在科學中找到並欣然接受一種抽象秩序，而這種秩序並不急切需要人類靈魂的介入。若想透過他所激起的情感來做評判的話，會了解到他的人際關係中並不缺乏溫情，但是這樣的關係充滿了克制和禮儀：普朗克只有在和他相同等級的人在一起時，才能夠稍微放鬆，好好享用雪茄。

但是當情況牽扯到國家驕傲和情感時，他並沒有因為個性溫和而不好戰。他接受在第一次世界大戰爆發時，德國投入純粹的防守戰這樣的標準觀點，並於一九一四年九月寫信給他的妹妹時提到，「我們生活在這麼一個輝煌的時代。能夠稱自己為德國人感覺非常好。」[7]

單獨看這句評論，可能會因此將普朗克視為民族沙文主義者。而且如果這麼指控普朗克，那麼被同事於一九二九年稱讚「良心純潔無瑕」的他[8]，將會很難在那樣的年紀成為如此傑出的德國科學家。事實上，人們可以在許多方面增強那樣的指控。普朗克和多位科學家在一九一四年十月簽署了惡名昭彰的：〈告文明世界宣言〉，支持德國的軍事行動，並否認德國在占領比利時時犯下的（太過真實的）暴行。和普朗克一起簽署宣言的包括化學家弗里茨．哈柏（Fritz Haber）、艾米爾．費雪（Emil Fischer）和威廉．奧士華（Wilhelm Ostwald），以及物理學家威廉．維因（Wilhelm Wien）、菲利普．雷納（Philipp Lenard）、能斯特和威廉．倫琴（Wilhelm Röntgen），這些都是曾經或將要獲得諾貝爾獎的學者（值得注意的是，沒有愛因斯坦）。更甚者，普朗克支持溫和的右翼德國人民黨，其中不難找到反猶太主義的派系。在現代意義上，他對於民主的政治合法性抱持懷疑態度。

但是，以這樣的方式來決定普朗克的性格，並不正當，因為我們也可能同樣強調他的先進、開明的態度。他支持女性接受高等教育的權利（雖然不是普選權）。他拒絕簽署維因在一九一五年

6 Pais (1991), 80.
7 Heilbron (2000), 72.
8 同前註，5。

所提出的呼籲，其中要求強烈譴責在德國的英國物理學家所造成的影響，制定了提出上訴，指責他們以各種形式違反專業，並呼籲中斷與英國在科學上的交流。同時，普朗克有勇氣意識到自己不應該簽署〈告文明世界宣言〉，並在戰爭期間公開認錯。愛因斯坦以親密的情感和尊敬擁抱了普朗克，而有猶太血統的物理學家馬克斯・玻恩（Max Born）這麼說他：「你當然可以和普朗克持不同意見，但你只能懷疑他的正直、尊貴的性格，這是你所沒有的。」[9]這些都是某種公開的表白。在我們看見普朗克經歷過什麼之前，需要了解這一切，然後才會知道他如何成就他的名聲。

普朗克的性格也反映在他的科學中，那就是謹慎、保守和傳統，但又顯示出開明和大度。他爽快的承認自己不是天才——事實上，人們曾說，他經常犯錯，所以他有時候正確也不令人意外。但他擁有了一個偉大的發現[10]，讓他榮獲一九一八年的諾貝爾獎。這個發現涉及了一個問題，同時顯得極為深奧又世俗：輻射如何從溫暖的物體中發射出來。這個問題將我們帶向量子理論。

所謂的「黑體輻射」，也就是從溫暖、完全非反射物體發出的電磁輻射（包括光），是一個長期存在的謎題。在物體中的原子振動使其電子振盪，而正如十九世紀中期，蘇格蘭物理學家詹姆斯・克拉克・馬克士威（James Clerk Maxwell）所表明的，振盪的電荷發射電磁波。原子愈熱，振動得愈快，所發射的輻射[11]頻率愈高（波長愈短）。

到了十九世紀末，維因透過實驗發現，「黑體」的溫度、所發射的輻射能量以及最強烈輻射的波長，三者之間的數學關係。隨著溫度的增加，波長會變短，從電子加熱器中可以發現相似的狀況：當它升溫時，會先發出長波長、不可見的紅外線（可以感覺到熱），然後是紅光，再來是黃光。更熱的物體會發出藍色的光芒。普朗克在試圖從黑體溫暖、振動的原子中解釋發射的過程時，無意中發現物理世界的量子性質。

之前將原子振動和溫度產生關聯的努力似乎導向了一個結論，那就是當輻射的波長較短時，輻射能量的量應該變得更大。在紫外光區（也就是，波長比紫外光短）這個量被預測為會提升到無限大，這個明顯荒謬的結論稱為紫外災變。在一九〇〇年普朗克發現，如果假設把黑體中的「振子」的能量分成一份一份，或者稱為包含和其頻率成比例的能量的「量子」，那麼黑體輻射的方程式會產生更多有意義的結果。他將這個頻率的常數標記為h，後來被稱為普朗克常數。

對於普朗克來說，這只是個數學技巧——就如他所說的那樣，一個「幸運的猜測」[12]——使等式產生有意義的答案。但愛因斯坦的看法不同。在一九〇五年，他認為人們不僅可能會認為普朗克的能量子理論為真，還可以應用到光身上：他寫道，光的能量「包括了有限數量的能量子，

---

9 同前註，85。

10 有人說，普朗克有兩個重大發現。第二個就是愛因斯坦。

11 光由同時振動的電場和磁場所組成：它是電磁輻射。可見光的波長範圍從大約七百奈米（紅色）到大約四百奈米（紫色）。波長愈長，振動的頻率愈低。

12 Pais (1991), 85.

它們位於移動卻不分裂的空間點上，並且只能吸收或產生為完整的單位」[13]。這些光量子被稱為光子。

愛因斯坦解釋說，他的提議可以透過研究光電效應來測試，在光電效應中，當光照射金屬，可以跳出電子，從而引發微弱電流。雷納曾仔細研究此效應，並且感到疑惑，為什麼當光變得更強烈，跳出金屬的電子卻不會如人們所預期，帶著更多能量。但是，在愛因斯坦的敘述中，光是由光子組成，而其能量受普朗克定律所決定，使得更加強烈的光不會改變光子的個別能量，而只讓光子的數量增加。因此，增加的是跳出的電子數量，而不是電子的能量。只有透過使用波長更短的光，也代表著光子具有更多的能量，才能夠增加跳出的電子的能量。愛因斯坦的理論導致一些預言，而這些預言在十年後由美國的羅伯特．密立根（Robert Millikan）經過實驗加以證實。這項在光電效應上的研究是愛因斯坦於一九二一年獲頒諾貝爾物理學獎的主要原因。

可以想像愛因斯坦的「光量子」論文所造成的崩潰。之前沒有人質疑過光是否為平滑波，而且人們現在也經常忘記，用粒子來解釋光的概念多麼具挑戰性。即使在大多數物理學家都願意接受原子的能量和其組成粒子的量子理論之後，將這個概念援引到光上還是被認為跨了太大一步，而且儘管還有密立根的研究，這個理論還是被抵制了二十年。

普朗克最初也因為這種對於光的傳統觀念的混亂而感到不安，以至於無法接受他在不知不覺中所發表的量子假說。他建議，他的常數 h，這個測量世界有多麼紋理細密的有限度量單位，要「盡可能保守的」放入理論中[14]。普朗克只能緩慢且不情願的了解，量子假說是了解他和他的同僚於一九二七年在布魯塞爾討論的「電子和光子」的世界的最佳途徑。而且，他所提出的更大問題，關於量子理論中有多少屬於數學形式主義，又有多少反映物理現實，這個問題仍然備受討論，直至今日。

普朗克比較能夠接受愛因斯坦在一九〇五年發表的狹義相對論。在這個理論中，愛因斯坦提出，時間和空間並非恆常不變，而是可以因為相對的運動而遭到扭曲。當一個物體在移動，而另一個物體不動，空間會朝運動的方向受到壓縮，而時間會減慢。這種後來被稱為時空關係的可變觀念危及了牛頓的運動定律，在運動定律中，物理世界被視為一個系統，在這個系統中，物體在固定和永恆的時空網絡彼此互動。愛因斯坦的發現讓人極為困惑，它簡直可說是動搖了物理的根本。隨著狹義相對論而來的是一些革命性的概念：沒有物體移動的速度可以快過光；物體的速度加大時，質量會增大，即能量和質量是透過知名的方程式 $E = mc^2$ 產生關聯的[15]。狹義相對論驚人

13 A. Einstein (1905), 'On a heuristic point of view concerning the production and transformation of light', *Annalen der Physik* 17, 132–48. Transl. and reprinted in J. Stachel (ed.) (1998), *Einstein's Miraculous Year*, 178. Princeton University Press, Princeton.

14 Heilbron (2000), 21.

15 該方程式的解法很複雜。能量和質量的等價性一直受到懷疑，而且事實上此方程式不能說明確且唯一依靠相對論來解釋。相關資料參見以下網站：http://physicsworld.com/cws/article/news/2011/aug/23/did-einstein-discover-e-equals-mc-squared.

的結論要等到物體的速度接近光速——每秒約三十萬公里——才會顯而易見。科學家們還不能以人為方式產生這樣的速度。這很快就會改變。

普朗克相當熱心的倡導狹義相對論，但他對於愛因斯坦於一九一二年將此理論延伸之後而發表的廣義相對論就顯得謹慎許多。藉由明顯擺脫重力，省略到只剩下時空本身的扭曲，愛因斯坦對普朗克而言，顯然離傳統太過遙遠，進入了純粹的投機行為。這個來自當代最傑出的德國科學家之一的初步阻力，對愛因斯坦來說是巨大的挫折。出於儘管可能很複雜的原因，來自德國以外的懷疑卻明顯較少。英國天文學家亞瑟·愛丁頓（Arthur Eddington）幾乎可說是積極的決心驗證這個理論：這個和平主義的貴格教徒，將此視為在戰爭破潰後，歡迎德國科學回到這個國際大家庭的方式。愛丁頓在一九一九年到了巴西和非洲進行探險，去觀看日蝕並搜尋是否如廣義相對論所預測，太陽附近的星光會彎曲。他被指控有選擇性的使用這兩次探險中所得到的數據。無論愛丁頓的研究結果是否可信，都在隔年出版來證實愛因斯坦的天才，這些數據讓他成為國際名人。

重建德國科學

二十世紀初在德語系國家工作的科學家，包括普朗克、愛因斯坦、海森堡、薛丁格，他們的名字和發生在理論物理學的革命是如此緊密相連，以至於很容易忽視當時的德國科學如何岌岌可危。第一次世界大戰不僅帶來了沉重的財政負擔，最終擴大成惡性通貨膨脹，威瑪共和國在經濟上的停滯，同時也造成國家的恥辱和孤立。所有德國人都深陷痛苦之中。習慣了戰前崇高地位的科學家們，感受格外深刻。普朗克和愛因斯坦在世紀初的理論發現，接在實驗物理學一個無與倫比的優勢所攀登的高峰之後。一八九五年倫琴在維爾茨堡透過發現X射線這個波長非常短的電磁輻射，讓世人驚嘆與著迷。他的研究建基於雷納在海德堡針對「陰極射線」的開創性研究，一八九七年發現，陰極射線根本不是射線，而是原子的基本組成，之後稱為電子的帶電次原子粒子流。

戰前德國在科學的主導地位並不局限於物理學。多虧了尤斯圖斯・馮・李比希（Justus von Liebig）、弗里德里希・奧古斯特・克古列（Friedrich August Kekulé）、阿道夫・馮・拜爾（Adolf von Baeyer）和奧古斯都・威廉・馮・霍夫曼（August Wilhelm von Hofmann）等先驅，德國在十九世界稱霸化學界。德國化學家展現了令人羨慕的才能，將他們在實驗室的發現轉化成能夠讓化工產業繁榮的許多產品。如赫司特（Hoechst）、拜耳（Bayer）、巴斯夫（BASF）和愛克發（Agfa）等有影響力的德國工業，染料、藥物、化學肥料和攝影產品可說是這些企業的中流砥柱。二十世紀初，柏林大學的費雪（一九〇二年的諾貝爾獎得主）可以說是世界上最重要的有機化學家，而物理化學領域是由萊比錫大學的奧士華（一九〇九年的諾貝爾獎得主）所主導。在生理學領域，威廉・胡斯（Wilhelm Roux）、漢斯・司培曼（Hans Spemann）和漢斯・杜里舒（Hans Driesch）讓胚胎學成為真正的科學，而耶拿大學飽受爭議的動物學家恩斯特·赫克爾（Ernst Haeckel）讓整個德國都認識「達爾文主義」這個詞。在醫學上，柏林的羅伯特·科赫（Robert Koch）倡導對於結核病的認識；他之前的助理保羅·艾利希（Paul Ehrlich）則協助讓合成藥物與抗梅毒藥物撒爾佛散（Salvarsan）一起上市。

然而，即使在第一次世界大戰前，都有人表示擔心德國科學可能將要失去主導地位。一九〇九年，一位看似不可能的科學擁護者，神學家和歷史學家阿道夫·馮·哈納克（Adolf von Harnack），認為在美國出現私人贊助的科學機構，如華盛頓特區的卡內基學會，可能會使德國相形見絀。那種民營企業可能適用於美國，但是以德國的傳統來說不適用。十九世紀末，德國的大學事務部部長弗里德里希·阿爾索夫（Friedrich Althoff）提議，將國家資助的科學研究機構「殖民地」設在柏林－達勒姆，類似於德國的牛津大學，雖然屬於大學，卻又獨立於大學。

一九一一年，威廉皇帝學會（簡稱KWG）的成立等於認同了這項計畫，而哈納克是該學會的第一任主席。該學會是由企業和政府共同出資，並旨在於單一環境中同時促進純科學和應用科學研究，讓科學家不必承擔教學責任。相較於大學，在威廉皇帝學會任職並非由國家決定，而是由科學家自己決定。國家首長只是負責蓋章同意。在納粹時代，如此從大學制度分離出來對於威廉皇帝學會的運作至關重要，因為它代表著，學會的工作人員不像大學教授一樣，一般來說並非國家聘雇的公僕。威廉皇帝學會在一九二〇年代末期和三十多個機構一樣，演變成半私人組織[16]。

該學會最先開設的兩個研究中心，威廉皇帝化學研究所和物理化學研究所，是於一九一二年由皇帝親自在柏林—達勒姆開設的。之後開設的機構主要是生物和醫學：植物學、動物學、微生物學、生理學。物理學不是優先學科。最先開設化學研究所反映了化學產業的重要性，而威廉皇帝學會是由猶太銀行家和企業家利奧波德．科佩爾（Leopold Koppel）所出資，科佩爾同時也是威廉皇帝學會的理事。科佩爾出資的交換條件是必須讓同是猶太人的德國化學家哈柏擔任研究所所長。哈柏在一八九〇年代中期到一九一三年，開發出一種催化製程，將大氣中的氮轉化為肥料，證明了化學對工業和農業的重要性。哈柏的方法為他贏得了一九一八年的諾貝爾獎，並且在巴斯夫公司的卡爾．波希（Carl Bosch）修改後投入了工業規模的生產。波希之後於一九三一年因為他在高壓下的化學加工研究，贏得了諾貝爾獎，並且於一九三七年成為威廉皇帝學會的主席。第一次世界大戰讓哈柏—波希法有了新的意義，因為這個製程很大程度上投入了生產富氮的炸藥，而非肥料。有人說，如果沒有這種化學技術，戰爭會因為缺乏彈藥而在一年內結束。哈柏在威廉皇帝物理化學研究所進行了戰時研究，主題是為了化學戰而生產氯氣和其他有毒氣體。到了一九一七年，研究所（如今研究所以哈柏為名）已經可以聘雇一千五百名工作人員，其中包括

16 哈納克有點令人困惑的聲稱，這些機構「同時是私人與國家機構」（Macrakis [1993], 34）。一九二八年，威廉皇帝學會正式由一個獨立的科學委員會所管理。

一百五十名科學家。

但戰爭及戰後的政治不穩定嚴重瓦解了威廉皇帝學會的熱望，並且可能斷絕德國想要重振研究的企圖。「目前，我們德國科學的前景非常黯淡，」普朗克於一九一九年寫道：「但我用力抱持希望，但願能夠再次達到頂峰……只要我們能合宜的度過接下來的艱苦歲月。」[17]普朗克可能沒有料到，接下來那些年會變得多麼艱難，也沒想到要保持合宜會有多麼難。

經過戰爭的屈辱後，支持科學不只是理想的經濟投資，並且是恢復國家榮譽的一種方式。況且，這有多麼羞辱人啊。嚴厲懲罰的《凡爾賽條約》迫使德國支付如天價般的二千六百九十億金馬克（之後金額降低，但此罰款仍舊在德國引發惡性通貨膨脹），剝奪了阿爾薩斯、上西里西亞、北石勒蘇益格和其他地方的領土，讓德國喪失殖民地，只允許德國擁有一支極小規模的軍隊，幾乎沒有海軍，並將德國從國際聯盟排除。該條約還暗中破壞了對於自由主義威瑪政府在德國所獲的支持，而威瑪政府當初曾促成《凡爾賽條約》。

不像愛因斯坦，大多數科學家和學者回應這個恥辱的方式是轉向國內，藉由宣稱德國文化在道德上的優越來挽救一些尊嚴。普朗克於一九一八年如此告訴普魯士科學院，這個國家已經因為戰爭而破裂且威信掃地，「但有一件事沒有任何國外或國內的敵人從我們這裡奪去，那就是德國科學在世界上所占有的地位。」[18]

這種民族主義，往往幾近於沙文主義，有部分是對於戰後德國科學和科學家遭到國際懷恨在心的抵制，所產生的防衛反應。新成立的國際研究理事會決定將德國人和奧地利人從委員會、會議和計畫中排除在外。在英國和美國，這種適得其反的姿態在一九二〇年代遭到質疑，到了一九二六年，委員會被說服，再次向德國人打開大門。因為之前的冷落而刺痛的德國人拒絕了邀請。在緩和文化上受到的孤立時，德國人沒有尋求參與國際事務，反而變得更加民族主義和孤立主義，尖聲的堅持德國科學的獨特性和首要地位。普朗克堅持，科學「就像藝術和宗教，只能先在國家的土壤中正常生長。只有當這樣的基礎建立時，多個國家在高尚的競爭中才有可能出現富有成效的結盟。」[19]

政治權力遭受剝奪的德國領導人和研究人員，在自己的國家尋求替代的科學威望。甚至在戰爭之前，哈納克呼籲成立專門研究機構的報告，就已被視為準軍事政治戰略，普魯士教育部和帝國內政部從而如此總結：

17 Heilbron (2000), 88.
18 Forman (1973), 163.
19 同前註，159。

> 對德國來說，維持科學霸權和維持軍隊的優越性一樣必要。德國的科學威望下滑影響了德國的國家聲譽以及在其他領域的國家影響力，完全沒能考慮在特定的科學領域表現優越，顯然對我們的經濟有多麼重要。[20]

既然如此，德國科學家就有責任成為國家的大使，讓世人了解德國科學的長處和美德。愛因斯坦的國際主義宣稱科學是無國界的企業，獨立於國家或信條，被認為不愛國又令人反感。當普朗克於一九一九年宣布他那黯淡的預測，即將分裂的威瑪政府就航向了經濟災難。短短幾年，惡性通貨膨脹讓馬克變得毫無價值，這個國家站上完全崩解的邊緣。在一九二三年，一塊麵包的價格漲至數百萬馬克。當你終於領到工資時，就發現自己根本買不起店裡的任何東西。普朗克在擔任普魯士科學院的祕書出差時，突然發現，他上火車時所拿到的出差費用，等他到達目的地時已經不夠支付旅館的費用，這位六十五歲的長者迫不得已，只能在車站的候車室通宵達旦。

在這種情況下，哪裡可以找到錢讓德國科學存活下來，更不用說將其恢復到領導地位？威廉皇帝學會[21]被迫向普魯士邦乞討。一九二〇年，在一九一六年就已被選為學會理事的哈納克和普朗克，獲得普魯士前文化部長的支持，去建立德國科學緊急協會來籌集用於研究的資金。雖然有些資金來自國家，有些來自產業，但是最主要的來源還是國外。美國的洛克斐勒基金會，於一九一三年由實業家和慈善家約翰・洛克斐勒（John D. Rockefeller）所成立，克服了國際對德國科學的抵制，以履行該基金會所宣稱促進「全世界人類的福祉」的意圖，並為了了解哈納克建立核子科研機構的願景而投入協商[22]。

改變之風

一九二〇年代早期是威瑪政府最不受歡迎的時代，甚至導致自由派對帝國統治的獨裁文化表達出懷舊之情。戰爭結束以來，巴伐利亞在政治上一直不穩定，搖擺於兩個極端之間。以庫爾特・艾斯納（Kurt Eisner）為首的極左獨立社會主義政黨，於一九一八年取得政權，卻不擅長治理國家，於是在次年的選舉中讓右翼的巴伐利亞人民黨成為最大黨。一九一九年二月，艾斯納遭到一個極右翼極端分子槍殺，引發了慕尼黑街頭的動亂。那個冬天異常寒冷，雪一直下到五月，加劇了糧食和燃料的短缺。社會動亂一直持續到一九二三年，以希特勒為首的德國國家社會主義

20 同前註，161-2。

21 在共和國繼續使用帝國時的名字似乎並不合宜。但是，左派分子對於更名的建議在戰後受到強烈反對，代表大部分的成員都是堅持傳統的保守主義者。該學會一直到一九四八年才得以更名，在之後幾章我們會看到來龍去脈。

22 founding statement of John D. Rockefeller (1913): 參見 http://centennial.rockefellerfoundation.org/values/top-twenty.

工人黨企圖對當地政府發動政變，而達到高潮。這次暴動遭到鎮壓，其首領也遭到監禁，但是慕尼黑早就因為更多的暴力而動盪不安。希特勒在監獄中闡述了他對政治鬥爭的願景：

> 要讓廣大的群眾歸化，絕對不能只靠半吊子的方法，或是薄弱的強調所謂的客觀觀點，而是要瞄準一個目標，冷酷且狂熱只站在一邊……如果……能夠同時摧毀另一方的支持者……才能贏得一個民族的靈魂。[23]

在巴伐利亞（和其他地方）的動亂平息之後，威瑪政府在艱難形勢中獲得了短暫的緩解。經濟終於開始穩定，而中產階級和上層階級最擔心的事情，那就是興起共產主義革命，也並未實現。這是威瑪時期的「黃金時代」，而今日人們對那個時代最常出現的印象就是：包浩斯、爵士樂、藝術和性放縱的時代。或許對柏林的波希米亞人來說，看起來就是如此，但很少學者和科學家經歷過這種享樂主義文化，他們很容易帶著精英的懷疑和輕蔑來看待這種通俗文化。

當一九三〇年的聯邦選舉暴露了德國激烈而混亂的政治生態之間的分裂，這段太平盛世就結束了。國家社會主義工人黨（之後又稱納粹黨）擁有激增的支持者，獲得總票數的百分之十八：在德國議會（國會）中的五百七十七個席位中獲得一百零七個席次，兩年前他們的得票比例僅有百分之十二。社會民主黨仍舊為最大黨，但只比納粹黨多三十六個席次，並且受到排名第三的共產黨的反對意見所阻礙。因此，社會民主黨無法得到選民的授權；他們幾乎無法治理國家。在隨後的政治混亂中，國家社會主義工人黨得到愈來愈強大的支持。漸漸的，他們似乎成為能夠行使黨綱的唯一政黨。希特勒將社會動盪怪罪到猶太銀行家和共產主義的煽動者。赤裸裸的反猶主義情緒就像浮沫一樣升至表面。

那年哈納克去世了，普朗克當選為威廉皇帝學會主席。他從而成為德國科學的破浪神，抵抗即將形成暴風的船長。

---

[23] A. Hitler (1926). *Mein Kampf*. Transl. in G. L. Mosse (ed.) (1966), 8.

第二章　物理必須重建

量子理論有著矛盾和不確定，帶著奧祕又不符合直覺，在某種程度上是流氓和騙子的避難所，也是更嚴肅但仍舊奇異的思考的來源。量子理論能夠解釋意識嗎？是否破壞了因果關係？從順勢療法到精神控制和超自然的表現，都可追溯到看似寬容的量子理論。

大多時候，這不過代表了一廂情願的想法、誤解和偽科學的結合。由於量子理論違反常識和「理性」的期望，因此很容易受到劫持，為所有大膽的想法辯護。量子理論的衍生應用免不了反映了那個時代關注的事物：在一九七〇年代禪宗也變得普及，而今天另類醫學和心靈理論非常流行。

然而事實是，量子物理學的基本面仍然沒有獲得完全的理解，而它也真的擁有深刻的哲學意義。對此領域的先驅來說，這許多觀點都是明顯可見的。事實上，在量子理論迫使科學思想轉變的過程中，這些觀點讓人無法忽視。然而，儘管早期該理論幾個持續出現的難題都獲得了解決，但是也不能說是物理學家在回答問題時表現出色。這並不令人感到驚訝，二十世紀初的科學家或哲學家對於量子物理所引起的思考都未做好準備，而且如果物理學家傾向於退守到模糊地帶、接近重複和神祕主義的話，那麼哲學家和其他知識分子往往只會誤解科學。

在德國可以明顯看到這琢磨量子理論的深層意義的嗜好，這種對於大自然和現實的哲學探究的悠久傳統，讓德國人感到自豪。相反的，英國、美國和義大利物理學家往往以符合他們老一套的國家實用主義來處理和量子有關的事務。但是，儘管這些科學家比較滿足於應用數學，並且不會在本體論上花費太多心力，他們仍舊首先強烈依賴日耳曼民族的理論公式。德國比任何其他國家都會表現如何將大自然的微觀片段轉變成有用、預言性、定量和能夠解釋的科學。如果你是德國的理論物理學家，你將難以抗拒量子理論的吸引力，因為這裡有普朗克和愛因斯坦帶領，阿諾德．索末菲（Arnold Sommerfeld）、德拜、海森堡、玻恩、薛丁格、包立和其他人緊隨其後。

正因如此，量子物理學的哲學層面也就無可避免的讓德國政治和社會的關注染上了顏色。正如我們看到的，不只是物理學的一部分變得政治化。這些傾向震撼象牙塔：你所追求的科學變成別人對你的評價和你所心懷的同情心。

剝開原子的外衣

認識到光和能量具有顆粒的性質，對於「原子如何構成」的新興理解產生深遠的影響。一九〇七年紐西蘭人恩內斯特・拉塞福（Ernest Rutherford）在英格蘭的曼徹斯特大學工作，他發現原子的大多數質量都集中在一個高密度、帶正電的小核裡。他的結論是，這個內核被電子雲所包圍，電子是劍橋大學的湯姆森（J. J. Thomson）在一八九七年發現組成陰極射線的粒子。電子帶有負電荷，能夠平衡原子核的正電荷。一九一一年，拉塞福提出，原子就像太陽系的縮影，如行星般的電子繞著核太陽運行，靠的不是重力，而是電力。

但是這樣的描述有個問題。根據古典物理學的理論，在軌道上繞行的電子應該發射出電磁輻射形式的能量，並因此漸漸脫離原來的軌道，以螺旋式的軌跡墜落在原子核上：原子應該會快速毀滅。一九一三年，二十八歲的丹麥物理學家波耳表明，量子化的概念，也就是能量的離散性（不連續性），可以解決原子的穩定性問題，並同時解釋了原子吸收和發出輻射的途徑。量子假說讓波耳得以順理成章阻止不穩定性：他說，如果電子能量只能具有不連續的特定值，那麼能量就不會一直散失，粒子便能夠永遠保持在軌道上。電子可以失去能量，但只能跳躍（「量子躍遷」）到較低能量的軌道，以特定波長的光子的形式散發出能量差。出於同樣的原因，電子可以藉由吸收正確波長的光子來獲得能量，跳到更高的運行軌道。波耳接著假設，每個軌道只能容納固定數量的電子，所以除非較低軌道出現空缺，否則電子不可能往下跳躍。

在實驗中確實可以發現，原子會吸收和發射特定明確波長的輻射。穿過氣體的光會有「消失的波長」，形成光譜中一系列狹窄的暗帶。同一種元素的蒸氣的發射光譜則是由相應亮帶所組成，例如氖在放電時受到激發會發出獨特的紅光，鈉蒸氣在放電時會發出強烈的黃光，這些都是發射光譜。波耳說，這些被吸收或發射出來的光子所擁有的能量，正好等於兩個電子軌道之間的能量差。

波耳假設每個軌道的特徵可以用和能量有關的整數「量子數」來描述，藉此將氫發射譜線的波長有理化。這個想法由慕尼黑大學理論物理學教授索末菲繼續發展。他和他的學生德拜摸索出為什麼光譜的發射譜線會因磁場而分裂——這個效應由荷蘭物理學家彼得·季曼所發現，這項研究為他贏得一九〇二年的諾貝爾獎。[1]

但是，這仍然是一個相當倉促而成的描述，只因為看起來能夠應用在其他理論上，才被認為是合理的。原子中電子的能階，以及電子在能階之間的跳躍，是由什麼規則決定的？一九二〇年代初期，哥廷根大學的玻恩在他傑出的學生包立、帕斯庫爾·喬登（Pascual Jordan）和海森堡的協助下，開始著手解決這些問題。

海森堡是索末菲的另一個門徒，在一九二二年十月從慕尼黑來，成為玻恩的私人助理。當時的他看起來正如玻恩所形容，「就像一個單純的農家男孩，有著金色短髮、清澈明亮的眼睛、迷人的表情」。他和玻恩試著將波耳以量子數對原子所做的經驗描述，應用在氦原子上。氦是元素週期表中排在氫之後的第二個元素。如果已知波耳對於量子數如何決定電子能量的描述，我們原則上可以算出各種電子軌道的能量，前提是假定電子的位置被原子核施加的靜電引力所局限。但是，這僅適用於氫，氫只有一個電子。若元素的電子不只一個，原本的優雅數學就會被電子彼此的靜電排斥力所破壞。這不是做個小修正就能解決的問題，電子彼此之間的力大約和電子和原子核之間的力一樣強烈。所以除了氫以外的元素，波耳的動人模型變得過於複雜，難以準確的計算出來。

然而，當玻恩試圖超越這些限制，他並不滿足於像波耳一樣，將實驗觀察配上臨時湊合的量子假說。相反的，他想利用類似於牛頓用來解釋受重力約束的太陽系所使用的原則來計算電子的配置。換句話說，他尋求的是支配了波耳提出的量子態的規則。

玻恩了解，以經典的牛頓力學所做的輕微修正，無法建構他開始稱為「量子力學」的理論。「我們可能必須引進全新的假說」，海森堡在一九二三年年初寫給包立的信中提到；包立是索末菲之前在慕尼黑的另一個學生，海森堡和包立在那裡成為朋友。玻恩在那年夏天寫下他的同意看

1 德國物理學家約翰內斯．斯塔克（Johannes Stark）發現，電場會造成譜線分裂，而這個季曼效應是在磁場發生的相同效應。關於斯塔克的發現，請參閱 136 頁。

法，「不僅在物理假說的通常意義上，新的假設有其必要，連物理概念的整個系統都必須從頭開始重建」。

這是一個改革的呼籲，而在未來四年中出現的「新觀念」多如繁星。海森堡透過把原子的量子態能量寫成矩陣，開始用公式表示量子力學。舉例來說，我們可以具體說明電子位置的矩陣以及其動量（質量乘以速度）的矩陣。海森堡於一九二五年和玻恩及喬登一同制定他的版本的量子理論，被稱為矩陣力學。

這不是解題的唯一方式。從一九二六年年初開始，蘇黎世大學的奧地利物理學家薛丁格就根據波動而非矩陣來闡明量子力學。薛丁格假定量子粒子，如電子或這類粒子的集合，其所有基本性質都可以用描述波的方程式來表示，稱之為波函數。一個顯而易見的問題是：這是什麼波？這裡的波本身是純粹的數學實體，帶有從−1的平方根（表示為i）而來的虛數，而虛數顧名思義，並非可觀測的數。但是，如果去計算波函數的平方，也就是說，如果去讓這個數學實體和它的本身相乘，[2]那麼虛數會消失，只留下實數，代表這個結果能夠符合可以在真實世界測量得到的具體東西。起初薛丁格認為波函數的平方會得到一種數學表達式，描述相應粒子的密度如何在不同地方產生變化，就像聲波中的空氣密度在各處會有變化一樣。這已經夠奇怪：這代表量子粒子可以被視為散布開來的波，像空氣一樣充滿空間。但是讓海森堡感到沮喪的是，玻恩對於薛丁格提出的競爭理論「波動力學」表現熱切，玻恩認為平方後的波函數代表了更奇怪的意義：在空間任一位置發現粒子的機率。

花點時間思考一下。薛丁格宣稱波函數可以解釋關於量子系統的一切。而且很顯然，可以解釋的並非粒子位於何處，而是發現粒子在這裡或那裡的機率有多少。這不是知識不完全的問題——就像你知道朋友可能在電影院或餐廳，但不知道會在哪一間。在這種情況下，她會在一個地方或另一個地方，你不得不討論機率，只因為你缺乏足夠的資訊。薛丁格以波為基礎的量子力學不同的是：這個理論堅持認為，所有問題的答案都和機率有關。要問粒子在哪裡真的沒有物理上的意義。至少在你看之前沒有，但是看的動作並不會揭開之前被遮住的東西，它只是確定了什麼以前不確定的問題。

海森堡的矩陣力學是一種正式確定波耳提出的量子跳躍的方式，而薛丁格的波動力學似乎全然否定他們的理論。波函數再次順利而清楚的解釋一切。至少，看起來如此。但是，這難道不會只是一場騙局？當電子從一個原子軌道跳躍到另一個軌道時，初始和最終狀態都以波函數來描述。但是，一個波函數究竟如何變成另一個波函數？理論沒有清楚說明，你必須親自提出。而且仍然沒有關於如何將量子跳躍建立在量子理論裡的共識。儘管如此，薛丁格的描述已經壓倒海森

2 我們的計算會牽涉到所謂的共軛複數，更嚴格的說，此處是指兩個相同的波函數的乘積，只是這兩個波函數的虛部的正負號相反，就像 $+i$ 和 $-i$ 的情形。

堡，不是因為它更正確，而是因為它更加方便和實用。更重要的是，海森堡的量子矩陣很抽象，比較缺乏直覺的理解，而薛丁格的波動力學提供了更多想像空間。

量子力學的機率觀點讓愛因斯坦感到不安。他的懷疑最終讓他從量子理論的革命行列中脫離，並且無法再對其做出貢獻。他一直相信，在機率之下存在著更深層的事實，而那事實將拯救古典物理學的精確確定性，讓一切恢復原本的地位。這一直是量子理論遇到的情況：那些做出偉大而大膽的進展的學者，結果卻無法勉強接受下一代更大膽的概念。看來，一個人的「假設」能力太容易被這個高需求理論耗盡（在「理解」量子理論的過程中，常常需要讓我們自己和它反直覺的主張達到一致）。

薛丁格並不是唯一接受、甚至推崇量子領域中不確定性的人。海森堡的矩陣力學似乎堅持一件非常奇怪的事情。如果你將描述粒子位置的矩陣和動量矩陣相乘，依據你讓哪個矩陣在算式裡居前，你會得到不同的結果。在古典世界裡，兩個量相乘，順序無關緊要：二乘以三，或三乘以二，都會得到一樣的答案；而質量乘以速度，或速度乘以質量，都會得到物體的動量。對於一些成對的量子特性，如位置和動量，顯然不再是這種情況。

這似乎是一個無關緊要的巧合。但是，海森堡發現，它有最古怪的必然結果，就如同他在一九二七年三月所發表影響力十足的論文：〈論量子理論的運動學和力學的直觀內容〉所預示的。正如他在論文中表明，量子理論堅持，我們不可能知道量子粒子在任何時刻的精確位置和動量。正如他所說的，「我們愈精準的決定粒子的位置，就愈不確定粒子在這一刻的動量，反之亦然。」

這是海森堡的測不準原理。他想要提供一個直覺的合理解釋，說明我們無法測量如電子那樣的微小粒子，而不造成某方面的干擾。如果能夠在顯微鏡中看到粒子（事實上這些粒子小到無法用顯微鏡觀測），這將涉及到會有光從粒子反射出來。你想愈準確的找到粒子的位置，所需的光的波長就要愈短（粗略來講，也就是「量尺」的刻度必須愈精細）。但是，隨著光子的波長變短，它們的能量會增加——這一點普朗克說過。而當光子的能量增加，會有更多的粒子受到光子撞擊而反衝，所以你對動量造成的干擾愈大。

這個想像實驗在掌握測不準原理的精神上有一定價值。但它更容易讓人誤解，測不準這種結果源自實驗的局限性：你無法在不造成干擾的情形下觀測。然而，不確定性是比那更根本的問題，也就是說，不是我們得不到資訊，而是這樣的資訊並不存在。海森堡的測不準原理也更普遍被解讀為，將模糊和不精確歸責於量子力學。但是，這並不完全正確。相反的，它在我們可以知道什麼上面，建立了非常精確的限制。這些限制由普朗克常數決定，而這個常數之小，以至於這樣的不確定性只有在次原子粒子的微小尺度上才會變得顯著。

政治科學

薛丁格的波函數和海森堡的測不準原理似乎都堅持接近形而上的量子理論觀點。一方面，他們設下了什麼是可知的界限。這顯然質疑了因果關係，這是科學的基石。在量子現象的模糊空間裡，我們怎麼能知道什麼是因，什麼是果呢？電子可以在這裡出現，也可以在那裡，沒有明顯的因果原則激發出這些不同的選擇。

此外，如今觀察家不可避免的侵入從前客觀、機械論的物理學領域。科學聲稱要發表對世界如何運作的看法。但是，如果觀察科學的行為本身改變了結果——例如，因為它讓波函數從許多情況的機率分布轉變到一個特定的情況，通常被稱為「瓦解」的波函數——那麼怎麼能宣稱要來談論在我們觀看以前就存在的客觀世界？

今天人們普遍認為，量子理論並沒有懷疑因果關係的明顯理由，至少不到讓我們可以研究世界的程度，雖然評論者的確切角色仍然存在爭議。但對於量子理論的先驅者來說，這些問題都讓人深感不安。量子理論作為數學描述，但關於它的詮釋沒有任何共識，似乎詮釋不過是個人看法。波耳和海森堡在一九二五到一九二七年之間訪問丹麥的哥本哈根時所設計出的描述讓許多物理學家感到滿意。這個現在稱之為哥本哈根詮釋的量子物理學觀點主張，為了便於對數學屈服，要拋棄數百年的經典先入之見。從最基本的層面來說，物質世界不可知，在某種意義上也不明確。唯一值得說明的現實是我們可以透過實驗到達的地方，而這就是量子理論所規範的一切。尋找世界上任何更深層次的描述並沒有意義。對愛因斯坦和其他一些人來說，這看起來是對無知投降。在一九二七年索爾維會議團體照那正式和統一的外表下，藏著矛盾和看似互相對立意見的困境。

這些辯論不只出現在物理學家之間。如果連他們也沒有完全理解量子理論，那麼當他們向物理以外的其他人傳播這些觀念時，會產生多少混亂、扭曲和濫用。這種情況大部分要歸咎於科學家本身，其中包括波耳和海森堡，他們在公開聲明裡概括說明了哥本哈根詮釋的狹隘含義，顯得魯莽行事。對於波耳來說，理論的重要部分是「互補性」（complementarity）的概念，讓對於一個量子系統的兩種明顯矛盾的描述在不同的觀測情況下都有效。因此，量子實體，無論是無實體的光子或因質量而增色的電子，在一個時間可以粒子表現，另一個時間卻又是波。波耳的互補性概念根本不算是科學理論，而是哥本哈根詮釋中斷定「這只是真實的情況」的另一種獨特表述：並不是有一種更深層的反應，有時看起來「像波」，有時「像粒子」，而是，這種二元性是自然界固有的層面。然而，當我們看待波耳的假設，會覺得他熱情的把互補性擴展到生物、法律、道德和宗教領域，並不合理。這樣的主張將量子物理變成政治議題。

同樣的情況也發生在海森堡透過測不準原理堅持認為，「因果律的無意義絕對已經得到證明」。他試圖說服哲學家同意廢止決定論和因果關係，儘管這已經被證實不是量子理論的（明顯）推論，而是自然的一般規律。

量子理論近似於神祕主義的角度受到了物理學家的支持，並且在威瑪時期，愈來愈多人將此理論視為唯物主義的弊病，包括商業化、貪婪以及侵犯技術，而加以排斥。一般來說，科學，尤其是物理學，很容易因為讓人聯想到這些所謂墮落的價值觀而遭受責難，使得它在許多知識分子對藝術和「更高文化」的崇高熱望的眼光中變得遜色。雖然，強調量子力學的形而上層面是為了把物理學從這種指責中營救出來，這種說法太過分，但是的確有如此迫切的需求。歷史學家保羅．福爾曼（Paul Forman）認為，量子物理學家明確讓他們的詮釋與當時盛行的社會風氣相符，其中「『因果關係』的概念（或僅僅這個詞）象徵了在科學產業中令人厭惡的一切」。德國哲學家和歷史學家斯賓格勒（Oswald Spengler）在他於一九一八年所著的《西方的沒落》（*Der Untergang des Abendlandes*）一書中，或多或少將因果關係與物理畫上等號，同時也讓物理成為值得蔑視的概念，並站在反對生命本身的立場。斯賓格勒認為，現代物理學家就因果關係產生的疑慮，不過是科學本身缺乏活力的天性所產生的症狀。在這裡，他想的不是在第一次世界大戰結束時才開始受到大眾注意的量子理論，而是由蘇格蘭物理學家詹姆斯．克拉克．馬克士威（James Clerk Maxwell）和奧地利的路德維希．波茲曼（Ludwig Boltzmann）所研發和機率有關的微觀理論，這個理論已經摒棄對於原子運動的精確、確定畫面的主張。

斯賓格勒的書在德國學術界受到全面的閱讀與討論。愛因斯坦和玻恩知道這本書，其他許多重要的物理學家也知道。而福爾曼認為這本書以時代精神讓現在物理學界有衝勁重新調整自己的位置，導致理論物理學家和應用數學家「詆毀他們去獲得真實甚至寶貴知識的訓練的能力」。他們開始把科學說成一種本質上為精神的事業，和技術的需求與掠奪無關，而是如維因說的那樣，「單純從人類精神的內在需要」而起。即使是對於看到許多同僚排斥因果關係而深感遺憾的愛因斯坦，都強調感覺和直覺在科學中的作用。

透過這種方式，物理學家試圖喚回科學輸給時代的新浪漫主義精神所喪失的威信。因果關係是個犧牲品。薛丁格在一九二二年指出，只有當我們「從絕對的因果關係根深柢固的偏見解放出來」，原子物理學的謎題才能被征服。波耳甚至談到量子理論有一個「內在的非理性」。正如福爾曼所指出，許多物理學家似乎不情願或痛苦的接受這些概念，但卻如釋重負並期待能夠受到大眾的歡迎。他不認為這一切只是讓物理學迎合潛在的敵對群眾，而是不自覺以真誠的心去適應主流文化。愛因斯坦在一九三一年接受了愛爾蘭作家詹姆斯．加德納．墨菲（James Gardner Murphy）的採訪時，對於此趨勢表達了保留意見，墨菲回答說，即使是科學家，都肯定「無法逃脫他們所居住的社會環境造成的影響」。而這樣的社會環境反對因果。

同樣的，普遍都同意，量子理論和相對論的確在物理界挑起危機，以及威瑪文化中危機四伏，不管在經濟、政治、思想和精神上都是如此。法國政治家皮埃爾．維耶諾（Pierre Viénot）

在一九三一年曾說,「這樣的文化危機的想法在今日深植於德國思想的共同習慣中。這是德國心態的一部分。」應用數學家理查德·馮·米賽斯(Richard von Mises)於一九二一年談到「力學目前的危機」。另一個數學家,赫爾曼·外勒(Hermann Weyl,第一批公然質疑因果關係的其中一個科學家)聲稱產生了「數學的基礎危機」,連愛因斯坦都在一九三二年寫了一篇受歡迎的論文,名為〈理論物理目前的危機〉[3]。這些危機其實並沒有造成太多沮喪,而是讓物理學家確認,他們和社會裡的其他人一樣困在動盪的潮流中。

然而,這是個危險的遊戲。一些局外人得出了量子力學是以自由意志來發聲的結論,而新的物理學遲早有一天會為政治服務。有些人甚至聲稱它維護了國家社會主義的政策。

此外,如果物理在某種意義上正被塑造來取悅斯賓格勒主義,那麼它就冒著似乎也贊同斯賓格勒對相對論的中心思想的風險,亦即,不僅是藝術和文學,連科學和數學都被文化所塑造,在那樣的文化中,這些學科興起,變得無能,並且在文化之外幾乎不知所云。我們很容易在這裡發現一九三〇年代由納粹同情者所傳播的「亞利安物理學」,讓我們有不祥的預感(見第六章),這讓健康的日耳曼科學與腐朽、利己的猶太科學形成了對比。而且,考慮到斯賓格勒的民族主義,摒棄威瑪的自由主義,對專制和歷史命運的信仰的支持,那麼他一開始受到納粹,特別是約瑟夫·戈培爾(Joseph Goebbels)讚美,就一點也不奇怪,更不用說他在一九三二年把票投給希特勒(斯賓格勒對於他所倡導的理念太過投入,以至於在近距離接觸時理想幻滅。在一九三三年與希特勒會晤後，他遠離了納粹的粗魯姿態和反猶太主義，而當他於一九三六年在慕尼黑去世時，也不再是帝國的親信）。

無論採用哪種方式，在一九二〇年代，物理學充滿了政治的影響。雖然不是蓄意，物理學家自己也鼓勵這一點。但是，他們並沒有掌握（或許是無法掌握）這種情況很快就會產生的結果。

3 實驗物理學家約翰內斯・斯塔克於一九二二年所著的《德國物理學目前的危機》（*The Present Crisis in German Physics*）一書中使用了相同的比喻，但是以非常不同的看法來表達：他那種物理學正因為理論物理學的一種抽象、墮落的形式而顯得黯然失色，參見第139頁。

第三章　新事物的開始

馬斯特里赫特市一向對於彼得．德拜在該地出生感到自豪。科學家的半身銅像在市政廳中陳列，而銅像於一九三九年十一月揭幕時，德拜仍在世，過不了多久他便從此離開歐洲。在那樣的亂世中，揭幕典禮中（有些迂迴）的致詞宣稱，德拜是「忠誠的戰士和文明大門的執盾手，是文化大師，保存了精神的純度並加以提升，讓它得以服務他人，的確值得人類中的偉大心靈所能得到的諾貝爾獎」[1]。

諷刺的是，德拜的荷蘭國籍最終促使自己在德國科學界的事業生涯走向終點，因為在很多方面，他似乎並不特別對他出生的國家有歸屬感。相反地，他更加強烈認定自己是馬斯特里赫特人，是林堡首府的在地人，在那裡三種文化的融合削弱了任何國家認同的意識。德拜說，在馬斯

[1] Eickhoff (2008), 4.

德拜（1884-1966）於一九三六年左右攝於威廉皇帝物理學會。（馬克斯·普朗克學會）

特里赫特，人們可以使用荷蘭、比利時或德國貨幣，這就是這個城市的文化流動性的一個象徵性標誌。

彼得·德拜出生於一八八四年，父親是金屬加工廠的工頭，母親則是劇院的售票員。他們住在一個勞動階級的社區，居民主要是商人。德拜在上學之前都只會說當地的方言。一開始父親以為他會接替父親的工作，但是他的母親有更高的志向，不顧代價把他送入由修士所經營的優良中學。

他在科學方面的成績出類拔萃，所以父母決定讓他上大學——然而他的出身卑微，因此這是不尋常的一步。但德拜上大學希望不大，因為他還沒有學會必要的希臘文和拉丁文，所以他到亞琛的技術學院學習電機工程，多虧了日常生活中的新興電氣化，這個學科已經變得普遍。他後來解釋說，當時覺得「對我來說，成為一名電氣工程師是最好的事情，因為我對電很感興趣，自己也做了很多實驗，並且（在學校）建了發電機」[2]。當他決定在德國繼續他的研究，也不足為奇：他在學校已經學好了德語，而亞琛距馬斯特里赫特只有二十英里。就電機工程來說，唯一可行的替代選擇是比利時的伊普爾，或是代爾夫特。但亞琛是最便宜的選擇，而對於一個財力拮据的男孩來說，那是最重要的。德拜說，「只是錢的問題」[3]。他和另一個從馬斯特里赫特來的小伙子共住一間單人房，並進一步節省他週末回家的基金。週一早上，他將不得不及時起床，趕上一點到亞琛的火車，儘管有一小時的時差，也能及時抵達趕赴八點的課程。

德拜於一九〇一年到亞琛就讀。他的能力很快就吸引了阿諾德．索末菲的注意。這位工程力學的年輕教授只比德拜早一年來到亞琛。索末菲發現他前途無量的學生是「以智慧和好奇心看向外面的世界和生活的迷人男孩」，並於一九〇四年任命他為研究助理[4]。索末菲會邀請他最好的學生到他家吃晚飯，在那裡他們將一起喝酒談天，或者說學生大多時候在聽他說話。「我們在晚上八點來到他家，」德拜回憶說：

> 享用晚餐、消夜。然後你坐在他的房間裡。而在他的房間，他開始說話。他說著他感與

2 Debye (1965–6)，無頁碼。
3 Debye (1962)，無頁碼。
4 Davies (1970), 177.

趣的事情，而你作為聽眾坐在那裡。他詢問你的看法，雖然你對此一無所知。他嘗試過了，可以這麼說。並以這種方式讓我學到了很多東西。[5]

他們可能比他們所知道的還要幸運。當大多數德國學者都遵守著嚴格、超然的禮儀時，索末菲卻表現出慷慨和尊重，甚至願意在學生一籌莫展時提供協助。他沒有假裝無所不知，卻在尋求學生的幫助下，攻破難題。雖然索末菲的職位是在應用科學領域，但是他的主要興趣卻在於數學物理：他曾在家鄉哥尼斯堡師從數學家費迪南德·馮·林得曼（Ferdinand von Lindemann），在哥廷根師從菲利克斯·克萊恩（Felix Klein），他的興趣範圍從流體力學到電傳導的理論。在亞琛，他缺乏可以與他討論這些學問的同事；德拜懷疑，他在教學上所投入的努力有一部分是為了培養了一批志同道合的人，可以聆聽與討論。他有識才的慧眼，也許在培育英才上也同樣擁有獨特的有效方式。雖然索末菲對物理學的貢獻絕不能說無足輕重，但是他最令人印象深刻的遺產是他的學生名單，其中包括海森堡、包立、漢斯·貝特（Hans Bethe）、馬克斯·馮·勞厄（Max von Laue）和萊納斯·鮑林（Linus Pauling）。即使在如此閃閃發光的學生之中，索末菲顯然認為德拜是他最大的發現。

當倫琴於一九〇六年任命索末菲為慕尼黑新成立的理論物理研究所負責人，德拜與他同去。在那裡，他經常光顧皇宮花園的咖啡館，而物理學家和化學家會在為常客預留的咖啡館召開非正式會議。「像在維也納的咖啡館，我們拿著報紙，談論上帝知道什麼」，德拜如此回憶[6]。他聲稱，正是在這裡，勞厄（普朗克把他送去索末菲那裡，因為他對柏林來說「太緊張了」）意識到從原子層彈出的X射線會彼此干擾，因此讓研究人員能夠窺視晶體。在宮廷花園咖啡館的桌子旁，索末菲的波蘭學生保羅・愛潑斯坦（Paul Epstein）說：「物理學家終將能真正討論他們所做的事目的為何，而不僅僅論及毛皮，這將是學習物理的一個方式。」[7]

德拜也開始為年輕教員成立了俱樂部。這個俱樂部每星期二的五至七點會面，德拜會聽取其中一個成員的談話，結束之後，他們會到餐廳吃晚飯，然後再到保齡球俱樂部繼續聚會。德拜很有行動力，他讓同輩和上司印象深刻，也很受歡迎。據索末菲另一個傑出的學生保羅・厄瓦（Paul Ewald）所說，他「甚至還是傑出的物理學家、數學家和樂於助人的朋友」[8]。

德拜於一九〇八年在慕尼黑獲得博士學位。三年後，在索末菲的建議之下，他接受了蘇黎世大學理論物理系所因為愛因斯坦而空出的職位。在當時，他幾乎毫無疑問注定會成為重要的科學家。有些人已經認為他是愛因斯坦在聰明才智上的接班人，而愛因斯坦本人於一九二〇年描述德

---

5 Debye (1962).
6 同前註。
7 Epstein (1965), 118.
8 Davies (1970), 178.

拜為「索末菲最優秀的學生」[9]。

但是環境，或是說德拜不得閒的天性，帶領他走向迂迴的路程。他只在蘇黎世待了短短一年，接著就轉到烏得勒支大學，希望在那裡能有更多的機會做實驗工作。然而他的希望落空，於是他於一九一四年搬到哥廷根，在那裡與瑞士科學家保羅．謝樂（Paul Scherrer）從事勞厄已經開始的X射線繞射的新領域。到了一九二〇年，他和謝樂已調回蘇黎世，這次來到聯邦技術學院（ETH）。他於一九二三年在這裡與助手艾里希．休克耳（Erich Hückel）合作，發展了他在鹽溶液的重要理論工作，顯示出溶解的鹽離子之間的電的相互作用如何影響彼此的性質。

德拜在烏得勒支大學任教期間，曾返回慕尼黑與其宿舍房東的女兒瑪蒂爾德．艾爾勃勒（Mathilde Alberer）結婚。他們的第一個兒子彼得於一九一六年在哥廷根出生，接下來是女兒瑪蒂爾德．瑪麗亞（梅達），於一九二一年在蘇黎世出生。

德拜基本上在德國完成了他所有的科學訓練，對於德國文化有強烈的效忠感。「我覺得自己很『德國』，」[10]他在一九一二年寫給索末菲的信中這麼說，「你甚至不應該認為我會背叛我德國的教育，因為即使我想，這對我來說也根本不可能。」[11]這種對於日耳曼事物的親切感，在文化意義上勝過民族意識，是其他在德國傳統下工作的外國科學家同樣擁有的感受。來登大學的荷蘭物理學家亨德里克．卡西米爾（Hendrik Casimir）堅稱：

> 許多德國文化已經進入我的氣質中：我從德國的書籍中學到了很多，德語是我第一個能夠說得流利的外語，我的父親受到德國哲學家強烈的影響。[12]

他真情流露的補充說明，這「使得我很難將德國——甚至納粹德國——與魔鬼相提並論」[13]。儘管德拜如此重視德國文化，但是他顯然無意成為德國公民。而他的妻子因為嫁給他，放棄了德國國籍，成為荷蘭人。

當德拜於一九二七年受到萊比錫大學任命，成為實驗物理學教授時，他已經完成了他對科學的重要貢獻。他的貢獻中沒有相對論或量子理論的反傳統層面，而且並不容易將這些層面的意義甚至內容傳達給不是科學家的人。然而，德拜對於光、電力和分子相互作用的方式的發現，在從電池的設計到了解液體構造這些領域中，有直接的實際結果。據他的傳記作者曼澤爾．戴維斯（Mansel Davies）所說，「在分子物理學的廣闊領域中，自從法拉第以來，是否有任何一個人

---

9 Kant (1997).
10 Eickhoff (2008), 2.
11 同前註，16。
12 Casimir (1983), 192.
13 同前註。

貢獻了如此多」[14]，這是有爭議的。因為是否有比分子物理學更不流行的科學領域，也是有爭議的，所以這個領域以外的其他人也一直不那麼了解德拜在科學上的卓越表現。然而，他以德國物理學界的重要人物、有著實驗學者敏銳的理論家的身分來到萊比錫。他似乎在無意之間就達到如此的高度，讓他的一些同僚感到懊惱。「聰明，但懶惰」是他的大學同事弗里德里希・洪德（Friedrich Hund）對他的形容[15]，說他經常會在德拜應該工作的時間，發現他在抽雪茄，或是幫研究所花園的玫瑰澆水。「德拜，」他總結道，「肯定容易輕鬆看待一切事物。」[16]

理想主義者

德拜抵達萊比錫沒多久，學校很大程度在他的推薦下任命了一位新的理論物理學教授。年僅二十六歲的海森堡是德國所有現任物理學教授中最年輕的一位。

海森堡在德國南部一個嚴格、富有和軍國主義的家庭中長大，極少經歷情感的發展或想像力的刺激。在這樣的家庭長大的結果，讓他渴望友誼，但是卻沒有容易贏得友誼的個性。相反的，他很緊張，競爭心強，強烈渴望他人認同，並容易退縮。如果遭到看輕或超越，偶爾會發怒。

德拜能夠快速洞察到一個問題的物理核心，海森堡則傾向於往另一個方向努力：從具體到抽象。他是一個天才數學家，能夠將深刻的問題形塑成正式的條項。對於海森堡來說，抽象似乎提供了某種程度的哲學上的滿足感，甚至安慰。他可以說是他那一代最有天賦的物理學家，相對於德拜是實用主義者，他是理想主義者。就是那些理想主義的個性，讓歷史學家深思與辯論，並持續如此。

海森堡在慕尼黑和索末菲度過了他的學生養成歲月，他於一九二〇年抵達慕尼黑，當時因為納粹黨政變未遂，政治極為動盪。這些動亂讓海森堡鄙視政治，他在一個叫做「新開創者」（New Pathfinders）的青年運動中尋求慰藉。在崇敬大自然、音樂和浪漫派德國作家如歌德和赫得林的過程中，海森堡發現一個世界，超越了巴伐利亞共產黨人和國家社會主義的權力鬥爭。這和他在物理中所找到的解放如出一轍。

海森堡成年之後仍然是青年領袖。在山區健行中，他滿足了自從青年以來，年紀愈長愈顯特別的嚮往。一九三七年，他娶了經濟學家修馬克（E. F. Schumacher）的妹妹，伊麗莎白．修馬克，那年他三十五歲，而她才二十二歲。這種偏好與比自己年輕許多的人在一起一直是海森堡潛在的不成熟跡象，儘管在德國學術界中，和配偶之間有這樣的年齡差距並不罕見，因為學者往往

14 Davies (1970), 215.
15 Cassidy (2009), 190.
16 同前註。

海森堡（1901-1976）攝於一九二七年。（Firtz Hund攝影，馬克斯・普朗克學會）

必須花費多年時間才能達到適合結婚的穩定職位。雖然海森堡從婚姻中獲得了慰藉，但是他和妻子的關係在某些方面來說不能算是親近。伊麗莎白後來承認，她和丈夫從來沒有真正了解彼此，而海森堡在教養孩子上只盡了極少的責任。他那不知為何笨拙、有時不敏感和易怒的個性是他內在不安、焦慮、孤獨和疏離感的外在表現，但他很少能將此向妻子傾訴。他的野心和對於認可的渴望都說明了深刻的不安全感。

新開創者運動渴望能夠有一個強力的領導者，將德國從威瑪政府的衰微中拯救出來，並恢復國家的榮譽。這並不代表海森堡歡迎希特勒的統治，但這樣的統治讓他和許多來自中上層階級家庭的德國人一樣，對國家社會黨的某些政策抱持好感，尤其是他們的軍國主義好戰。「新而『堅實』事物的開始還沒有發生在我們身上」，他於一九二二年以迫不及待的語氣寫信給他的父親。[17]雖然把新開創者運動視為希特勒青年團的先導有些過分，但是這個團體的確是以軍隊方式組織、在道德上嚴格，並且充滿國家主義，而當這樣的獨立青年團體在一九三四年遭到禁止，很多成員轉移到納粹青年組織繼續活動。

海森堡在慕尼黑師從索末菲的那幾年，他的研究方向是雖然困難但肯定是經典的物理學主題：流體流動中的亂流。但索末菲也徵召了他聰明的學生，一起研究以數學為基礎的量子理論。海森堡成功的描述了季曼效應的某些層面，也就是磁場對發光的原子（第42頁）的影響，索末菲將這樣的成功在一九二二年初一封語氣熱情的信中，和愛因斯坦加以連結。當海森堡和玻恩一起離開慕尼黑，前往哥廷根完成他的大學教授資格（即賦予德國研究人員擁有教師職位和監督博士生的博士後資格），他一心想要正式建立量子理論。科學界大多接受他和玻恩、喬登一同想出的矩陣力學，將早期量子理論臨時且定性的描述轉換成強大且可預測的科學。海森堡於一九二六年五月抵達哥本哈根，擔任大學講師和波耳的助理；在接下來的一年中，他們想出了哥本哈根詮釋，海森堡並且找到潛伏在他的矩陣中不可約的不準量。

然後，他就成為萊比錫大學的大收穫。在他就職三年之後，這件事就得到充分證明，因為海森堡獲頒了諾貝爾物理學獎。雖然他雄心萬丈，但是獎項中的褒揚還是讓他有些尷尬：「因為創

[17] 同前註，103。

建了量子物理學」。這絕對不是靠他一人能夠達成。誠然，薛丁格隔年也獲頒了諾貝爾獎，但是他是和英國物理學家保羅・狄拉克（Paul Dirac）共同獲頒。其他先驅如包立也等了十年以上，才讓諾貝爾委員會認可他們的貢獻。但是，即使海森堡真心感到懦怯，這個獎項還是促成了他對於將德國物理的命運一肩扛起，愈來愈堅定的信念。

第四章 智性自由已成過去

一九三三年三月，物理學家莉澤・梅特納（Lise Meitner）從位於柏林的威廉皇帝化學研究所寫信給她在北美參訪的同事奧托・哈恩（Otto Hahn），「我們上週收到指令，要在黑白紅三色的國旗旁升起納粹的黨旗。」[1]

希特勒才於該年一月底被任命為帝國總理，德國就即將成為獨裁政權。從民主過渡到極權主義政權迅速的可怕，因為希特勒立即採取行動，消除政治上的反對勢力。將二月二十七日的國會大廈縱火襲擊歸咎於共產黨的煽動，讓希特勒有藉口宣布進入緊急狀態，中止公民自由，並施行新聞檢查。納粹透過引起群眾的普遍恐慌，也精心策劃授權法案的正當理由「來解決人民和國家的痛苦」。當該法案在三月通過，法律賦予了希特勒權力，不需國會的同意就能立法，甚至推翻

---

1 Hentschel (1996), 17.

憲法。四月七日隨後通過了公務員法，驅逐的不僅是猶太人，還有所有在權力和影響力上潛在的對手。正如歷史學家伊恩．柯蕭（Ian Kershaw）表示，「一九三三年，國家認可的不人道的惡劣措施所面對的障礙，幾乎在一夜之間遭到清除。以前無法想像的事情突然都變得可能。」[2]

然而，對許多德國人來說，這些作為並非來自無情的獨裁者，而是堅決的領導者：這些作為是在威瑪政府所造成的危險面前，恢復公共秩序和安全的必要手段。強勢的集權統治帶來了普遍的寬心和樂觀感受。終於，之前的政治混亂似乎已經由一個決斷和強力的元首所平息，反映出當時的氣氛由保守民族主義占了優勢。即使是身為奧地利猶太人的梅特納，對於納粹政府都沒有感到一絲不祥預感。她告訴哈恩，希特勒最近的談話「非常溫和、婉轉，並且親切」。她補充說，但願「事情會繼續朝這個態勢發展」[3]。在海外的哈恩則表現出對於希特勒志向的支持，他告訴加拿大記者，他的印象是，所有被驅逐和關押的猶太人都是共產黨的鼓動者。

民主的聲音

希特勒明白，只要他讓一切合法，就能夠為所欲為。納粹黨為了將他們的歧視和專制政策制定為新法，利用了德國人服從國家的本能：人們不會反對制定為法律的措施。特別是這種培養成忠誠並服從權威普魯士的心態，對於政府規定的事，幾乎不可能反對。就字義上看來，法律可能在道德上造成犯罪，實際上是矛盾的概念。

儘管如此，一個保守但人性化的社會，怎麼能夠降服於有著如此惡毒和令人憎恨的目標的領導人，一直是納粹時代歷史學家的核心問題。第一個考慮很明顯，卻容易忘記：我們知道德國現在正走向哪裡，但是德國公民不知道。這麼說可能很輕浮：要了解一九三三年的事件，我們必須把大屠殺即將發生這件事拋開。但是很難這麼做。正如艾倫・拜爾岑（Alan Beyerchen）所說：「只有回想起來才會覺得如此明顯，對於國家社會主義唯一真正尊貴的反應，是不妥協的反抗。」[4]

我們也應該記得，對於盲從和不民主的統治並不陌生的現代歐洲社會，從前也沒有過對於這種極端的煽動、國家鎮壓和種族主義合法化的經驗。人們普遍相信，希特勒政府只是過渡時期：它要不是很快失去權力，就是被迫緩和極端。這似乎是由洛克斐勒基金會歐洲辦事處的威爾柏・厄爾・提斯代爾（Wilbur Earle Tisdale）在與德國科學家一同遊覽時所蒐集而來的印象。他於一九三四年八月寫信給他在紐約的上司提到，「德國內外的觀察家一致預測，當前政府在幾個月內

2 Kershaw (2008), 40.
3 Hentschel (1996), 17.
4 Beyerchen (1977), 69.

會垮台」[5]。他報告說，柏林的威廉皇帝細胞生理學研究所的負責人奧托·華寶（Otto Warburg）懷疑，納粹的最終計畫其實是恢復帝制！

然而，我們不能把納粹的興盛單純歸咎於部分德國人民的過度樂觀和缺乏遠見。希特勒的納粹黨鼓動出普遍的愛國主義和深層（如果婉轉表達的話）的種族偏見，還有一般人民狹隘的自身利益、對政治和經濟的不滿、對俄國十月革命的恐懼，以及避免麻煩的本能。在不同的政治派別裡都能發現這些趨勢。看到政治反對勢力消失的可能，溫和右翼德國人民黨的主席絕望的寫道：「在愛國團結的漂亮外表背後，極其多的人難道不是只出於野心、貪婪、階級敵對以及渴望發展到一定程度後，以最糟糕的方式危害德國普通民眾之間個人的信任，而有所行動的嗎？」[6]

此外，在許多方面，國家社會主義者根本不像極右狂熱者，那麼為什麼他們要把自己塑造成社會主義者？他們的福利政策顯得進步；他們的經濟戰略是凱恩斯主義。而且，在威瑪共和國的風暴之後，所有政治派別的人都可以看到堅定、保守政府的吸引力。「一九二九年以來，」公務員吉塞維斯這麼寫道：

> 情況變得愈來愈明顯，我們的左派和中間黨派的領導人都無法控制群眾。希望不斷上升的公眾騷亂，可以透過右派加以遏制並安全的引導到發展的軌道上的想法，顯得非常合理。[7]

吉塞維斯的直覺基本上和那些保守的普魯士精英一樣，認為德國自由主義[8]「必須為了納粹主義所帶來的災難承受相當程度的負罪感」[9]。因其「過分強調個人主義」，他說，「大大促成了宗教和道德原則的瓦解」[10]。

雖然這樣的評論讓我們對於吉塞維斯那一幫人一開始為什麼歡迎納粹（他於一九三三年申請入黨，希望能從此得到專業上的優勢，但被拒絕），提供了線索，但是納粹畢竟還是把太多責任歸咎於自由主義挑起的對立。事實是，自由主義者一開始並不一定反對希特勒。「儘管自由民主

---

5 Rockefeller Archive RF RG 1.1 Projects, Series 717, Folders 9–11, 'WET Diary' (W. E. Tisdale), 1 August 1934.

6 Kurlander (2009), 23.

7 Gisevius (2009), ix-x.

8 一九三〇年代的德國自由主義究竟是什麼，這個問題並不容易回答，因為他們的政治路線並不清楚，和今日的西方民主不相同。政治文化在很大程度上分為左派和右派兩極，各陣營或許有溫和派和極端派，但是幾乎沒有「中間路線」可言。威瑪政府成立最初是由德國社會民主黨（SPD）、德國民主黨（DDP），和德國中央黨組成的聯盟，但是在一九二〇年的選舉中，這個聯盟已經流失了大多數成員，留下的民主聲音也非常微弱。不過，雖然德國民主黨確實是唯一真正的「左派自由派」政黨，但在右派中也有自由的政治元素，由德國人民黨（DVP）代表。我將在這裡用「自由主義」指稱傾向於民主思想的個體，同時了解這種說法可能包含對於許多政治問題截然不同的看法。那其實才是重點。

9 同前註，x。

10 同前註。

主義者在某些程度上不同意國家社會主義」，歷史學家艾瑞克·柯蘭德（Eric Kurlander）寫道：「他們表現出冷漠，甚至對其他政權的熱切……當自由派未能抗拒，至少在理智上，不要害怕被逮捕或迫害，而是帶著不明言的熱切，適應具體的政策。」[11]國家社會主義者所做的一切遠比他們現在宣稱要提供的更多，包括國家壓迫、酷刑、種族主義和種族滅絕。

海森堡符合「保守自由主義」樂天派的形象：在一九三三年十月，他寫道，「那許多事都是好事，也是現在正在嘗試的事，我們應該了解其良善意圖」[12]。他的親近同事卡爾·馮·外側克（Carl von Weizsäcker）在一九五〇年代告訴作家羅伯特·容克（Robert Jungk）（容克如此敘述）：「雖然他（外側克）厭惡這個『運動』的領袖……但是一開始，他有一定的贊同，或者說，對國家社會主義的理解，因為他所看到的是，其中有一股深厚力量的幹勁在經營。」[13]「深厚的力量」這個概念不斷在德國科學家的態度中出現：他們認為，政治受到具結構性的影響所指揮，那是他們不能也不應該希望加以影響的，而且這樣的想法來自高尚的品德，即使當下的表現很惡劣。

自由派和保守派在支持納粹的外交政策上團結一致。即使是一九三三年從德國流亡、從此批評納粹黨的諾貝爾和平獎得主和民主主義者路德維希·克維德（Ludwig Quidde），都認同重整軍備和希特勒讓德國再度聯合奧地利的計畫，聲稱這是奧地利人所希望的（許多奧地利人在一九三八年時確實歡迎德奧合併）。當時自由派會為了入侵波蘭辯護，甚至有人同意入侵法國。他們認為這些行為都是為了努力獲得德國解放。

德國歷史學家卡爾迪・特里希・布拉徹（Karl Dietrich Bracher）正是根據這樣的考慮寫道（特別考量到德國科學家）：

> 當然，在新政權的恐怖統治開始時，所產生的機會主義和恐懼也是（納粹主義興起的）影響因素。但對極權主義政權所做出的協調和自我認同以如此驚人的程度和速度產生，讓人無法不得出以下結論，那就是有極大多數的知識精英容易對此政權產生認同，並受其影響。[14]

當自由主義者反對此政權，他們的反對聲浪不必然會受到阻止。《法蘭克福報》發表多篇批判納粹政策的文章，但是在一九四三年之前都沒有因此關閉。直到那時，宣傳部長戈培爾都帶著驚人的寬容來對待，他了解容忍不同意見的價值。抗議的危險性也不高，至少在納粹統治初期是

11 Kurlander (2009), 5.
12 Cassidy (2009), 208.
13 R. Jungk (1956), letter to W. Heisenberg, 29 December. 參見 http://werner-heisenberg.physics.unh.edu/Jungk.htm.
14 Haberer (1969), 153.

如此。當時也不常見威脅要驅逐到集中營或讓蓋世太保審訊的情況。舉例來說，自由派作家、知識分子和政治家特奧多爾．霍伊斯（Theodor Heuss）拒絕提供他是亞利安族的證明，他得到的對待不過就是被剝奪德國媒體帝國協會成員身分。因為沒有記者證，他於一九三六年失去了他在政治雜誌《幫助》（*Die Hilfe*）的編輯工作，不過他隔年又重新獲得了記者證。一九三四年《幫助》雜誌出版了一篇反對審查的文章，主張「宗教、科學和藝術不該是國家利用的手段，因為思維能力會隨著自己的意願流動」[15]，而沒有產生嚴重的後果。然而，很難在德國科學界中看到類似的公開聲明。

國家社會主義者在任何情況下都不足以壓制所有的批評。他們在第三帝國初期明顯的冷酷和重心讓大眾對於此政權大致上如何運作產生誤解。它並非巨獸，卻被對手的權力陣營所操縱，被內部分裂所撕扯，受到官僚主義和無能的阻礙。此外，即使這個政權在效率上堪為典範，在一九三九年人數超過兩萬名的祕密警察（蓋世太保）也沒有能力密切監測八千萬人口。納粹似乎也不屑於這樣做：尤其在戰前幾年，他們沒有用武力對德國大眾社會施加影響。「仔細觀察之後」，柯蘭德說，

> 我們可以在（早期）第三帝國的元素中發現我們不會在極權主義政權的定義裡所看到的情況，那就是缺乏控制機制、表現自由的創造性運動，如爵士樂和搖擺舞音樂，以及猶太文

化和其擁護者的影響力擴大，甚至對於現代主義的前衛嘗試。[16]

這個政權決心做的事也不是毫無機會改變：有些納粹的政策在公眾的不滿下做了修訂，例如允許消滅殘障人士的「安樂死」計畫。

事實是，國家社會主義者不需要總是表現出鐵腕。他們似乎意識到了他們的知識分子對手缺乏後勁和資源，或許也沒有信念，不足以構成真正的威脅。一九三三年，海德堡大學的政治學家和歷史學家阿爾弗雷德·韋伯（Alfred Weber）藉由堅持要求當地警察局長將納粹黨旗從他的研究所中撤下，來抵制納粹的宣傳，然後，當旗幟重新掛上，他就關閉了研究所。儘管韋伯不過在納粹的新聞媒體中被嘲笑「壓迫學術自由」，但是他後來選擇退休，並以學術特權和完好的聲譽去追求他的不墨守成規。正如柯蘭德所說：

> 韋伯的心境突然改變，代表即使是最有原則和影響力的學者，在面對受到納粹統治的學生、懦弱的行政人員和有野心的同事時，要持續保持反對有多麼艱鉅。韋伯持續兩個星期拒

15 Kurlander (2009), 53.

16 同前註，47-8。

絕配合是例外。他在隨後十二年的統治中都被動的在思維上不墨守成規。[17]

納粹與當代一些獨裁國家一樣，意識到力量並非來自殘酷鎮壓，而是以宣傳和民粹主義，包括建立領導崇拜，來贏得支持。希特勒一次又一次讓許多德國人認為他和手下的惡行無關：無論納粹黨的缺點是什麼，元首本人都還是能繼續受人民愛戴，成為國家的驕傲、希望和革新的象徵。甚至（或者特別是）納粹同情者都堅持認定一個管理笨拙和混亂官僚的完美領導者這樣的想像。

德國媒體的確對此政權有所抱怨，而這些抱怨基本上都是針對經濟表現，而非政治的不滿。人民或許不會費心關切道德原則或學術自由，但是他們在乎食物。當經濟形勢在一九三五年到一九三六年變得惡化，導致糧食短缺，工人階級中產生了騷動。但是，這些牢騷有許多都是在熱切宣告他們對於下一次納粹大會的支持。「寧可要希特勒，不要史達林」是人民普遍的看法。

所有這一切應該都會讓我們認為納粹的崛起並無太多特別之處。雖然這種情況確實涉及了大量歷史的偶然，然而一些歷史學家決心將納粹主義視為獨特的德國現象值得考慮，但是太過強硬的執著於日耳曼的「血統與文化」，不僅重新使用了第三帝國自己的惡意比喻，並且否定了我們可能從中借鑑的有用教訓。「第三帝國是自由民主的產物，和如今的美國沒有什麼不同」，柯蘭德說[18]。他繼續補充說，在經濟和政治動盪的時候，我們對於這種政權就變得特別敏感，就如同今日在歐洲靠著經濟衰退而崛起的極右翼政黨。在威瑪德國中兩極的政治文化之間畫下一條平行線並非空想，這讓這個國家幾乎難以統治，也造就了美國最近的政治趨勢。無論如何，德國的智性、科學和學術文化在一九三〇年代如何進展的問題，和現代社會極有關係。

而且，顯而易見的事實是，納粹主義並非強加於人民，而是受到接納甚至歡迎。一九三三年五月，萊比錫大學的作者艾里希·艾柏梅耶（Erich Ebermayer）[19]寫道：

> 有個人變得愈來愈孤獨。所有的朋友都宣告著他們相信希特勒。就好像有個密不透風的階層包圍著我們這些少數仍舊無法做出如此告白的人。在我的年輕朋友中，最好的就是那些如今激烈的宣布效忠國家社會主義的人……他們穿著希特勒青年團的制服四處奔波，因為幸福和自豪而容光煥發。[20]

---

17 同前註，72-3。

18 同前註，3。

19 艾柏梅耶並非反納粹者，他的情況更不明確。身為同性戀者和寫作快速並多元的寫手，他顯然不喜歡國家社會主義者，並協助藏匿他的猶太秘書。然而，他在納粹時期所寫的一些小說和劇本都獲得當局的批准，而且戈培爾特別為他辯護，艾柏梅耶在戰後透過共同撰寫書名為《邪惡天才》（*Eril Genius*）的戈培爾傳記償還了這個恩惠。

20 Mosse (ed.) (1966), 385.

猶太問題

沒有人對納粹的反猶太主義抱有任何幻想。這一點在其領導者的早期宣言《我的奮鬥》中已經清楚闡明：

> 猶太人儘管有著明顯的聰明才智，但是一直沒有任何真正的文化，尤其是沒有自己的文化。因為猶太人今天所擁有的虛假文化是其他國家人民的資產，並且大多都已在他們手中糟蹋了……魔鬼的化身是一切罪惡的象徵，呈現了猶太人的生活形態。[21]

當然，反猶太主義已經在德語國家的文化深深扎根。古斯塔夫．馬勒（Gustav Mahler）於一八九七年到一九〇七年擔任維也納宮廷歌劇院的總監時所經歷的艱辛就是知名的例子：即使在他轉信天主教之後（因為許多有猶太血統的人都這麼做了），他受到媒體以種族理由無情攻擊。維也納特別令人討厭，但是幾乎整個德國都沒有顯露出一絲憤慨。反猶太主義不只是普遍的偏見，因為在「最高」的智識和政治階層都有些人支持。康德曾透過「剝奪了所有法律和禮儀的純道德宗教」一段對話，倡導「猶太人安樂死」[22]。在十九世紀末期，柏林出身的歷史學家、政治家和哲學家，同時也是國會成員的特賴奇克（Heinrich von Treitschke），公開支持反猶太人情緒，指責未能歸化的德國猶太人。他在一八七九年發表聲明，稱「猶太人是我們的不幸！」成為《先鋒報》的標題、納粹反猶太主義的喉舌。（雖然特賴奇克實際上並沒有以口頭表達這個意見，單純寫出來就已傳遍德國各地，並不清楚他是否反駁這個說法。）

對德國的猶太人和非猶太人來說，納粹的反猶太主義至少在最初階段必須表現出保持現狀。正如猶太作家約瑟夫・羅斯（Joseph Roth）於一九三三年秋天從巴黎流亡時憤恨的評論：

> 如果你想了解焚書這件事，你必須明白，目前的第三帝國是俾斯麥的普魯士帝國和霍亨索倫王朝一個合理的延伸，而不是對於有著虛弱的德國民主黨和社會民主黨的貧窮德意志共和國任何形式的反應。[23]

即使戰爭結束後不久，當最終解決方案[24]的現實情況遭世人所知後，一項調查顯示，大約五

21 *Mein Kampf*. 同前註，7。

22 Müller-Hill (1988), 90.

23 Roth (2003), 210.

24 譯註：納粹德國在第二次世界大戰期間，對猶太人及其他人種的計畫性大規模屠殺，納粹德國稱之為「最終解決方案」。

分之一的德國人同意希特勒如此對待猶太人，另有五分之一的人大致上同意，但是覺得他做得太過。

不僅德國人如此，法國的德雷福事件[25]也說明了猶太人遭受的待遇。但是，儘管在歐洲普遍不信任猶太人，但並非所有國家都抱持相同態度。我們現在很容易做出假設，認為反猶太主義是保守右派分子所持的清楚定義和統一的立場，原因出自於對於非歐洲種族的普遍蔑視，並且因為道德理由受到反對（如果有的話）。但是這些假設並非普遍為真。

舉例來說，人們在縱容明顯、甚至惡毒的反猶太主義時，可以認同許多自由主義的信念。如柯蘭德所說：「納粹思想觸怒了現代自由派的層面，包括它狠毒、擴張主義的民族國家主義和種族歧視的反猶太主義，對於威瑪共和國最後幾年期間許多民主派來說，是最沒有問題的部分。」[26]可能會讓人無法隨意表達反猶太主義情緒的社會恥辱、自我審查，都比不上其他形式的偏見和刻板印象。

然而，德國的自由主義比其他歐洲國家的自由主義更能發現他們不喜歡猶太人的地方。特別是第一次世界大戰後，德國人普遍懷疑少數族裔到底能否被同化，或者至少認為同化是社會接納的代價。德國政治作家保羅·洛巴赫（Paul Rohrbach）就是個很好的例子，可以讓人了解知識分子如何表達出如此態度。他遊遍了亞洲和非洲，對於中國和日本的文化有高度評價，對於非洲的發展前景也抱持樂觀態度。他抱持著進步的社會觀念，特別是關於婦女的地位。然而，他是一個強烈的愛國者，相信有必要維護國家的榮譽，對於種族也有偏執。一九三三年，他加入了納粹黨，雖然他與黨的關係經常很緊張。

「猶太人問題」被視為政治而非道德問題。人們可能會以和討論貿易、戰爭或稅收的行為同樣的精神來爭論這個問題。就像今天的種族主義，可以被視為無關個人：你可以感嘆猶太人對於政治和商業的過度影響，或者延續反猶太人的刻板印象，卻同時保有與猶太人的良好友誼。在這個時候，希特勒的經濟部長亞爾馬・沙赫特（Hjalmar Schacht）提供了反猶太主義的複雜性一個有趣的案例研究。他在許多方面都算是自由派，雖然他成為納粹的支持者和德國國家銀行的總裁，卻在一九三七年與希特勒意見不合之後失去了影響力（希特勒在兩年後告訴他，「你根本不符合一般國家社會主義者該有的樣子。」[27]），並最終加入了德國抵抗運動。他於一九四四年六月失敗的暗殺事件之後入獄，並送往達豪，但存活下來。沙赫特天生反對種族仇恨，因為公然反對攻擊猶太人及其財產，經常被黨內官員訓斥。他基於某些反猶太人的措施將削弱德國國力，讓德國在國際間遭到孤立，而極力反對。沙赫特在紐倫堡受審時，他宣稱在為政府效力時，「曾阻止

25 譯註：一八九四年，一名猶太裔法國陸軍上尉亞弗・德雷福被控出賣法國陸軍情報給德國，被裁定叛國罪名成立，因而遭到公開拔階並流放外島。

26 Kurlander (2009), 18.

27 同前註，164。

希特勒的政策中最嚴重的暴行」[28]，儘管一些歷史學家認為，他透過剝奪猶太人財產來協助大屠殺。他在審判後被無罪釋放，後來成為發展中國家的經濟發展顧問。沙赫特的故事告訴我們，試圖將別人標籤為納粹或非納粹、親猶太主義或反猶太主義者有多麼不明智。我們會發現，自由派悄悄默許反猶太主義的情況變得普遍，而在另一方面，一些有偏見的人因為納粹暴行而開始保衛猶太人。事實上，有些科學家在納粹政府任職，但是很少有人公開反對政府，並積極對抗。這樣的行為讓他們比沙赫特更好或者更差？

一九三三年起，不反抗迫害猶太人並不一定表示接受，而是如同歷史學家柯蕭那句令人不寒而慄的話，「致命的冷漠」[29]。有很多跡象顯示，一般德國民眾看到了令人髮指的暴行在他們面前赤裸上演，但如果當成「猶太人問題」這樣單純的政治和道德問題，似乎就和他們的日常生活沒有太多關聯。然而，維持這樣的冷漠，必須是愈來愈主動的決定：這代表著不理會，告訴自己我不必負責，並且無論如何都無能為力。「自我保護並不是特別令人欽佩的本能，」[30]柯蕭表示，「但是尤其在壓抑和恐怖的氣氛中，這樣的本能通常比保護別人強。這與道德冷漠和冷淡的順從緊密連結。」[31]而柯蕭認為，這樣的冷漠與順從在自由民主國家都很常見，更不用說獨裁國家。這種態度也讓我們看到科學家對於納粹主義的普遍反應：它不理想，但只要我們能夠避免它的缺點，就和我們無關。為什麼要自找麻煩？

也許更令人吃驚的是，納粹接管政權之後，希特勒在反猶太主義中所扮演的角色並不清楚。

洛克斐勒基金會的沃倫．韋佛（Warren Weaver）於一九三三年五月到柏林拜訪科學家時評論，壓迫猶太人的作為「對老百姓而言是一種非常深刻且普遍的感覺所造成的結果，而政府正在減少、而非刺激這樣的作為」[32]。韋佛說，民眾廣泛認為希特勒本人「影響了減少的作為」[33]。他認為，納粹甚至因為他們所釋放的感覺的深度吃了一驚：「他們幾乎被自己的行為嚇壞了，不知道該走哪條路。」[34]韋佛補充說，很多德國人認為，猶太人鼓動了共產主義，而另一些人認為，納粹的反猶太主義完全不是因意識形態而起，而是掩飾該國經濟困境的一種聲東擊西的戰術。韋佛得

28 同前註，162。

29 Kershaw (2008), 4.

30 這種將希特勒從反猶太極端主義中解套的情況可以在猶太歷史學家威利．科恩（Willy Cohn）的日記中，看到特別慘痛的表達。即使到了一九三九年十月，他在聽完了希特勒一場演說之後，仍舊寫到他溫和並且「沒有特別反猶太人」，而且「我們應該了解這個人的偉大，給了世界全新的面貌」（in N. Conrads (ed.) (2007), *Kein Recht, nirgends. Tagebuch vom Untergang des Breslauer Judentums 1933–1941.* Böhlau Verlag, Cologne.）。像許多德國猶太人，科恩認為比起猶太人自己更像德國人。一九四一年，這個愛國者，獲頒鐵十字勳章的第一次世界大戰老兵，與他的妻子和兩個女兒被驅逐到立陶宛的考納斯，在那裡他們與其他兩千名猶太人遭到槍決。

31 同註27，148。

32 Rockefeller Foundation Archives, RF Officer Diaries, disk 16 (Warren Weaver), 24 May 1933, 82.

33 同前註。

34 同前註。

知，「新政府必須給人民些什麼，不能給他們工作，所以給了他們猶太人」[35]。他說，那樣的詭計「無法滿足群眾太久」[36]。

肅清

國家社會黨第一個正式的反猶太人措施，是試圖減少了許多德國人認為「猶太人」對於國家的商業、文化和政府的不健康管控。一九三三年四月七日通過的公務員法規定：「非亞利安血統的公務員沒有退休資格；若為榮譽官員，將被免職。」[37]這種規定包括所有大學的職位。需要能夠證明父母和祖父母都是亞利安血統，才算得上「亞利安人」，也就是說，非猶太人。[38]在第一次世界大戰於前線作戰的人已經顯示了他們對祖國的忠誠，得以免除，或說至少有此原則。實際上，這些例外是因官員一時興起所決定。韋佛提到一位在前線受傷的退役科學家，被賦予了不可能的任務，必須在二十四小時之內證明他的參戰紀錄，以避免被解雇。「德國舉世知名的智性自由，」韋佛得出結論，「已成過去。」[39]

這些措施在今日看來，毫無疑問是惡毒的。但是在一九三〇年代的德國，卻非常模糊。有些人認為，正式制定原則，將「真正的德國人」從「猶太人」中分離出來，可以建立一個讓他們共存的基礎，並且會抑制一些過激的反猶太人情緒，不讓它們在德國社會中爆發。即使那些站出來反對排除猶太人的人，大多都會謹慎的強調，他們抗議的是歧視的規則，而不是他們對猶太人比較有好感。他們通常設法維護猶太朋友和同事，而不是一些普遍的猶太人權。他們不質疑「外國」的猶太人和德國人之間的區別，也不挑戰民族主義思想，而只是認為這不是對待別人的合宜方式。當反猶太法律讓日常生活中出現的猶太人變少，這種感覺甚至也跟著減弱：看不見猶太人隨之提升的危險的冷漠，讓奧斯威辛集中營得以產生。

公務員法對德國物理學家的影響特別嚴重，因為在一九三三年大約有四分之一的科學家（其中有許多人非常傑出）是官方認為的「非亞利安人」。這種情況比其他科學領域更明顯，因為作為相對較新的學科，一直以來，物理學比較沒有在更加保守和傳統的原則裡，受到反對猶太裔科

---

35 同前註。

36 同前註。

37 Hentschel (1996), 22.

38 一九三五年紐倫堡法律（「保護德國血統和德國的榮譽」）有所修改，更清楚指出區分的方式：至少有三個猶太裔祖父母，或是信仰猶太教或嫁給猶太人，並有兩個猶太裔祖父母，就稱為「猶太人」。這代表有四分之一猶太血統的人得以倖免。一九三五年的法律也禁止猶太人和亞利安人之間的通婚或性關係。正如這些法律所顯示，在納粹時代，「猶太」的整個概念是複雜的，被強加於對猶太人祖先的文化和信仰不感到親切的人身上。歷史學家斯特凡·沃爾夫（Stefan Wolff）認為，除非特別以引號標示，否則在這段期間使用「猶太人」一詞就等於默許納粹的種族意識形態。

39 Rockefeller Foundation Archive, RF Officer Diaries, disk 16 (Warren Weaver), 88.

學家所做出進展的偏見所折磨。

這些被反猶太人的法律所排除的科學家包括愛因斯坦、玻恩、尤金．維格納（Eugene Wigner）、詹姆斯．法蘭克（James Franck）、貝特、費利克斯．布洛赫（Felix Bloch），奧托．斯特恩（Otto Stern）、魯道夫．派爾斯（Rudolf Peierls）、梅特納，以及高斯密特。我們現在可以在許多物理定律和原則、學院、獎項、化學元素上看到這些人的名字：在二十世紀中期的物理學界，他們足以擔當德國的卓越科學家。一些受影響的人從此離開了這個國家；希特勒掌權時，愛因斯坦在美國發誓永不返回德國。其他人，像派爾斯，看到了當下的情勢，在國外找到了自己的位置。有一或兩個人，就像梅特納，在個人風險增高的情況下，設法待了好幾年。然而，沒有「非猶太」的科學家離開德國，以抗議他們的同事所遭受的困境。當薛丁格於一九三三年離開德國到英國時，大家都知道他厭惡納粹的反猶太主義。但他的妻子是「非亞利安人」。

德國理論物理界元氣大傷。位居這門年輕學科中心的哥廷根大學，損失了四分之一的教師。解雇通常發生在最突然與殘酷的情況下。弗萊堡大學的生化學家漢斯．克雷布斯（Hans Krebs）是華寶的學生，他在完全沒有預警的情況下被告知要離開實驗室，從此再未曾踏足。「我認為他連擤手帕的時間也沒有，」[40]華寶如此說。克雷布斯去了劍橋，並於二十年後獲得諾貝爾獎。

德國科學界對於這些官方命令的反應，在今日看來是令人不安的順從。即使是憤世嫉俗的人，都必須承認，在現代歐洲國家的大學教員裡，政府對於少數民族的禁令不會煽動大量的抗議與辭職。但是在一九三三年的德國，出現的不過是私下表達出驚愕的反應，幾乎只會提到這麼做對於德國知識分子地位和國際聲譽所造成的傷害，而非道德價值觀。提出這些並非在做出這個社會已經變得多麼「堅持原則」的愚蠢觀點，而是要說明在一九三〇年代，德國社會有多麼不同尋常，甚至自由派知識分子在認識及區分自己在這個社會中的位置時，方式有多麼不同尋常。

但是，對於報復、逮捕和集中營的恐懼，難道不會產生可以理解的沉默抗議？當然，要求別人拿出勇氣很容易，尤其是在另一個時間和地點。然而，雖然納粹即使在成為執政黨之前，就已經因為凶殘而出名，第三帝國仍舊不像史達林所統治的俄羅斯（一九三三年不是，之後就很難說）。正如我們之前看到的，透過官方或受歡迎的管道適度的批評政權，對於個人的職業生涯甚至可能沒有太多傷害。勞厄毫不掩飾他支持反納粹立場，但他到一九四三年之前仍然是柏林大學的教授，並且在整個大戰期間，都擔任威廉皇帝物理學會的副主席。至少在戰爭開始前，公然反抗希特勒所帶來的人身危險，發生的可能都不高。

加強嚇阻顯然表達了，當局堅信人民應該了解，抗議必須適當和尊重。如果正式的請求不被受理，進一步反抗就不恰當又徒勞。普朗克即代表並促進了這種態度。根據海爾布隆的說法，他

40 同前註，86。

在「性格上不適合公開抗議政府當局」[41]。像普朗克這樣努力奉獻國家和家鄉的人，無法想像公開藐視。如果不能以高雅的方式勸阻政府的政策，那就只能接受。正是由於普朗克有如此想法，並且被視為體現了德國科學未腐壞的精神，所以他的行為被視為典範：普朗克知道該怎麼做。所以，無論他做了什麼，都是正確的事情。

而那代表什麼？普朗克對於解雇的初步反應，反映出大多數人的認知，那就是不必太過在意，這陣反猶太的風潮將緩解現有的緊張局勢，很快的就會穩定成讓人比較能夠容忍的狀態。消息傳出時，他正在西西里島度假，並且一開始認為沒有迫切需要回國處理對威廉皇帝學會帶來的影響，當時他是學會的主席。對於那些比他更擔心的人，普朗克建議他們也到國外散心。他告訴他們，當你們回國時，「所有的煩惱都會消失」[42]。如今看來這樣像是冷漠，但是更應該被視為對於國家社會主義本質的嚴重誤解——無法嗅出他們的腐敗的致命失能，並且毫無疑問的和他們結盟，天真的相信他們的領袖最終會明理。據聲稱，當哈恩問普朗克是否應該代表那些失去工作的同事抗議，他回答說，這麼做沒有意義。「如果三十位教授因為新措施而請求，」他說，「那麼會有一百五十位教授反對他們，因為他們想要那些職位。」[43]

海森堡和普朗克一樣信心滿滿。當他聽聞玻恩（原本是有猶太血統的路德教派信徒）打算辭去哥廷根大學的教職，海森堡在六月寫信給他，懇求他為了德國物理界留下來。他告訴玻恩，普朗克「收到政府的保證，不會做出超過新的公務員法之外的事，來傷害我們科學界」[44]。換句話說，政府不會做出比這更糟的事。「再過一段時間，」他向玻恩保證，「燦爛的事會從可憎的一切脫離出來。」[45]

---

41 Heilbron (2000), 202.

42 Macrakis (1993), 53.

43 同前註，68。這段明顯透露出情緒的評論到了戰爭結束後才披露，所以其真實性一直受到質疑。

44 Heilbron (2000), 154.

45 Sime (1996), 143. 有個關於海森堡和他的導師玻恩的奇怪故事流傳著。洛斯阿拉莫斯的物理學家阿諾．克拉密西（Arnold Kramish）在他一九八五年所撰寫的書（*The Griffin*）中聲稱，玻恩的一位匿名助理告訴他，玻恩約於一九三四年回訪在哥廷根大學的海森堡，讓他因此流亡，當時他接受到「反猶太人的嘲笑和下流話」（Kramish [1986], 44），最終海森堡對著他的腳吐痰。克拉密西的密友說，玻恩在返回英國時非常無奈的說出這起事件，而他的妻子隨後承認，玻恩並因此落淚。因為這個故事讓海森堡看起來非常惡毒，所以其真實性必須得到有力證明。但是克拉密西這本無情的將海森堡妖魔化的書，卻沒有提供證據。

歷史學家保羅．勞倫斯．羅斯（Paul Lawrence Rose）在他一九九八年出版的著作《海森堡和納粹原子彈計畫》（*Heisenberg and the Nazi Atomic Bomb Project*）中也提及這個事件。羅斯的學術成就遠遠超過克拉密西，但是對於海森堡的批評卻是相同。然而，羅斯聲稱，克拉密西搞錯了這一事件的日期，其實發生在一九五三年，他感謝克拉密西私下提供細節，但他也沒有提供進一步的說明文件。這項指控不僅沒有出現在玻恩的自傳中，在海森堡的生活紀錄裡也並未提及，但是這讓人很難看出這兩人如何能維繫終身的友誼。物理學家弗雷德里克．塞茨（Frederick Seitz）正確的指出，這個故事「和兩位科學家之間的真實關係並不符合」（N. Riehl & F. Seitz [1996]. *Stalin's Captive*, 62. Chemical Heritage Foundation, Philadelphia）。塞茨並且提到玻恩的兒子古斯塔夫在看了克拉密西的書之後，寫給朋友的一封信，

連玻恩自己都展現了錯判的樂觀。儘管海森堡的懇求，他還是於一九三三年離開德國，前往英國的劍橋大學。但是在三年後的回校訪問中，他因為「勞動營」的成效感到印象深刻，在那裡營養充足並快樂的人看起來比他們在威瑪共和國時期找不到工作過得更好。雖然玻恩並不盲目，對於當時他所看到的惡毒反猶太主義也加以批評，但是他的言論顯示，人們不能將所有科學家和其他公民所容忍的一切視為天真和愛國心而不做思考。玻恩的確和海森堡有相同的態度，認為納粹的野蠻暴行會隨著時間而軟化。

威廉皇帝學會的科學期刊《自然科學》（*Naturwissenschaften*）主編保羅．羅斯包德（Paul Rosbaud）和德國許多知名科學家都有過良好的接觸，他對於德國學術界缺乏反骨的精神感到沮喪，甚至不齒。正如他後來寫道：

> 我記得哥廷根大學一位傑出的教授對我說：「如果他們將像是法蘭克、玻恩、庫蘭特、藍道（最後兩位是數學家）這些人趕走，讓我們大學支離破碎，那麼我們就會站出來抗議。」第二天，報紙報導上述的科學家和其他人都因為猶太血統和他們對於大學及其學生的可恥影響，而遭到解雇。哥廷根大學的所有其他成員仍然坐在原地，忘了他們想要站出來抗議。[46]

羅斯包德在這個回應中看到了冷漠、渴望、自我辯解和潛在的反猶太主義的狡詐混合情緒：

一般的藉口是：「我們不敢抗議，儘管我們的猶太同事遭到驅逐完全違反我們的看法，甚至有違我們的良心。我們不能只為自己著想，要為更高的目標、大學和學術界著想。我們必須避免這些機構遇到麻煩或被關閉的可能。這是我們的首要任務，因此我們的個人觀點和利益，以及我們的猶太同事的觀點和利益就不能提上檯面。」[47]

在這群科學家之間升起的無奈宿命感看起來並未被誤判為刻意的自私。匈牙利物理學家李奧・西拉德（Leo Szilard）一九三三年時在柏林大學工作，但是沒有多久將離開赴英國。他非常貼切的說明這種狀況：

這位朋友曾寫信詢問這一事件。「我對此嚴重懷疑，」古斯塔夫寫道。「在我所有的回憶中，我都無法想像海森堡會說出反猶太人的嘲笑和下流話，而且會對他的前教授在地板上吐痰。就我所知，他很尊崇他的教授。」（N. Riehl & F. Seitz [1996], 63.）

46 羅斯認為，這僅僅表明玻恩覺得太過尷尬和沮喪，以至於無法告訴他的兒子。羅斯對海森堡的看法如此負面，以至於他認為這個故事和他對海森堡性格的了解完全一致。在歷史學家中，有如此想法的人應該只有他。

P. Rosbaud, letter to L. Goudsmit, undated. In Samuel Goudsmit Papers, Series IV, Box 28, Folder 42. American Institute of Physics.

47 同前註。

我發現德國人總是採取一種功利的角度。他們問：「嗯，假設我會反對這件事，這麼做對什麼有益？我做不了什麼好事，只是失去了我的影響力。那麼我為什麼要反對呢？」你看，在這裡完全沒有出現道德觀點，就算有也非常薄弱。而且，每個考量就只是簡單的評估，我的行為可預測的後果會是什麼。並且以此為基礎，我在一九三一年得到了一個結論，那就是希特勒將獲得權力，不是因為納粹革命的力量如此強大，而是因為我覺得反正不會有什麼阻力。[48]

但羅斯包德在學術界的反應中看到表現出來更陰暗的元素：

這些科學家中有許多人補充（而這很可能是心智開始受到侵染和困惑的第一個象徵），「此外，難道他們（猶太人）在科學中的不切實際不會太過分嗎？而且難道他們不會太過於積聚太多的猶太勢力嗎？這是他們自己的過錯，而他們現在必須付出代價。也許他們對於我們的科學生涯真的很危險。」[49]

在這裡，他敏銳的援引一個現象，如今得到了證實：歧視的受害者事實上成為鄙視、憤怒和指責的對象，被認為「自作自受」。當然，我們不應該沾沾自喜的想像，只有德國人才會發生這種情況。「在類似情況下，其他國家的民眾都會以更『值得尊敬』的方式做出反應嗎？」柯蕭問，「我認為不會。」[50]

會見希特勒

威廉皇帝學會主席會見國家的新領導者是慣例。因此，普朗克於一九三三年五月十六日在柏林會見希特勒。

想要了解納粹德國統治下的物理學家的行為，不能只是簡單的整理文件證據和加總順從或反抗的事件。大部分的故事都隱藏於表面之下，藏在沒有說出的話中，藏在對於顯然平淡的禮節和公式所做的模糊隻字片語和隱晦解釋中，藏在逃避和矛盾和指責中，主要人物甚至在私人信件中都無法表達他們的情緒和動機。人們試圖解讀經過編碼的語言，尋找關於真實意義的暗示和線索。關鍵事件和轉折點都變成羅生門般的敘述，讓人們在其中以多重觀點絕望的不斷推論誰做了

48 L. Szilard (1979), 'Leo Szilard: His Version of the Facts, Part II', *Bulletin of the Atomic Scientists* March, 56.
49 Rosbaud to Goudsmit, op. cit.
50 Kershaw (2008), 148.

或說了什麼以及為什麼。結果，人們幾乎可以自己選擇要訴說什麼故事，而他們也這麼做了。在所有相矛盾的描述中，人們往往別無選擇，只能依傍主觀評價，尋找性格的一致和矛盾。

普朗克和希特勒的會面就是這些多重敘事角度中的其中一個。沒有人知道兩人之間究竟發生了什麼事情。連這場會面是怎麼發生的，都有不同的說法：是拘於禮節不得不會面，還是普朗克為了追求特定的議題，所精心策劃的？如果是這樣，議題是什麼？他的主要目的是對解雇猶太人提出反對訴求？無論如何，他這樣做了。

一些文章中指出，面對普朗克的懇求，希特勒勃然大怒，而物理學家則溫順的逃離。愛因斯坦甚至聲稱他聽說希特勒曾威脅要把這位年老的化學家送進集中營。另有報導暗示，整場會議都很友好，普朗克在以屈從且自願接受的一體化為代價之下，獲得了德國物理界的（相對）自治和安全而感到滿意。普朗克與納粹黨對於德國社會各方面所要求的信條做了結盟。

我們先看看普朗克自己怎麼描述該事件。一九四七年五月，就在他去世前幾週，他在德國物理學會的期刊《物理學報》（*Physikalische Blätter*）中發表一篇名為〈我拜訪希特勒〉的文章。「希特勒上台之後，」他寫道：

> 身為威廉皇家學會的主席，我有拜訪這位領袖的任務。我想借那個機會稱讚我的猶太同事哈柏，沒有他們從大氣中的氮製造氨的過程，第一次世界大戰將從一開始就戰敗。希特勒

> 回答我這句話：「我並不反對猶太人。但是，猶太人都是共產黨人，所以他們是我的敵人，我為了對抗他們發起戰爭。」[51]

普朗克提出，但是肯定有「各式各樣的猶太人，一些對人類很珍貴，有些則沒有價值，而在擁有最好德國文化的最高地位老式家族之中，必須做出這樣的區分」[52]。對此希特勒回答說：「這是不對的。一個猶太人是猶太人。所有的猶太人聚在一起就像水蛭。」[53]

但是，普朗克繼續說：「讓珍貴的猶太人移民會是一種自我傷害，畢竟我們需要他們的科學成就。」[54]希特勒並未直接回應這句話[55]，而只是「說些老生常談」[56]，然後就陷入一種令人不安的傾向。「人們說我有神經衰弱的問題，」[57]他告訴普朗克，「這是誹謗。我有鋼鐵般的意志。」

---

51 Heilbron (2000), 210.
52 同前註。
53 同前註。
54 同前註，211。
55 有些文章將希特勒的反應描述得更加聳人聽聞的具威脅意味：據說他慢慢的說，如果德國必須有一陣子沒有科學家，那就這樣吧。
56 同註52。
57 同前註。

於是希特勒用手掌拍打自己的膝蓋，說話愈來愈快，「並且拍打自己到極度激動的狀態，讓我別無選擇，只能安靜的離開」[58]。

很多問題出現。普朗克對於猶太人的真實感覺是什麼？希特勒真的如此不顧他的種族政策對科學所做的肆意破壞？普朗克真的別無選擇，只能「安靜的離開」，並且得出結論，他所能做到最好的狀況，就是盡量溫和的執行新的法律？在這種情況下，對於普朗克和他的同事還能夠有什麼現實的期待？

了解普朗克這篇文章如何產生很重要。這篇文章是由《物理學報》的主編恩斯特．布如赫（Ernst Brüche）所邀稿，一部分是為了努力解釋（一部分是為了開脫）德國物理學家在戰前與戰爭期間的行為。普朗克當時身體非常虛弱，而這篇文章是在他的妻子瑪珈的協助、編輯而成，以便保護她的丈夫不受到批評。

我們應該怎麼理解普朗克所說一些猶太人「對人類很珍貴，有些則沒有價值」？當時普朗克是否表明一些猶太人特別是「毫無價值的人類」，或暗示這是泛指所有人類，包括猶太人？如果在任何情況下，他同意有些猶太人沒有價值，這是否反映出他個人的意見，還是說這只是為了安撫希特勒，並獲得認可？因為普朗克本人顯然沒有就特定的詞語好好解釋這個事件，所以問題變得複雜。他沒有區分「珍貴」和「沒有價值」，反而區別了「西方」和「東方」的猶太人，那是當時劃分同化和未同化猶太人的一種標準公式：也就是已經融入德國社會和保持「外國人」身分的猶太人。在任何情況下，這是一個經常性的問題：在評論非納粹分子被迫配合他們的領袖從事工作時，要如何評估他們所發出含有偏見的言論。他們只是因為妥協（如果有的話，是否合理）才這麼說的嗎？或者這些話代表雙方都接受的想法？

普朗克的敘述中有一個很奇怪的地方，那就是希特勒宣稱「不反對猶太人」，這一點由生化學家華寶的妹妹在描述一九三三年七月薛丁格的妻子安妮來訪的文章中證實。薛丁格夫人告訴招待她的主人：

> 希特勒對普朗克說，他並不如人們所貼的標籤，是個反猶太主義者。他只是反對共產主義，但猶太人都變成共產主義者。這是對抗他們的唯一原因。普朗克的印象是希特勒現在已經受不了所有的猶太事業，但他無法阻止。[59]

當然，對於一個精神病患者所做的發言，我們必須非常小心的詮釋。然而，可以想像希特勒可能會巧妙的阻止這樣的討論。如果普朗克已經準備好針對反猶太主義的歧視提出訴請，當希特

58 同前註。
59 同前註，213。

勒宣稱其實他並不反對猶太人時，他能怎麼說？

普朗克在這次會議中的主要意圖究竟為何？正如我們所看到的，海森堡在會議後兩星期寫信給玻恩，說他明白希特勒答應普朗克，除了〈公務員法〉，沒有什麼會傷害德國科學。這導致歷史學家赫爾穆特．阿爾布雷希特（Helmuth Albrecht）認定普朗克基本上促成了一項協議：如果我們遵循這些法律，你就會讓我們維持現狀。阿爾布雷希特說，這種解釋顯然和國家後來增加威廉皇帝學會的資助達成一致。而普朗克後來的行動表明，他感到有些安排已達成，即使那不是他私心最想達成的安排：他寫信給希特勒，婉轉的同意威廉皇帝學會已經準備好「對建設我們的祖國的積極貢獻，做好可用力量的整合」。或者，正如《紐約時報》在一九三三年五月所見：「德國科學家團結支持希特勒。」

但是普朗克可能還沒有真的覺得自己達成了任何有價值的目標。猶太小說家雅各布．瓦塞爾曼（Jakob Wassermann）告訴他在瑞士的朋友湯瑪斯．曼（Thomas Mann），普朗克已經被那場會議「徹底粉碎」，而那場會議已經讓他了解新的統治者粗野的煽動行為：正如瓦塞爾曼所說，「訓練有素的思想必須注意到令人作嘔的消遣所吐出的傲慢和獨斷，鞠躬，然後退出」[60]。

然而，阿爾布雷希特將普朗克和希特勒的會議看成獲得某種自主的和解會議，讓科學保持「非政治化」，這種觀點似乎和除了海森堡之外的其他人相同。很顯然，這樣的結果不過是幻想：這是一個刻意的誤會，讓他們得以無所作為。納粹政府無意讓科學家從一體化的政策中豁免。也許正如羅斯包德所說，他們唯一的喘息是，「納粹領導人裡，沒有人知道科學可以怎麼利用」[61]。儘管如此，他們對待科學家如同其他學者，這代表堅持他們以空虛而幼稚的方式展現忠誠，讓學生像軍事閱兵一樣遊行。當時間到了，把他們全都送到前線作戰。科學看來能夠完成領導者的命令，例如化學（製作武器）或人類學（制定粗野、反猶太人的種族學說）。實驗與經典物理學在航空、彈道和建立軍事手段和武器上很有價值。但一直到即將開戰之前，新的量子理論、相對論和核子物理看來都沒有為任何人帶來多大用處。

---

60 同前註。

61 Rosbaud to Goudsmit, op. cit.

第五章　為科學服務必須等於為國家服務

普朗克在會見希特勒的描述中，有個部分我們可以毫無疑問的接受，那就是他擔憂在達勒姆的威廉皇帝物理化學和電化學研究所所長哈柏的命運。父母都是猶太人，儘管哈柏已經受洗，偶爾也去教堂做禮拜。但是以亞利安主義的教條來看，他仍是猶太人。仇恨猶太人的人知道他們的敵人仍舊流著原本的血液。

哈柏對於德意志帝國一直很有用處。正如普朗克對希特勒所說的，他不僅發明由氮轉化為氨的製程，氨對於炸藥來說是重要的先質；他也策劃了生產氯氣的化學武器[1]。沒有人能夠指責哈柏在化學的軍事應用上缺乏貢獻。就在氯氣於一九一五年用於伊普爾的戰場上後不久，他出發到東部戰線去監督它的使用——他出發前一天，他的第一任妻子克拉拉（也是化學家）用丈夫的軍

[1] 哈柏另外有個對祖國不太有用的失敗嘗試。他於一九二〇年代研發從海水中提取黃金，想要幫助還清德國的戰爭賠款。

用手槍自殺，自殺原因顯然是對於丈夫的研究方向感到羞辱和恐懼。然而，哈柏對於這個戰時工作並不後悔，在戰爭結束後仍舊在柏林的研究所繼續毒氣的研究。氰化物氣體氫氰酸A於一九二〇年代研發出來作為殺蟲劑使用。納粹發現另外的應用，後來修改為氫氰酸B。

哈柏在化學武器上的成果經常被視為證據，說他是沒有道德感的怪物，或者說他是科學中的異形。但是，在戰爭期間，盡可能為軍隊服務又幾乎是舉世都認同的義務。哈柏在戰爭中的工作為他贏得了同時代人的尊重，讓他成為高尚的德國人，也沒有人懷疑他的愛國精神。此外，他希望化學戰的衝擊能夠結束壕溝戰的僵局，迫使早日解決戰爭，最終得以挽救生命。

在一九三三年，威廉皇帝研究所中有許多成員都處於公務員法的模糊地位中。因為這些研究所是由政府和工業界的合股公司提供資金，他們的大部分工作人員並不完全算是政府雇員。然而，哈柏的威廉皇帝物理化學研究所並不一樣，因為那裡是由政府直接控管。新的法律並沒有威脅哈柏個人，因為他的交戰紀錄讓他得以豁免，但他被告知要開除他的猶太人同事。該研究所中「非亞利安人」的研究人員比例很高，大約有四分之一，這一點讓反猶太分子更有證據宣稱猶太人如何照顧自己人。負責執行解雇的帝國教育部科學局長伯恩哈德．拉斯特（Bernhard Rust）斷言，可以理解他們會這樣做。但是，他堅持，「我不能讓這種情況發生……我們必須讓大學裡產生新的亞利安人世代，否則我們將失去未來。」[2]拉斯特讓好的德國猶太人保證，「我對於那些心中想要把自己當成德國人一分子的人深深感到難過……但是為了未來著想，我們必須執行規則。」

哈柏被下令要解雇他的許多主要工作人員，因此認為，唯一的正直行為就是自己也辭職。他帶著極大的尊嚴下台，在四月時寫信給拉斯特：

> 我的傳統思想要求我，在我的科學立場，當我選擇同事時，只考量專業成就和申請人的個性，不問他們的種族。你不能指望一個六十五歲的男人改變這種引導了他三十九年大學生涯的思維方式。[3]

納粹「站在破碎的玻璃前」，士氣低落的哈柏在五月告訴洛克斐勒基金會的韋佛。「他們現在了解，他們其實並不想打破它，而且他們不知道該拿碎片做什麼。」[4]韋佛視哈柏為「可憐卻不失高貴的人物。他在沉船時拯救了他唯一能夠救的東西，那就是他的自尊。」[5]

---

2 Beyerchen (1977), 53.
3 Heilbron (2000), 161.
4 Rockefeller Foundation Archive, RF Officer Diaries, disk 16 (Warren Weaver), 83.
5 同前註，92。

紀念日

哈柏的辭職讓普朗克悲痛欲絕，但他的回答顯示出盲目的投入不合時宜的禮節裡，如何麻痺了他。「我該怎麼辦？」當梅特納抗議不公時，他這麼問，「這是法律。」[6] 普朗克知道解雇的合法性並不會讓他們變得正確，但在他看來，法律讓人難以反駁。正如拜爾岑所說的，「這個人面臨著抗議法律的違法性這樣矛盾的位置，說法律違法在盎格魯撒克遜國家可能有其道理，但在德國卻沒有。」[7]

當普朗克要選擇哈柏的接班人時，他深刻了解威廉皇帝學會的自主性是個謊言。普朗克向拉斯特提議了哈恩，但是拉斯特卻任命格哈特·漢德爾（Gerhart Jander）這位在哥廷根大學任教的平庸化學教授，但重要的是，他是忠誠的黨員。他將協助拉斯特的副手魯道夫·曼澤爾（Rudolf Mentzel），實際上是受他指揮。曼澤爾之後穿著他的黨衛軍制服出現在威廉皇帝學會理事會的會議中。漢德爾很無能，但在一九三五年，他的位子由彼得·阿道夫·泰森（Peter Adolf Thiessen）所接替，泰森是納粹黨的「老戰士」與全能的科學家，他把研究所轉換成政權的有效工具。研究所的工作變得愈來愈集中在化學戰，而晚上的聚會和「深化同志情誼」的陣營充滿著發泡啤酒的酒杯互相碰撞的聲音。

這種情況是否表示，如果主要代表人物離職，會有什麼事降臨到所有的德國科學領域——可能由不稱職的領導者所經營，也可能成為納粹事務的附庸？這就是普朗克和海森堡害怕會發生的事。對於海森堡來說，就只是罷工離開這個國家是失職，不是道德的抗議行為。

可憐的哈柏帶著破碎的心離開德國。受到這個他所愛的國家排斥帶來的痛苦，清楚的呈現在他於一九三三年十二月從英國寫給波希的哀怨字句中：「我從未做過任何事，從未說過任何話，會保證讓我變成現在德國執政黨的敵人。」[8]一個月之後，他在瑞士死於心臟疾病。威廉皇帝學會的自然科學界堅決抵制一體化可以從勞厄所寫的訃告中看出，在訃告中，他堅持宣告哈柏在德國文化中的地位：「他是我們的一員」，他如此寫道。[9]

普朗克、勞厄和其他人決定在一九三五年一月二十九日，也就是哈柏的一週年忌日，在位於柏林哈納克大廈的總部舉辦一場追悼會。但是，威廉皇帝學會大多數的研究人員並未正式列入官方的禁令，而他們之中有幾個參加了追悼會，知道這件事會上報當局。這些人包括波希、梅特納、哈恩，他們的學生弗里茲・斯特拉斯曼（Fritz Strassmann）和馬克斯・德爾布呂克（Max Delbrück），以及普朗克本人。誰也不知道是否會用武力阻止聚會，但是結果有人踴躍參加，也

6 Sime (1996), 142.
7 Beyerchen (1977), 27.
8 F. Haber (1933), letter to C. Bosch, 28 December. Archives of the Max Planck Society, Haber Collection, Rep. 13, 911.
9 Hentschel (1996), 78.

和平度過。普朗克對他們的前同事說了幾句感謝的話：「哈柏堅守著我們，」他宣稱，「我們將繼續對他保持忠實[10]。」

哈柏的紀念活動有時會被標榜為德國科學家的確做出反對納粹行為的證明。但其實並非如此，不過仍舊是反對反猶太主義的象徵性抗議。對於普朗克來說，這只是適當的遵守傳統：在請求帝國教育部的拉斯特同意該次活動時，他將此捍衛成一個「古老的習俗」[11]，沒有政治含義。雖然拉斯特嚴厲的回答：「哈柏對科學和德國有許多貢獻，但納粹黨做了更多」[12]，他同意普朗克繼續聚會。而且一旦該部禁止任何一所大學的教授出席，他說，這將被視為挑釁行為，學者就不能參加[13]。連勞厄都遵守這個規定，並正確的假設納粹間諜將會出席活動。

因此，儘管政府並不情願，又可想而知會不允許發表活動紀錄，但是哈柏紀念活動實際上是國家認可的。歷史學家約瑟夫．哈柏雷爾（Joseph Haberer）稱哈柏紀念活動為「一個證明公民勇氣已經潰散的手段」[14]，表達出咒罵但至少部分必要的評判。這次集會再次表明了國家社會黨可能會怎麼容忍這些科學家讓他們覺得可笑的舉動和儀式，或許他們了解，只要讓這些科學家以非政治化的方式釋放他們的不滿，這些微不足道的讓步就能夠讓更多人順從。

而且普朗克充分而明確的讓世人知道他願意妥協。他於一九三六年威廉皇帝學會二十五週年時再次談到哈柏的成就（並且因此受到斥責），但是在該活動的出版紀錄中，他卻一直不讓哈柏的名字出現。普朗克也在發給希特勒的電報中提及這個慶祝活動，感謝他「仁慈的保護德國科學」[15]。

普朗克後來聲稱，在國家社會黨的統治下，威廉皇帝學會認為，權宜之計就是表現得「像在風中的樹」，必要的時候彎曲，但是等壓力過去，就會再次變得挺直[16]。他從來沒有真正了解，納粹只關心他們彎曲的時候。

數學的末日

哈柏不是唯一一位儘管沒有義務、但是辭職抗議公務員法的猶太人。法蘭克辭去哥廷根大學物理教授職位的決定，也同樣讓德國科學界感到震驚。法蘭克因為針對原子的量子理論研究，於

10 Eickhoff (2008), 48.
11 Macrakis (1993), 70.
12 同前註。
13 這項行動是拉斯特的部下在他生病請假時所做出的。
14 Haberer (1969), 140.
15 同前註，147。
16 Heim & Walker (2009), 3.

一九二五年獲頒諾貝爾獎，並且早在第一次世界大戰就已獲頒兩次鐵十字勳章，所以以任何標準都是得以豁免的老兵。但他解釋說，他無法繼續待在一個會讓他的孩子成為二等公民的國家，他也不會退縮看著別人遭到不公平解雇。法蘭克的一些同事當時曾試著勸阻他，就像年輕的物理學家魯道夫．希耳（Rudolf Hilsch）所說的，「別吃才剛剛煮好的燙嘴食物」[17]：風頭會過去。但更多學者譴責這種公然的「政治」行為，尤其是當法蘭克的辭職信被刊登在《哥廷根日報》時。四十二位的哥廷根工作人員簽署了一份請願書，稱此「相當於破壞行為」[18]。

法蘭克沒有立刻離開這個國家：他留在哥廷根，希望能找到一個非學術工作。「當然，找不到這樣的機會」，玻恩六月在信中如此告訴愛因斯坦[19]。這個時候，玻恩自己已經決定離開哥廷根，並且在義大利的提洛爾考慮美國和法國所提供的各種工作機會。因為生性害羞，他不想追循法蘭克的大膽路線。「我絕對不敢這樣做，」他向愛因斯坦承認，「我也不知道這麼做的意義為何[20]。」「至於我的妻子和孩子」，他補充說：

> 他們在過去幾個月才開始意識到自己是猶太人或「非亞利安人」（若以令人愉快的詞語來說），而我自己從來不覺得特別像猶太人。現在，當然，我非常明白這一點，不僅是因為我們被認為如此，並且因為壓迫和不公平引得我氣憤與反抗。[21]

哥廷根大學也解雇了數學家理查・庫蘭特（Richard Courant）。但他並未輕易離去，反而決定要為此抗辯。這麼做徒勞無功，更何況他才剛被抹黑成共產黨員。然而，最終讓庫蘭特決定移民的是對家人的擔心——與其說他們面臨人身危險，不如說面臨著思想毒素感染滲透德國社會的危險。「我的小兒子，」他後來寫道，「似乎無法理解為什麼他也不該待在希特勒青年團。」[22]

哥廷根大學一直是數學物理界的明珠，但解雇和辭職事件完全摧毀它的科學地位。其他離開的人包括匈牙利物理化學家愛德華・泰勒（Edward Teller）、數學家外勒、法蘭克的女婿亞瑟・馮希培（Arthur von Hippel）、歸化的俄國猶太人尤金・雷平諾維奇（Eugene Rabinowitch），以及物理學家海因里希・庫恩（Heinrich Kuhn）。這其中許多人，和法蘭克（最後到了芝加哥大學）一樣，將會為同盟國進行重大戰爭研究，尤其是曼哈頓計畫。泰勒將成為熱核氫彈在戰後發展方向的關鍵策動者之一。在這次大批學者離開之後不久，數學家大衛・希伯特（David Hilbert）

17 Beyerchen (1977), 18.
18 同前註，19。
19 M. Born (1933), letter to A. Einstein, 2 June. In Born (2005), 115.
20 同前註。
21 同前註，114。
22 Beyerchen (1977), 26.

有一次在一場宴會中坐在拉斯特身旁。部長問他：「哥廷根大學在沒有了猶太人的影響力之後，數學的成就如何？」希伯特說：「哥廷根的數學成就？已經蕩然無存了。」[23]

我們已經看到了「非猶太人」如何幾乎無異議的接受了這些事件——有些人因為擔心他們的地位和前途受損，有些人因為宿命論或決心要「保護德國科學」，有些人因為新的法律受益，或單純同意新法律。還有些人說了些站不住腳的藉口。韋佛提到，威廉皇帝學會的祕書長費德瑞希．格盧姆（Friedrich Glum）「垂下目光來表達他對這個狀況的抵抗。他的抵抗不僅普通且淺薄。」[24]為了回應韋佛，格盧姆援引美國人對黑人的偏見來反駁。韋佛指出，不同的是，他和其他自由派不認同、保衛或原諒這一點。格盧姆陷入了沉默。「只有少數真正高貴和勇敢的人，如普朗克，才符合真誠的條件，或是做了比較坦率的事」，韋佛如此寫道[25]。

即使那些「協助」或「捍衛」猶太同事的科學家都沒能發現，然而他們的行為最終促成甚至支持了驅逐猶太人的過程。他們會表達出遺憾，幫助猶太科學家在國外尋找職位，但是對於那些少數想要留下來的人，例如庫蘭特，就給予極少的支持。他們藉由協助尋找替代職位的過程中，默默接受了這些位子為何空缺的合法性。海森堡未能說服玻恩留在哥廷根，也接受了因他所空出職位的任命，只是政治陰謀最終阻止了他正式就職。

這些科學家完全沒有以組織抵抗政府的經驗，不知道自己還能做些什麼。他們希望自己的順從能夠限制政府的入侵。「他們的暗語是」，拜爾岑說：

> 能留下的就該留下。這些領導人的目標是盡量減少個人的困境，如果可能的話，扭轉解雇和辭職的狀況，最重要的是，要保持德國科學的國際地位……這些人覺得，國家社會主義最糟的情況會過去，但科學對德國聲譽的重要性將會持續。[26]

他們很快就發現，最糟的情況不會很快過去。一九三四年八月後，政府要求所有公務員以個人名義簽署一篇對希特勒忠誠的誓言：對國家元首的最後宣誓。海森堡和德拜於一九三五年一月在萊比錫簽署，他們的大學已經納粹化，不留一絲雜音。「納粹的標誌隨處可見」，來訪的義大利科學家埃托雷·馬約拉那（Ettore Majorana）寫道，並稱「迫害猶太人讓大多數的亞利安人感到高興」[27]。學生們開始公開辱罵留下來的猶太教授，並且發起示威，反對「非德國精神」[28]。這所大學有了新的法規，採用了「元首原則」（由單獨一人帶領著無可置疑的領導），而新校長亞

---

23 同前註，36。
24 Rockefeller Foundation Archive, RF Officer Diaries, disk 16 (Warren Weaver), 85.
25 同前註。
26 Beyerchen (1977), 200.
27 Cassidy (2009), 222.
28 同前註。

瑟．高爾夫（Arthur Golf）也指出，學生和教授從那時起將成為「希特勒統治下的夥伴」[29]。「德國大學教授及同僚對於阿道夫．希特勒的支持」慶祝活動已經於一九三三年十一月在萊比錫歌劇院的全國社會主義教師聯盟的會議中舉辦過了，主辦人為斯塔克，並由弗萊堡大學校長暨哲學家馬丁．海德格（Martin Heidegger）上台致詞。

到了一九三五年，五分之一的德國科學家，也就是四分之一的物理學家，已遭到開除。而一些（但絕不是大多數）具有權力和影響力的職位已經被那些服從黨的平庸人士所填補。此外，納粹似乎開始堅持，不只要看做出科學成就的人是誰，還要看這些科學成就是什麼。一九三三年六月內政部長弗里克曾宣稱，「考慮到科學自由的各個方面，讓我們假設，為科學服務必須等於為國家服務，而當科學成就不能用於所屬人民的文化時，它就毫無價值。」[30]巴伐利亞邦首長在慕尼黑一場對教授的演說中指出，「從現在起，你的問題不是要決定某件事是否為真，而是要決定它是否符合國家社會主義革命的精神。」[31]

這或許聽起來像是對良善的科學深惡痛絕，但是，實踐這種空洞的口號並沒有什麼意義：納粹領導人無從評斷這些區別，況且也沒有多大興趣。正如我們將在第六章看到的，納粹思想對於物理學的侵犯並非國家批准的企業，而是一些傑出卻怨憤的人試圖推銷自己，最終卻毫無結果。

剔除愛因斯坦

當希特勒於一九三三年一月成為總理，愛因斯坦正在拜訪加州理工學院。他於三月十日宣布，他將不會返回祖國居住：「若我能選擇，我只會生活在一個公民自由、寬容和法律面前人人平等這些概念都普及的國家之中……目前這些條件都不存在於德國。」[32]他在任職於普林斯頓高等研究院之前，短暫的回到了歐洲，並且於五月從牛津大學寫信給在義大利提洛爾的玻恩。他說的話肯定會讓他的愛國同事們覺得反感：

> 我想，你知道我對於德國人並沒有特別的好感（不管在道德上或政治上）。但我必須承認，他們殘暴和怯懦的程度，真是讓我大吃一驚。[33]

---

29 同前註，225。
30 Hentschel (1996), 60.
31 Beyerchen (1977), 52.
32 R. W. Clark (1973). *Einstein: The Life and Times*, 431. Hodder & Stoughton, London.
33 Sime (1996), 140.

他說的不只是納粹，還包括他以前的朋友和同事。他們認為，愛因斯坦拒絕回到一個讓猶太人不能享有完整公民權的國家，是十足的叛國行為。普魯士科學院因此非常憤怒。大家期待身為院長的普朗克寫一封譴責信給他的朋友。他照做了，他有氣無力的假定，愛因斯坦的意見和行動是沒有用的：

你的種族和宗教同胞們不會因為你的努力而有所緩解，他們的情況原本就已經相當艱難，現在反而會受到更多壓迫。[34]

換句話說，普朗克堅持認為愛因斯坦應該沉默的接受反猶太人的歧視，這樣情況才不會變得更糟。畢竟，普朗克曾經告訴愛因斯坦，行為的價值在於它的後果，而非動機。雖然這種哲學和神學觀可能值得商榷，但是對於德國物理學家來說，這是個有用的立場，讓他們可以辯解他們的所作所為都是希望能夠讓情況變得更好，或者至少不會變得更糟。從這種觀點來看，依照原則行事既自私又不負責任。這一點連勞厄都同意，他寫信對愛因斯坦說，「當你做出政治化的行為時，他們會讓幾乎所有的德國學者都得負責。」[35]

但是愛因斯坦不會因此退縮。「我不同意你的看法」，他告訴勞厄：

科學家不應該在政治議題中沉默，這些政治議題以更廣泛的意義來看也是人類的事務……這樣的克制難道不能說是沒有責任感？……我不後悔我說過的話，也相信我的行為是為人類服務。[36]

這是真正的重點：對愛因斯坦來說，「政治」意味著「更廣泛意義中的人類事務」，也因此是對與錯、公平或不公正、仁慈或殘忍的問題。正如我們所見，勞厄並沒有對這些事情視而不見，他對納粹反感，並在許多場合中挑戰他們。他並不缺乏責任感。但是他不認為這些勇敢的挑戰行為「關乎政治」。即使他無法跳脫德國學者所秉持的狹義概念來看待這些事，而在這樣的狹義概念中，「政治」的意義接近「不愛國」，而所謂的「不愛國」不是單純挑戰政府官員所做的某個醜陋或愚蠢的決定，而是質疑德國國家是否正當。勞厄無法將他強烈的個人道德感連接到「為人類服務」的責任。他的祖國已經宣稱會盡這樣的義務。對普朗克來說，那樣的宣稱讓他無能為力。

34 Walker (1995), 71.
35 Cassidy (2009), 207.
36 同前註，207-8。

此外，雖然普朗克和勞厄認為愛因斯坦讓局勢變得更糟的想法可能不正確，不過他們有理由這麼認為。考慮一下戈培爾對於此事不得不說的話：「德國的猶太人可以感謝像愛因斯坦那樣的難民，他們今天對於自己的處境必須負起責任，而這完全合理也合法。」就是這句「合理也合法」讓普朗克陷入困境。[37]

愛因斯坦未能向普魯士科學院解釋他的行為，掌管大權的次長，氣象學家亨利・費凱爾（Heinrich von Ficker），敦促普朗克要求愛因斯坦辭職。他也這樣做了，但是愛因斯坦在普朗克那封難為情的信抵達之前，先到了那裡遞交辭呈。這個情況激怒了普魯士文化部長，也激怒了拉斯特，他當時尚未被任命為帝國教育部長。拉斯特要求該學院對於愛因斯坦的「鼓動」加以懲戒。他不是一直說德國做出卑鄙的事情？誠然，唯一的證據來自美國報紙報導，但仍然……學院的另一個次長，東方學專家恩斯特・海曼（Ernst Heymann），在普朗克於西西里度假時匆忙起草了一份聲明：

> 普魯士科學院憤慨的從報紙上得知，愛因斯坦在法國和美國參與發起暴行……普魯士科學院尤其痛心愛因斯坦在國外身為煽動者從事活動，因為普魯士科學院及其成員一直覺得自己和普魯士邦有著最緊密的關係，一直強調並保持對國家忠誠的概念，然而其成員不得參與任何政治黨派。因此，沒有理由對愛因斯坦的辭職感到遺憾。[38]

海曼在四月一日發出這個政治中立的聲明，在同一天希特勒呼籲要抵制猶太人的企業，而海曼卻沒有感到其中的諷刺。事實上，帝國教育部在這個反猶太主義的無節制狂熱行為中，曾希望將解雇愛因斯坦當成可炫耀的獎杯。

勞厄因為愛因斯坦的聲譽遭到誹謗而感覺受辱，於是要求該學院的委員會召開會議來審查這個問題。但該委員會只認可了勞厄所說「我一生中最令人震驚的其中一個經歷」這樣的措詞[39]。然而，普朗克意識到後代可能會以非常不同的態度評斷愛因斯坦的離開，於是在四月十一日舉行的學院會議中，在以隱晦的方式反轉海曼的評判之前，強調了愛因斯坦的研究成果有著毫無疑問且不變的重要性：「因此……令人深感遺憾的是，愛因斯坦因為自己的政治行為，以至於無法繼

---

37 Beyerchen (1977), 12。愛因斯坦並未忽略這個可能。一九三三年六月，他寫信給勞厄：「據我了解，我和那些仍舊把我的名字列入成員名單的德國組織之間那種不清楚的關係，為我在德國的朋友造成困擾。出於這個原因，我想請你確保我的名字從這些機構的名單中刪除。這些組織包括，德國物理協會……我明確的授權請你幫我這個忙。」勞厄的反應是由衷的肯定：「雖然我很感激你試圖盡可能讓事情對我們來說變得容易，我仍然無法不帶著最深的憂傷做這些……事情。」（Hoffmann & Walker [2004], 52.）然而，德國物理協會二話不說就接受辭職，彷彿這沒什麼特別。愛因斯坦在戰後從未重新加入。

38 Einstein (1949), 82.

39 Heilbron (2000), 158.

續待在學院。」[40]普朗克在通知拉斯特愛因斯坦辭職的信中寫道：「我相信在未來，愛因斯坦將被尊為我們的學院其中一位最閃耀的智者。」[41]普朗克如此企圖奪回信譽，無疑破壞了他之前在愛因斯坦的辭職時所獲得的政治信用。

愛因斯坦於四月五日有力的以公開聲明回答了海曼的指責：

我在此聲明，我從未參與發起任何暴行，我也必須說明，我沒有在別處看到任何這種暴行發起。一般來說，人們已經使自己甘心於重複和評論德國政府相關成員所發出的官方聲明和命令，以及藉由經濟方法來消滅德國猶太人的方案。我向新聞界發表的聲明，都是關於我打算辭去學院的職位並放棄我的普魯士公民身分；我做出這些行為的原因是，我不希望生活在一個在法律之前個人無法享有平等、又沒有演說和教學自由的國家之中。此外，我認為德國目前的情勢是一個群眾精神動亂的狀態，並針對其成因提出一些評論……我已經準備好為了我所發表的每個字負責。[42]

隔天，愛因斯坦也私下寫信給普朗克，以比較溫和的措詞做出同樣的抗辯。他試圖透過拿掉猶太人的背景，讓他的朋友看見事態如何，就好像試圖幫助一個孩子穿上別人的鞋子：

> 我要請你花一點時間想像這種情況：假設你是布拉格大學教授，有個政府掌權之後，會剝奪捷克籍德國裔人民的生計，同時使用粗暴的方法防止他們離開捷克……你還會認為繼續當個沉默的證人，目睹情勢發展而不提高聲音支持那些遭到迫害的人，是合宜的行為？而透過飢餓來消滅德國猶太人難道不是目前德國政府的官方計畫？[43]

愛因斯坦非聖人，但他抱著極大的寬容，不願因普朗克的行為而對他有偏見：「我很高興你仍然視我為老朋友而來找我，儘管有嚴重的壓力，我們之間的關係仍舊沒有受到影響。仍舊如同以往般美好而真誠。」[44]

與此同時，普魯士科學院仍舊不退讓。費凱爾無疑知道他沒有可以堅持的論點，但是仍舊氣燄囂張的口出狂言，回應了愛因斯坦的聲明：

---

40 同前註，159。
41 Haberer (1969), 114.
42 Einstein (1954), 206.
43 Rowe & Schulman (2007), 274.
44 同前註。

我們曾有信心的預期，一個曾經如此長時間隸屬於我們學院的人會不管自己的政治傾向而改過自新，站在捍衛我們國家這一邊，對抗讓國家瓦解的謊言洪潮……而不是讓你的證詞成為不只是目前政府而且也是德國人民的敵人的把柄。[45]

換句話說，愛國主義應代表被壓迫的猶太人無視任何「政治傾向」。費凱爾和海曼在另一封信中補充說，即使愛因斯坦沒有參與「發起暴行」，他也至少「應該抵制不公正的懷疑和誹謗」[46]。費凱爾看起來並不像納粹同情者，他在這裡也並未試圖掩飾或辯解反猶太主義。相反的，對他來說（在此也要將普朗克相提並論），這不是重點。他堅持認為，無論人們內心對政治性的「猶太人問題」有什麼感覺，首要任務都是保衛德國的榮譽。

愛因斯坦在回信時告訴費凱爾和海曼，要如他們所說的表現，「就等同於否定我人生中所抱持的所有正義與自由的概念……透過在目前的情況下提供這種證詞，我應該就對於……道德敗壞和破壞所有現有文化價值觀有所貢獻」。他補充說，那就是他辭職的原因，「而你們的信只讓我知道我這樣做有多正確」[47]。

由於愛因斯坦的辭職，他同時隸屬的巴伐利亞科學院驚恐萬分，緊張的寄了一封信給他，從信中可以感受到，院士煩惱如果不遵守普魯士科學院的指揮，他們可能被視為在政治態度上有錯誤。[48]他們請愛因斯坦澄清「在你和普魯士科學院所經歷過的一切之後，你如何設想你和我們的關係」[49]。愛因斯坦的反應可能會被轉述為「現在你提到，我也不是特別想成為你們組織中的一分子」。但是他說，這是出於不同的原因：

> 學院的主要職責是促進和保護國家的科學生活。然而，就我所知，當有一群不容忽視的德國學者和學生及經過學術訓練的專業人士，都被剝奪了就業或謀生的所有機會，德國的學術團體卻站在一旁不發一語。我不希望屬於一個以這樣的方式表現的社會，即使這樣做是因為外在的壓力。[50]

這些言論表明，不只是在不同的社會和政治背景下回想起來，才有可能討論在這種情況的道德意義。愛因斯坦沒有要求任何人辭職，甚至斷然拒絕遵守納粹的非難，他只是認為人們不該裝

45 Einstein (1949), 85–6.
46 同前註，84。
47 同前註，86。
48 這樣的姿態並無法維護巴伐利亞科學院的獨立性，因為在一九三六年帝國教育部規定之後將直接任命院長及次長。
49 同註45，87。
50 同註45，88。

作一切都好而繼續過日子。普朗克無能為力的想法，以及費凱爾和海曼認為沒有什麼需要做的態度，到了最後也沒有什麼差別。「當面對危及學院或是默許普魯士科學院的種族清除這兩種選擇時，」馬克．沃克（Mark Walker）寫道，「該學院的科學家就交出了他們的獨立性，並藉由幫助國家社會主義國家強迫猶太科學家離開學院，變成了幫凶。沒有『亞利安的』科學家辭職以示抗議。事實上，紀錄中甚至沒有科學家考慮辭職。」[51]這種說法可能反映出普朗克的立場，但是就整體而言或許太過寬厚：似乎有足夠的理由認為，學院裡許多人不只默許了反猶太人的清除行動，還積極認可這件事。

政治上毫無價值

普朗克的不願意遵守讓他幫不上任何人的忙。很明顯的，他並非真心想迫害愛因斯坦，尤其當他提出讓愛因斯坦的朋友和理論的堅定支持者勞厄成為愛因斯坦的繼任者，來擔任學院所資助的非教學教授一職時，更是如此。在科學和政治上都激烈批評愛因斯坦的雷納反對，稱普朗克是「政治上毫無價值的人物」[52]，而雷納的同事斯塔克評論說，「如果普朗克和勞厄繼續有影響力，將會比愛因斯坦本人在那裡達到更糟的效果。」[53]

斯塔克決定抵制這種惡劣影響，於是尋求政府的支持，讓自己得以入選為學院的院士。讓斯塔克入選院士的提案由實驗物理學家弗里德里希·帕申（Friedrich Paschen）擬定，帕申曾加入勞厄反對海曼針對愛因斯坦所發布的傲慢新聞聲明。帕申警告費凱爾，反對斯塔克的申請「在戰術上是錯誤的一步，甚至會導致危險」[54]。勞厄仍然成功擋下十二月的議案。結果斯塔克擔任在柏林的德意志帝國物理暨技術學院院長時，懷有惡意的解除了勞厄的顧問職位，先前逆來順受的費凱爾到處傳播，斯塔克一直說些關於普朗克、勞厄、哈柏等人惡毒的事情。一九三四年一月，他的提名被撤回。這一事件讓我們清楚的了解有多難辨別戰線該畫在何處——批評愛因斯坦的人未必是如斯塔克那樣徹頭徹尾的納粹之友，而愛因斯坦的曾經支持者也不能迴避政治上的權宜之計。

排除斯塔克對那些希望防止普魯士學院納粹化的人來說，是得不償失的勝利。國家社會主義者承諾優先考慮提供身為黨員的院士最好的公務員職位，以此為誘餌來吸引其申請入黨。從一九三四年開始，該學院就會以「希特勒萬歲！」作為通信的結尾，就像大部分公務員被要求做的事一樣。代表忠誠的屈從姿態會受到要求及觀察，例如共同聆聽希特勒的無線電廣播。普朗克在一

---

51 Walker (1995), 92–3.
52 Heilbron (2000), 159.
53 同前註。
54 同前註，160。

九三七年的黨員的選舉中失敗，最引人注目的是數學家西奧多・瓦倫（Theodor Vahlen），他所創辦的雜誌《德意志數學》（*Deutsche Mathematiker*）旨在建立他的目標，那就是「亞利安的」紀律清除猶太人的影響力。在此之後，任何自治的假象都消失了。一九三八年拉斯特讓民主進程消失得無影無蹤，由元首原則來替換學院委員會治理，並授權他的部門在認為合適的時機聘任或者解聘成員。當拉斯特於一九三九年讓瓦倫擔任院長〔與瓦倫一起創辦《德意志數學》的路德維希・比伯巴赫（Ludwig Bieberach）擔任次長〕，比賽已經結束：學院不再以一個嚴肅的科學機構來運作，而是成為納粹國家機關。普朗克的順從已經沒有意義——事實上，他最終放棄反對改變，並宣稱該學院應該信任瓦倫。普朗克似乎從未考慮過辭去他的院士資格。[55]

愛因斯坦突然離開普魯士科學院讓普朗克看到他做了多大的妥協。在某些方面，普朗克的行為看起來更糟糕，因為他不是極端民族主義的反猶太主義人士，會呼籲排除愛因斯坦：在一定程度上，他肯定知道這一切的不公。但他的位置比卑劣更加悲慘：他無法想像自己還能做些什麼。奧地利物理學家和哲學家菲利普・富蘭克（Philipp Frank）於一九三八年從布拉格移居美國，他說：

> 普朗克一再斷言，新的統治者奉行一個偉大而崇高的目標。我們科學家不懂政治，不應該為他們造成困擾。我們的任務是盡可能讓每位科學家遭受愈少的艱辛愈好，而且最重要的

是我們應該盡力維持德國的高水平科學。至少羨慕的外國人不應該注意到我們國家裡有哪個地方的水準正在降低[56]。

次年，厄瓦描述普朗克的處境，說明了在一個本質上正直、誠實，但不懂得變通的人口中所表達出的含糊其辭有多麼可悲，代表著對他來說一定有個一直存在的內心掙扎：

> 我認為那是在斯圖加特的威廉皇帝金屬研究所開幕時，普朗克身為威廉皇帝學會的主席來參加開幕活動。他不得不放棄演說，那一年是一九三四年，而我們都盯著普朗克，等著看他會在開幕時做些什麼，因為當時有正式規定，你發表演說前必須先說「希特勒萬歲」。結果，普朗克站在講台上，半舉起他的手，然後放下。他又做了一次。然後他終於舉起手來，說：「希特勒萬歲。」……回想起來，如果你不想危害整個威廉皇帝學會，這是你唯一可以做的事。[57]

---

55 戰爭結束後，普魯士科學院緊張不安的列舉出以前納粹化的政府如何適應新政權的方式。它於一九四五年成為柏林科學院，之後又改稱德國科學院，並在德意志民主共和國的科學發展中扮演了重要角色，直到東西德統一後不久才解散。

56 Haberer (1969), 128.

57 Beyerchen (1977), 1.

德國科學界每個人都「盯著普朗克，等著看他會做什麼」。而他的所作所為顯然就是最軟弱的反應，考量基礎在於以長遠來看，什麼事可說是「對德國有好處」。他沒有計畫，除了善良的天性之外沒有道德的指南針，沒有先例或歷史模式——沒有什麼可以引導他通過這場吞噬他並最終摧毀了他的災難。

第六章 這非常像是北歐的科學

反猶太主義不只讓德國物理學界失去了一些最有價值的研究者，它還威脅著要規定人們能研究什麼樣的而不能研究什麼樣的物理學。因為納粹思想不僅是一個誰得以在德國自由居住和工作的問題——就像病毒一樣，它以自己的方式進入智性生活的每個面相。在一九三三年四月開始抵制猶太人的企業後不久，納粹化的德國學生協會宣稱，應該清除「非德國精神」的文學，導致五月十日儀式性的燒毀成千上萬由猶太學者所寫的書籍。這些作者包括佛洛伊德（Sigmund Freud）、布萊希特（Bertolt Brecht）、馬克斯（Karl Marx）、茨威格（Stefan Zweig）和班雅明（Walter Benjamin），原因是那些書充滿了腐敗、難以想像的想法。咆哮的學生把愛因斯坦的書籍丟進柴堆中。

有人說，藝術是頹廢的，它的精英抽象概念或聳人聽聞的圖像會引人步入歧途。而「墮落」的性充斥於佛洛伊德的作品就足以證明將會汙染人心。但科學理論如何能令人反感？一個人怎麼可能在客觀上對或錯的概念上發展出偽道德的立場？此外，愛因斯坦的相對論難道沒有被證明？甚至說科學可以遭到「猶太精神」顛覆是什麼意思？

當然，絕大部分焚書的人都不可能動念思考這些問題。對他們而言，簡單的事實是，愛因斯坦是知名猶太人，因此他的著作很適合丟進火裡。但是愛因斯坦的理論基於種族原因遭到攻擊。這種攻擊不是來自黨內愚蠢的理論家，他們對於科學的知識比起相信童話故事裡關於「宇宙冰」的理論好不到哪裡；也不是來自於科學的邊緣人，想要尋求官方的認可和支持。這種攻擊由兩個諾貝爾物理學獎得主所精心策劃，他們擬定了一個完善的論點（稱它為理論也不改其卑劣），說明如何將刻板的種族特色呈現在科學思維中。這兩個人是雷納和斯塔克，他們想成為德國物理學界的新領袖。

這是個醜陋、悲傷、有時又滑稽的故事。它說明了在納粹德國，科學與政治之間複雜的互動，因為儘管人們可能會認為斯塔克和雷納的「亞利安物理學」（德意志物理學）已經受到國家社會主義的歡迎，但是在官場中，接受度卻是好壞參半，最終受到忽略。德國物理學的情況讓我們知道，在納粹國家中事情進行的程度取決於你如何打手中的牌，而不是你手中有什麼牌。這個情況顯示出，德國科學家假裝自己「沒有政治立場」，並不能阻止自己的科學觀點受到政治影響，並且幾乎淹沒了他們。也許最重要的是，這個故事打破了科學能夠阻擋深遠的非理性和極端主義的神話。

反對相對論

雷納的反猶太主義在納粹時代之前就已十分嚴重，並且因為當時有很多仇視猶太人的人，讓他的反感因為排斥和不公正的感受變得更加溫。其實雷納是相當不起眼的男人：在他的全盛時期，他是優秀的實驗科學家，但囿於思想深度以及情感和想像力的匱乏。當情勢帶著他達成超越他的天賦所及的程度，他就被迫將自己的缺點歸咎於欺騙和他人的愚蠢。想要追求聲望，又有錯誤的自我形象，必然造成毒害。要讓人們了解諾貝爾獎不能保證智慧、人性或任何形式的偉大，沒有比雷納更好的例子，而且雖然看起來奇怪，但是這個獎項偶爾會挑起不足的感覺。

雷納因為他的陰極射線（從熱金屬中所發出的「輻射」）理論而獲頒一九〇五年的諾貝爾獎。它們被證明為從一個在密封、真空的「陰極射線管」內帶負電荷的金屬板（陰極）所出現的光，並連結到帶正電的板。陰極射線激發明亮的熒光到玻璃管壁——或是研究人員所發現的特定礦物的薄片上。和他在波恩大學的導師海因里希．赫茲（Heinrich Hertz）所見略同，雷納起初認為這些光線是在以太（就像光一樣，因為它之後被概念化）中的波動。但是，儘管劍橋卡文迪什實驗室的主任湯姆森在一八九七年指出，這是「幾乎所有德國物理學家的共識」，他卻得到暗示相反看法的實驗結果[1]。湯姆森表明，陰極射線具有負電荷，受到電場和磁場偏轉，他並且下了結論，陰極射線其實是粒子流。數年前愛爾蘭物理學家喬治·約漢斯頓·史東尼（George Johnstone Stoney）因為它們是電荷可能的最小單位，將它們取名為電子。雷納說電子是「電的量子」。

雷納研究出使陰極射線從創造它們的真空室中逸出的方法，以便更仔細的檢查它們。他還研究了光電效應——從照射紫外線的金屬排出電子，並發現這些電子的能量並不取決於光的強度，只取決於其波長。當愛因斯坦於一九〇五年用普朗克的量子假說（見第25頁）來解釋這一結果，雷納認為他的發現遭到剽竊。當愛因斯坦於一九二一年因為他在光電效應方面的成就榮獲諾貝爾物理學獎，這樣的痛苦更加深了。

雷納最開始並非只因為這樣而怨恨。他覺得，他應該早於倫琴之前就已經發現X射線（第29頁），並相信要不是資深教授的猜忌讓他錯失更好的機會，他肯定就已經完成這項發現。而且，他不是提供了倫琴關於構建陰極射線管以用於此發現的意見？倫琴甚至不夠有風度來承認這一點？

但是，如果說德國教授自私又不公正的藏起他們在智識上虧欠別人的恩情，那麼英國教授就更糟糕。舉例來說，湯姆森在光電效應方面所完成的工作應該給予更多稱讚。然而，我們無法期待一個通俗的唯物主義國家可以做出更多——雷納一定會贊同拿破崙關於店小二（拿破崙對英國人的貶稱）的言論——他們對於英勇、無私的日耳曼文化一無所知。法蘭克後來聲稱，當他於第一次世界大戰在前線戰鬥，雷納曾寫信給他，表示他希望英國的戰敗能夠補償他們從來沒有像樣的提到他的成就。

雷納一九〇七年左右因為淋巴結腫大的疾病而開刀，讓他不太能夠正常工作，並更加難以跟上物理學的最新發展。因為他不擅長數學，他無法得到認真處理在相對論和量子理論碰到的難題。因此，他決定將這兩個理論斥為無稽之談。事實是，這個無稽之談（首席建築師是愛因斯坦）正受到世界各地的物理學家所接受及讚譽。而這樣的事實必須是陰謀的結果。而陰謀和陰謀集團正是猶太人擅長之處。

愛因斯坦集雷納所憎惡的特質於一身。雷納是軍國主義的民族主義分子，愛因斯坦則是和平主義的國際主義者。愛因斯坦不管到哪裡都備受款待，而雷納的重要優點似乎已被遺忘。更糟的是，愛因斯坦在英國最受到頌揚！他所推銷的理論物理品牌確實難倒了雷納。於是愛因斯坦是猶太人這件事讓事情變得多麼簡單，可以將所有這些可悲的特點為猶太人貼上標籤。（當然，很多愛因斯坦的支持者不是猶太人，但正如我們將要看到的，雷納之流後來用計讓他們成為「名譽上

---

[1] J. Z. Buchwald & A. Warwick (eds) (2004). *Histories of the Electron: The Birth of Microphysics*, 451. MIT Press, Cambridge, MA.

的猶太人」。）雷納斷言，相對論是「猶太人的騙局」[2]，而該理論中的重要發現都來自「亞利安人」。[3]

雷納早在一九一〇年就開始批判相對論，但一直到一九二〇年代，他的攻擊才開始明確加上種族元素。他開始發展一種概念，那就是猶太人從事科學研究時，會在缺乏任何扎根於實驗工作的堅實沃土的情況下，編織抽象理論的網。他說，猶太人會把關於客觀問題的辯論變成私人恩怨。諷刺的是，這種「亞利安人」應該會對於實驗有著興致勃勃的精神，和注入納粹理念的那種浪漫的神祕主義有著緊密的關係，雖說它不怎麼好。雷納認可歌德和謝林相信萬物有靈的德國自然哲學。無處不在的大自然靈魂是科學本身的源泉。而雷納說，只有亞利安人理解這一點：「這正是北歐人的嚮往，想要研究自然中假設性的相互關聯，也就是自然科學的起源。」[4]

雷納堅持相信愛因斯坦駁斥的承載光的以太，含糊的表示，這種難以捉摸的媒介「似乎已經象徵理解的極限」[5]。他感嘆現代生活中科技的侵犯。他說，這代表那種唯物主義已經汙染了共產主義和猶太精神這兩個偉大德國的敵人。唯物論的自然科學已經讓「靈性科學」黯然失色，從而引發了「自大妄想」，以為人類可以成為「自然的主宰」。「這種影響力透過滲透物理和數學並破壞一切的外國精神所增強，」[6]他寫道。在這裡「外國」的意思當然是指猶太人。

納粹政權對這一類神祕主義和偽科學所投注的熱情得到了很好的證明，儘管可能大多不是來自法西斯主義、自然哲學、魯道夫．史代納（Rudolf Steiner）[7]的異教神祕主義、靈智學，以及一些新世紀信仰的舒適必然性所產生的共鳴。對於自然的具體崇拜（而不是尊重）一直幾乎可說是法西斯主義者的意識形態。一些納粹領導人，包括希特勒和希姆勒，都贊同奧地利工程師漢斯・侯比格（Hans Hörbinger）荒謬的「宇宙冰」理論。該理論宣稱，冰是宇宙的基本成分。雷納對於種族科學和「自然的精神」的沉思其實並未超越此一水準。他的想法顯示，即使是他獲頒諾貝爾獎，他對於科學並沒有什麼顯著的貢獻，反而成為它的對手。

一九二〇年代期間，愛因斯坦開始經歷德國大眾和學術出版社因為種族而發起的批評和謾罵，而雷納興高采烈的加入風潮。一九二〇年九月，德國科學家及醫師協會在巴特瑙海姆所舉辦

---

2 Beyerchen (1977), 93.

3 特別的是，雷納製造了相對論是由奧地利物理學家弗里德里希・哈瑟諾爾（Friedrich Hasenöhrl）所發明的神話。這個故事到今日在喜歡胡思亂想批評愛因斯坦的人之中仍然流行。

4 Mosse (ed.) (1966), 203.

5 Beyerchen (1977), 128.

6 同註4，2025。

7 史代納曾經針對他對納粹同情者所做的指控加以辯護，所以他當然不受國家社會主義者所喜愛。然而，國家社會主義者很可能會在他曾經發表的評論中的抱怨找到小小的根據：「猶太人已經活了很長一段時間。他們沒有權利在以國家為組織的現代生活中存在。然而，他們的存活是世界歷史所犯下的錯誤，其中的後果必將來臨。」（R. Steiner (1971). *Gesammelte Aufsätze zur Literatur, 1884–1902*, 152. Rudolf Steiner Verlag, Basel.）

的一次會議中，愛因斯坦和雷納被安排針對相對論的辯論正面交鋒。

這個會議舉行前一個月，在柏林的一場公開會議中，愛因斯坦也曾遭受攻擊。那場會議的主辦單位據說是為了保護純科學的德國科學家工作團體。事實上，並沒有這樣的機構，這是由一個未受過真正科學訓練的極右幻想家保羅．韋蘭（Paul Weyland）刻意捏造出來的團體。韋蘭以某種「常識」的根據來譴責愛因斯坦的理論，而這樣的根據到今日還有怪人拿來運用。韋蘭在柏林的《每日評論報》（*Tägliche Rundschau*）中預告該次活動，再次指責愛因斯坦曾剽竊其他科學家的見解。會議在寬闊的柏林愛樂廳中舉辦，會中分發反猶太主義的小冊子和納粹徽章，搭配著韋蘭的言論。

韋蘭宣布，這次演講是一系列二十場演講中的第一場，將會揭露相對論的騙局。在這場活動中，只有同樣反猶太人的應用物理學家路德維希．格拉澤（Ludwig Glaser）跟隨韋蘭的理念（見138頁）。這場一點也不光彩的事件引起了廣大的憤慨，因為之後出現在柏林新聞界支持愛因斯坦的信件不可能全都來自他的同事。普朗克寫信給愛因斯坦，特別將韋蘭的攻擊稱為「幾乎沒有可信程度的下流話」[8]。他和其他人擔心，這樣的事情將促使愛因斯坦離開德國，移居國外。

愛因斯坦仍舊留在柏林，但他顯然感到不安。他來到韋蘭的會議，某種程度上違反他的本能和罕見的誤判，他決定對攻擊做出公開回應。他在《柏林日報》上的投書至少帶著些許幽默感，以削弱被認為言論自大的風險。他的投書名為〈我對於反相對論理論有限公司的回答〉。他承認，針對他的理論的微弱批評並不一定需要得到回覆，但也指出，韋蘭及其追隨者真正的抱怨是，愛因斯坦是「有國際自由傾向的猶太人」[9]。愛因斯坦還提到（支持韋蘭的）雷納，說「我很佩服身為實驗物理學大師的雷納，但是他對於廣義相對論的反對意見如此膚淺，一直到目前為止，我都認為沒有必要加以詳細回答」[10]。

在巴特瑙海姆的交流並未帶來更多的啟發，當然也沒有更多的和解。柏林事件後，愛因斯坦的自我辯護受到廣大期待，在愛樂廳參與的聽眾滿到頂層樓座，不只是科學家，還有記者和好奇的圍觀者，當然還有韋蘭，他在聽完四小時的技術討論之後，一定感到徹底厭煩與困惑。關於辯論的紀錄各家不同。有些報紙報導，過程冷靜客觀，但也有報紙指出，普朗克因為身為學會主席，不得不成為主持人，被迫多次出面制止打斷愛因斯坦的質問。無論如何，不管是愛因斯坦還是雷納，對結果都不滿意。愛因斯坦事後非常激動——他後來承認，他對於「自己迷失在毫無幽默感之中」感到遺憾，而他的妻子艾爾莎似乎有些精神崩潰[11]。至於雷納，他覺得有必要退出德國物理學會，以抗議該事件，他並且在位於海德堡的辦公室外面釘上標誌，宣布不歡迎學會成員入內。

8 Heilbron (2000), 117.
9 Hentschel (1996), 1.
10 同前註，2。
11 van Dongen (2007), 11.

支持希特勒的物理界

雷納不是反愛因斯坦陣營中唯一有影響力的科學家。一九一九年諾貝爾物理學獎頒給了斯塔克，因為他發現當電子在量子軌道[12]之間跳躍時，從原子所發射出光子的能量上電場的效應。在電場中，在一個特別軌道中電子的能量分裂成一系列不同的能量，也就是新的量化能階的不同梯級。斯塔克對於這種效應的發現有其重要性，因為它揭示了在原子結構中量子粒狀性深一層的階級。然而，一九一九年的獲獎也許是諾貝爾委員會最不吉利的決定之一，因為這個決定讓斯塔克已經沉重的自我重要性和權利意識更加膨脹。

斯塔克的情況和雷納如此相近，這也難怪兩人成為堅實的盟友。就像雷納一樣，斯塔克是實驗主義者，最近進入了物理學的數學複雜性讓他覺得困惑。他是另一個右翼觀點因為第一次世界大戰而變得更加堅固的極端民族主義分子。他也認為，愛因斯坦剽竊了他的想法，這一次剽竊的是針對光驅動化學反應的量子力學描述。（斯塔克其實從未完全接受量子理論，儘管「斯塔克效應」的理解依賴此理論。）而且，身為一個幸運的平庸人物，他發現自己錯過了他相信最有機會的學術任命。他將此歸因於以普朗克和索末菲（確切為亞利安人）為中心的「猶太人和親猶太人的圈子」的自我利益，而索末菲是所謂陰謀集團中「有企圖心的業務經理人」[13]。這個圈子包括索末菲大部分的學生，尤其是德拜，斯塔克曾於一九一四年授予他在哥廷根的教授職位。雷納和斯塔克的敵人認為，基本上這兩位物理學家也不了解他們對於「猶太科學」的定義，而且只要是在科學地位上可能會遠高過他們的人，都會被他們放進「猶太陰謀集團」中。愛因斯坦無疑被他們視為整個事件的幕後黑手。

到了一九二二年，情況已經惡化到愛因斯坦拒絕在萊比錫的德國科學家和醫生學會的會議上發言，擔心自己的生命會有危險。他並非偏執狂。六月，愛因斯坦熟知的威瑪政府猶太外交部長瓦爾特·拉特瑙（Walther Rathenau），在柏林遭到兩個極端民族主義的軍官刺殺。雷納曾拒絕降下他在海德堡的研究所的旗幟，來紀念遭到殺害的部長，因此被一群憤怒的學生拖出實驗室。雷納差點就被扔進內卡河，但是這個痛苦的經歷只是加深了他的反猶太主義。當他受到大學申誡，他厭惡的宣布準備辭職。當他發現接替他的職位，有兩個可能人選是「非亞利安人」——一九二五年共同獲頒諾貝爾獎的法蘭克和古斯塔夫·赫茲（Gustav Hertz）[14]，以及同情英國的實驗主義

---

12 因為在原子中的電子其實並不像行星的軌道圍繞著原子核，反而是分布在漫布的雲霧中，其量子狀態更適合稱為「軌域」。

13 Walker (1995), 6. 若是認為索末菲本身就有些偏見，這樣的指責就更加可笑。索末菲在一九一九年對維因發表評論，認為新的威瑪共和國的「猶太政治混亂」讓他「更加反猶太主義」（Rose [1998], 244）——那種隨意發表的偏執說法，在當時可說是司空見慣。

14 赫茲是雷納的導師海因里希·赫茲的侄子，祖父是猶太人。因此，根據一九三三年訂立的規定，他屬於非亞利安人。

者漢斯．蓋革（Hans Geiger），曾與拉塞福在曼徹斯特共事——他立刻收回辭呈。最後雷納一直待在海德堡，直到他的職位於一九二九年被瓦爾特．博特（Walther Bothe）所取代。然而，雷納的同事讓博特的生活非常悲慘，最後只好換到海德堡的皇家威廉醫學研究所工作。雷納因此主導了海德堡的物理學研究所，以至於一九三五年時，這間研究所以他為名。

勞厄在一九二〇年代替愛因斯坦針對相對論發表演說，贏得了「亞利安物理學家」的持久敵意。他的聽眾手中拿著斯塔克所散發譴責這個「猶太理論」的傳單。

在接下來的一年中，國家社會黨拿起武器在慕尼黑公開挑戰威瑪政府自滿的墮落，並且讓德國從猶太人的束縛中解放出來，雷納和斯塔克發現彼此志同道合，並且看到未來的希望。一九二四年五月，他們寫了一篇叫做〈希特勒精神和科學〉的文章。他們說，希特勒和他的戰友們，

> 在我們看來，是來自舊時代上帝的禮物，當時，比賽更純淨，人們更偉大，心智不那麼困惑……他在這裡。他曾透露，自己是真誠的領袖。我們會跟隨他。[15]

納粹領導人注意到了這個支持的承諾，他和魯道夫．赫斯（Rudolf Hess）於一九二六年到雷納的家拜訪他。

將斯塔克排除在學術界外的人其實是他自己。斯塔克認可了他的學生格拉澤大學教授資格論

文，但是格拉澤以瓷器的光學性質為主題的研究被認為只是工程論文，不是真正的科學論文。斯塔克因此受到維爾茨堡的同事反對並藐視，讓他於一九二二年生氣的辭去教授職位。他在附近的一個廢棄的瓷器工廠中成立了私人實驗室，用他的諾貝爾獎獎金來資助此一工業（這違反了諾貝爾基金會的規定）。同時，他將他對學術界，尤其是理論物理學的怨恨放進一本叫做《德國物理學目前的危機》的書中。正如我們所看到的，格拉澤已經接受了其導師的理念，成為亞利安物理學暢所欲言的宣傳人。他被任命為平凡的工程師威廉．穆勒（Wilhelm Müller）的助理，而穆勒因為政治考量成為索末菲在慕尼黑大學的繼任者（見第158頁）。但是格拉澤是如此惡毒的種族主義分子，以至於成為拖累，之後從帝國的邊緣被安全的排除，先是到波蘭，然後是布拉格，幸好他在那裡從歷史中消失。

到了一九二〇年代末期，斯塔克的陶瓷企業已經失敗，他試圖奪回學術地位，但一再被更有能力的候選人超越。當索末菲反對他在慕尼黑申請教授職位，在斯塔克心中，證實了索末菲是在猶太人蜘蛛網中的那隻蜘蛛。

雖然他於戰時的服役經驗讓他得以不被柏林工業學院解雇，但他在一九三四年離開，接受了電子工程公司西門子所提供薪資豐厚的工作，並在戰爭期間為了核能研究而鑽研分離化學同位素。斯塔克相當看好他身為實驗物理學家的表現，這是亞利安物理學家如何挑選並選擇他人是否為「精神上的猶太人」的例證。

15 Hentschel (1996), 9.

亞利安人如何創造科學

對於斯塔克和雷納來說，德國物理學核心的潰瘍不僅是猶太人和其走狗的裙帶關係，也不是愛因斯坦晦澀的理論和不愛國的國際主義。最根本的問題在於以外來和退化的方法來解決科學問題。他們說，認為科學具有舉世皆然的性質和精神的這種流行概念非常錯誤。斯塔克於一九三四年在一篇題為〈國家社會主義和科學〉的文章中寫道，就像任何其他的創造性活動，科學「是以它的實行者的精神和性格上的天賦作為條件」[16]。猶太人和真正的德國人實行科學的方式不同。斯塔克呼應雷納的幻想，宣稱亞利安人傾向於追求植根於具體現實的實驗物理學，而猶太人卻在編織和經驗無關的深奧理論。「對於精確觀察的事實和能力所抱持的尊重」，他寫道：

> 存在於北歐人種中。德國的精神使他能夠觀察自身之外的事物，不會在其中強加自己的想法和願望，而且他的身體不會因為這個自然對他要求的研究所產生的努力而縮小。德國對自然的熱愛以及對於自然科學的天賦都基於這樣的才能。因此可以理解，自然科學幾乎都是由亞利安民族的北歐日耳曼血液成分所創造出來的。[17]

斯塔克懇求他的讀者，只要看看雷納的《自然的大調查》（*Grosse Naturforscher*, 1929）一書中呈現的所有偉大科學家的肖像：幾乎所有人都有「北歐日耳曼」特徵（甚至，很明顯的，像是伽利略的義大利人）。

相反的，科學中的猶太精神「聚焦在這個民族的自我、自己的想法，以及自身的利益」。猶太人天生就會想要「混合事實和顛三倒四的詆毀，以努力確保獲得他想要的法院判決」[18]。當然，猶太人可以模仿北歐風格，偶爾產出值得注意的成效，但並非「真正有創造力的成果」[19]。猶太人隱瞞那些不適合他的事實，並把理論變成教條。猶太人很善於自我宣傳，懂得拉攏和引誘媒體及大眾——只要看看愛因斯坦就知道了。

於是，德國需要的是，能夠拒絕相對論物理為了有利於嚴格的實驗方法，在數學上過度虛構，一個真正德國的、「亞利安的物理學」。而為了迎合新的領袖，斯塔克在算計好的客套語句中補充道：

16　Mosse (ed.) (1966), 206.
17　同前註，205。
18　同前註。
19　同前註。

科學家……不僅為自己，或甚至為了他的科學而存在。相反的，在他的工作中，他必須首先服務國家。由於這些原因，在國家社會主義國家的科學領導職位不能交給外來民族，只能由有國家意識的德國人擔任[20]。

雖然亞利安物理學家們無法用科學術語對愛因斯坦的相對論進行可信的攻擊，德國物理學界卻開啟了一條新戰線：相對論可能會破壞日耳曼世界觀的本質。納粹數學家布魯諾．圖瑛（Bruno Thüring）錯誤的宣稱相對論「無視能量的概念」[21]，斷定在能量中我們可以看到「和靈魂，世界意義、態度和種族傾向有關的東西」[22]。他說，愛因斯坦不是哥白尼、伽利略、克卜勒（標準的北歐日耳曼科學家）和牛頓的後繼者，而是他們「堅決的對手」：

他的理論對於發展沒有重要幫助，反而發動了全面戰爭，目的是要毀壞這種發展的基礎，那就是德國人的世界觀……除了在馬克思主義的土壤中，這種理論可能無法在別處開花、繁盛，馬克思主義的科學表述方式類似於造型藝術的立體派和過去幾年裡音樂的沒有旋律和不協調的無調性（墮落的科學！）。因此，結果是，相對論似乎比較不是科學問題，而是政治問題。[23]

這些想法受到希特勒的注意，一開始也很欣賞。「那就是，所謂的科學危機」，他寫道，

無非是這些先生開始帶著客觀和自主思考，了解自己如何走上了錯誤的軌道。在開展每項科學志業之前要問的簡單問題是：想要認識某件事的人是誰，想要確定自己在周圍世界中的定位的人是誰？由此必然可見，只能在一種特殊類型的人類和特定時代才會產生科學。這裡極有可能是北歐科學和國家社會主義的科學，這樣的科學必然要反對自由派猶太人的科學，而後者的確再也無法在任何地方實現其功能，而只是進入無用的過程。[24]

這樣的聲明很難讓人認為納粹很同情或理解真正的科學。但它們也不應被解讀成某種指導納粹政府科學研究政策的官方說法。通常情況下，希特勒在這件或其他事項中的宏偉語句，對日常、平凡程度的事務進行的方式都沒有什麼實質影響，就像教宗對地方天主教堂的往來所做的宣

20 同前註，206。
21 同前註，212。
22 同前註，213。
23 同前註。
24 Beyerchen (1977), 134.

言一樣。事實上，希特勒故意讓自己的看法與法令和實際執行之間維持一定距離。國家社會主義當局對於德意志物理學的實際反應不是不加批判的接受，而是更加複雜的想法。

納粹統治下的德意志物理學

斯塔克、雷納及其同路人的反愛因斯坦激進主義一直持續到一九三〇年代初期。一九三一年，一百位科學家和哲學家共同譴責了愛因斯坦及其理論。一些支持者，如勞厄和能斯特，公開反對這些猛烈抨擊以捍衛他。但通常情況下他的擁護者會堅守他的理論，同時避免因為他的猶太人身分所產生的微妙「政治」問題。

當希特勒成為帝國總理，「德意志物理學者」一定覺得自己的時刻已經到來。而且一開始似乎真是如此。一九三三年，斯塔克被任命為位於柏林著名的德意志帝國物理和技術研究所所長，再次給予他權力的虛榮。他宣布，德意志帝國物理和技術研究所此後將負責所有的德國科學期刊。就勞厄看來，一九三三年九月在維爾茨堡舉行的德國物理學會會議中，斯塔克試圖將自己選為德國物理學界的元首。勞厄在擔任主席的開幕詞中，透過含蓄的比較相對論和天主教教會譴責伽利略的哥白尼學說，來公開挑戰亞利安物理學家。勞厄引用伽利略在跪著聆聽判決後站起來喃喃自語說「地球仍舊轉動」的（杜撰）故事，然後明確表示，不管愛因斯坦的批評者如何斷定，相對論都是正確的。

再次說明，像勞厄一樣鼓起勇氣公然反抗納粹的煽動行為和干涉，在物理學家中非常罕見。「對於我們這些較不重要的人物來說，」厄瓦後來寫道，「像勞厄一樣有著高度和風度的存在是極大的安慰[25]。」他的反抗免不了吃了一頓排頭。據說他出門一定會在腋下夾個包裹，因為這樣他就有藉口不必向希特勒敬禮問候。勞厄是極少數地位顯赫的科學家，作為不只是私底下的抱怨和反抗的小動作，而是公開承認他對納粹的蔑視。不像普朗克，他意識到科學家無法保持「不關心政治」。一九三三年，他也是那些指責愛因斯坦太過激進的人，警告他「政治鬥爭需要和科學研究不同的方法和目的」，因此，科學家很少在這一領域表現不俗[26]。不過，後來他發現人們根本無法單純和國家社會主義保持距離。事實上，他暗示愛因斯坦，他留在德國只是因為他對納粹的厭惡使他渴望看到他們垮台。「我如此憎恨他們，我一定要在他們身邊，」他於一九三七年訪美期間如此告訴愛因斯坦，「我必須回去[27]。」戰爭結束後，法蘭克說勞厄：

25 同前註，66。
26 Sime (1996), 157.
27 同前註，159。

不是不怕死，以活力和勇氣盲目抵抗險境；他相當敏感，甚至是緊張的人，不會低估反對納粹的風險。他被迫從事這樣的行為，是因為他能承受因此而產生的風險，勝過被動的接受這樣的政府做出他所鄙視的不道德和殘酷行為。[28]

當我們聽到德國物理學家反駁說，不是所有的人都能成為英雄，我們應該記住這句話：重點不是你多有骨氣，而是你個人的道德感可以容忍到什麼程度。

非常感謝勞厄，但也許更要感謝國家社會黨內訌，讓試圖統治德國物理學界的斯塔克一無所獲。然而，斯塔克仍舊把自己的觀點強加於德意志帝國，策動了元首的原則，解雇諮詢委員會中所有的猶太人。次年，他被任命為控制大部分科學資金的德國研究基金會的主席，並且立刻撤出在理論物理研究的資金。（兩年後，因為政治權力的轉移，斯塔克失寵了，並被迫從這個職位退休，而理論物理的資金也得以恢復。）

在戈培爾的宣傳部的推動下，斯塔克於一九三四年的夏天寫信給德國中和他一樣獲頒諾貝爾獎的十一位得主，要求他們簽署一封信宣布：

希特勒是德國自然科學家所認為並欣賞的德國人民救星和領導人。在他的保護和鼓勵下，我們的科學研究工作將為德國人民服務，並且增加德國在世界中的尊嚴。[29]

沒有人願意為這種準宗教的聲明背書，但是大家都精心編造藉口拒絕。舉例來說，海森堡告訴斯塔克，他感性上同意，但認為科學家就政治問題做出公開聲明並不恰當。這不僅是個方便的藉口，也是信仰的真誠聲明，同時也是雙刃劍：海森堡似乎同樣把它用在斯塔克幼稚的姿態和道德責任的問題。

斯塔克和雷納為了威廉皇帝學會而煩惱，因為他們認為該學會似乎決定要馬虎應付驅逐猶太成員的政策——他們確信，這一定是因為愛因斯坦的陰謀集團主導該學會。「從一開始，」雷納在一九三六年寫道，「那就是……猶太怪物，皇帝和他的幕僚完全被蒙在鼓裡，它的目的是讓猶太人買到體面，並且讓猶太人和他們的朋友和類似目的的人獲得像『研究學者』這樣舒適並具有影響力的職位[30]。」雷納從這裡開始空洞的絮絮叨叨，宣稱學會主席普朗克「對於種族如此無知，以至於把愛因斯坦當成真正的德國人」，這無疑是因為普朗克的家族裡有許多神學家和牧師，而他們對於舊約有著受到誤導的尊敬。

當普朗克於一九三三年結束了第一次任期，斯塔克和雷納希望能夠導正社會：「作為開始，一

---

28 同前註。
29 Walker (1995), 24–5.
30 Heilbron (2000), 170.

定要讓這個完全屬於猶太人的事務，」斯塔克寫道，「瓦解粉碎。」[31]但是普朗克並未退休，而是接受第二次任期。當普朗克的第二次任期於一九三六年三月結束，斯塔克確信他會成為新主席。令人費解的是，他並未如願。（帝國教育部的拉斯特主管學會事務，和斯塔克在納粹圈子裡是政治對手，所以並不信任斯塔克。）那麼，斯塔克說，就必須交給雷納。拉斯特同意這個提議，但雷納卻說自己年紀太大，無法勝任。因為沒有提出其他的繼任者，普朗克就繼續擔任此職位。

這是一個微妙的時刻，因為不只有亞利安物理學提出威廉皇帝學會在意識形態上有其可疑之處的論點。學會於一九三六年一月舉辦二十五週年慶祝活動後，納粹報紙《人民觀察家報》（*Völkischer Beobachter*）將此學會稱之為「天主教徒、社會主義者和猶太人的遊樂場」[32]，而納粹黨衛隊的雜誌《黑色軍團》（*Das Schwarze Korps*）則將該學會描繪成為一個「受控制的圈子」，沐浴在精英「貴族的光芒」之中[33]。普朗克知道拉斯特不會認可與愛因斯坦過從甚密的繼任者，並且比較屬意對黨忠心的人選。這位部長還堅持該組織目前要採取元首原則。但是威廉皇帝學會的理事會精明的認定，身為實業家，候選人可以保留一定的獨立自主，不受政治影響，而作為堅定的愛國者，應該對領導者沒有異議。那個人選就是諾貝爾化學獎得主波希。他於一九三七年正式當選，但是關於接任學會祕書長格盧姆的人選，拉斯特就直接任命接受過化學訓練並為哈恩直接下屬的納粹官員恩斯特・特爾朔（Ernst Telschow）。由於波希疾病纏身，特爾朔接管了許多學會的實際業務。其實這對威廉皇帝學會來說也不是壞事，因為特爾朔是位精明的管理者，能夠與納粹政權建立起有利於學會的關係。特爾朔知道要如何適應當時的政治氣候，在戰後仍舊活躍於（改名的）學會，最後於一九六七年當選為理事。

儘管威廉皇帝學會在一九三七年並不算納粹化，然後，之後對於政府的期望也沒有做出任何有效的抵抗。它驅逐了剩餘的猶太成員，包括梅特納，儘管她繼續在柏林哈恩的研究所中工作。

白種猶太人

德意志物理學者對此結果並不非常滿意。一九三七年，斯塔克決定是時候開啟攻擊他在理論物理的敵人的另一條戰線。普朗克的影響力很明顯正在減弱，而現在斯塔克找到了新的目標：一個年輕的教授，享受著斯塔克如此垂涎的名氣。他用數學形式主義建構量子理論，使其成為更加無法穿越的灌木叢；他支持愛因斯坦的思想；在三十一歲這個早得荒謬的年紀就已經獲得了諾貝爾獎；現在看起來即將成為索末菲在慕尼黑的接班人。斯塔克開始討伐海森堡。

31 同前註，165。

32 Macrakis (1993), 98.

33 同前註。

海森堡自從拒絕參加國家社會主義教師聯盟於一九三三年十一月在萊比錫的集會，就受到了斯塔克的注意。那一次斯塔克希望鼓動海森堡的學生參加抗議，但海森堡邀請當地納粹學生聯盟領袖到他家，並說服他，他是一個值得信賴、但「不關心政治」的教授，化解了這個狀況。透過這場勝利，一九三四年九月在漢諾威舉辦的德國科學家及醫師學會的聚會，海森堡反駁斯塔克針對相對論和量子理論是投機理論的指控。在那裡，他甚至提到愛因斯坦的名字，因此受到納粹思想領袖阿爾佛雷德．羅森堡（Alfred Rosenberg）的譴責。

但是到了一九三五年，政治氣氛讓海森堡感到十分沮喪。紐倫堡法律刪除了第一次世界大戰的退役猶太軍人得以豁免於解雇規則之後，他的愛國精神和榮譽感都因此擾動不安。他甚至冒著損害聲譽和前景的風險，在教職員會議中表達了那樣的不安。然而，他的抗議言詞呈現出納粹已經制定出的辯論規範：海森堡說，他懷疑「現在採取的措施和法律的意圖是否一致，因為上過戰場的退役軍人也屬於德國人民」[34]。換句話說，他挑戰的不是一個排他的民族所規範的原則，而是誰被選為成員。

那時，海森堡曾考慮辭職（或者說他如此聲稱），但遭到普朗克勸阻並再次告誡，這麼做不過是無用的失職行為。「我們大家現在必須放眼未來」，這位年長的男人勸道：為了德國，他們無論如何必須堅持下去。海森堡就像大部分的同僚一樣，退縮到物理裡[35]。「外面的世界真的很醜陋，」他寫信給他的母親說道，「但工作是美麗的[36]。」

讓斯塔克於一九三七年對海森堡發動攻擊的直接導火線是長期以來對索末菲繼任者所產生的爭端。索末菲在兩年前就應該從慕尼黑大學的教授職位中退休。索末菲想要海森堡接替他的職位，這不是祕密。有人說，大學對巴伐利亞政府提交的候選「名單」中，只有海森堡的名字。

斯塔克和雷納希望索末菲的離開可以讓慕尼黑大學的教授免於他對「猶太物理學」的有害支持。一九三五年十二月，海德堡新成立的菲利普・雷納物理研究所開幕時，斯塔克稱海森堡為「愛因斯坦精神的精神」[37]。這篇致詞被印在黨的《國家社會主義者月刊》（*Nationalsozialistische Monatshefte*）的一月號。二月時，海森堡在《人民觀察家報》（*Völkischer Beobachter*）中做了回應，但是回應文章旁搭配了斯塔克的進一步評論。考量到對於自己職業生涯和聲譽的損害，海森堡找了一個觀眾，那就是帝國教育部長拉斯特的副手曼澤爾，他在會上指出，理論物理學很重要，需要針對德國物理學者的謾罵加以捍衛。可能是因為內部的政黨政治，而不是科學判斷，曼澤爾對於這個訴求給予正面回應，但是勸海森堡致函給德國大學的所有物理學教授，詢問他們的觀點是否相同。海森堡和耶拿大學的物理學家麥克斯・維恩（Max Wien）和蓋革這兩位精心挑

34 Cassidy (2009), 229.
35 同前註，231。
36 同前註。
37 同前註，247。

選出來認同他的理念的實驗學者，共同起草了一封信，要求斯塔克和雷納為了德國的國際聲譽停止攻擊。收到這封信的七十五位教授幾乎都簽署了同意書。

因此，斯塔克只成功的向帝國教育部展示，幾乎沒有任何人和他同一陣線。更糟糕的是，在從德國南部的沼澤提煉黃金這個輕率的想法揮霍了不少資金之後，他更於一九三六年十一月被迫辭去了德國研究學會主席的職位。但是，這個明顯的勝利對提振海森堡的心情沒有什麼幫助。儘管他於一九三七年初結婚，在萊比錫大學的他發現自己陷入了絕望和悲觀，顯然接近崩潰。他並且在新娘不在身邊時承認，「我現在很容易陷入很奇怪的狀態中」[38]。三月時，他終於獲得了接替索末菲的教授職位的機會，他一直到八月才接受。這被證明是個錯誤，因為這讓斯塔克再次有機會干預。

七月時，斯塔克針對海森堡和那些不是猶太人卻在物理界的「猶太陰謀」中一起勾結的人，在《黑色軍團》雜誌發表了一篇新而犀利的中傷文章。他說，這些人是「白種猶太人」——這麼稱呼他們是打算合理讓他們承受之前強加於猶太人身上的不良對待。普朗克、索末菲和他們的圈子被指責為猶太精神的「帶原者」，「就像猶太人本身一樣，都必須被消滅」[39]。而且沒有人更勝過海森堡「這個在新的威瑪德國中愛因斯坦的『精神』傀儡」。斯塔克宣稱，即使在今天，海森堡的重要學生「仍然包括猶太人和外國人」[40]。這位年輕的偽裝者本身是「物理學界的奧西茨基」[41]，這意味著對於德國文化來說，他不會比前一年獲頒諾貝爾和平獎、持不同政見的卡爾·

馮．奧西茨基（Carl von Ossietzky）（見184頁）更不危險，而海森堡就像奧西茨基一樣，應該因此關進集中營。感到噁心的德拜把這篇文章拿給威廉皇帝學會的理事會看，報告說，「所有和我談過話的人都譴責這篇文章」[42]。

海森堡如今處於困境。他不得不和愛因斯坦的「猶太」物理保持距離，以逃脫「白種猶太人」的指控。他的回答是在訴說：單純捍衛他的善良人格還不夠，他還尋求國家領導人的官方認可。因此，他將訴求直接指向黨衛隊全國領袖希姆勒，堅持認為他必須能夠完全平反，否則他辭職和移居國外。他提醒當局，國外提供他許多機會，特別是美國紐約的哥倫比亞大學。他之前曾經在納粹暴行面前拒絕「拋棄」德國，現在因此想到這麼做，或者至少威脅要這麼做，來挽救他的「榮譽」。正如歷史學家羅斯所指出，海森堡對斯塔克的反擊不應該被解釋為拒絕納粹主義和反猶太主義，而是受驕傲、憤怒和對喪失名譽的恐懼所驅使。

在這樣的情況下，人們需要利用他們值得的所有人脈。海森堡的母親認識希姆勒的母親，所

38 同前註，261。
39 同前註，270。
40 Hentschel (1996), 156.
41 Cassidy (2009), 270.
42 同前註，271。

以她以母親對母親的角度，以希姆勒夫人會欣賞的良好品格來為兒子辯護。希姆勒夫人答應會讓她的兒子「將此事恢復秩序」[43]。「海因里希周遭有些稍微令人不快的人，」她坦言，「不過這當然挺噁心的。他是這樣一個不錯的孩子，總是在我生日時向我祝賀。」

然而，希姆勒一開始保持中立。他只是要求海森堡針對斯塔克的指控做出詳細的回應，同時下令調查海森堡的性格。蓋世太保和黨衛隊竊聽海森堡的家，在他的課堂安插間諜，並訊問了他幾次。這個令人筋疲力盡又害怕的過程最終以一份報告作結，證明海森堡無罪，形容他為一個「不關心政治」的科學家，對國家社會主義抱持正面態度，基本上是位優秀的愛國者。報告中解釋，海森堡最初在「猶太物理學」中接受訓練，但聲稱他的工作變得愈來愈「亞利安」。的確，他沒有對猶太人表現出別人可能期望的反感，但或許在適當時機，他會發展出正確的態度。

希姆勒於一九三八年的春天收到報告，但是讓海森堡感到非常挫折的是，他沒有立即行動。終於在七月，他被說服寫信給海森堡，提到：「我不贊成黑色軍團在文章中的攻擊，也會禁止對你任何進一步的攻擊。[44]」他邀請海森堡在今年稍晚與他在柏林「面對面」討論這個問題。儘管海森堡對此邀請感到熱切期望，但最終沒有付諸實行，但是兩人在整個戰爭期間仍舊保持親切的聯繫關係。鑑於希姆勒公事繁忙，他對於這件事情的關注其實相當顯著。沃克證明了希姆勒對科學非常感興趣，並將自己視為科學家的贊助人。一封希姆勒的親筆信和邀請就已經讓大多數人喜出望外。

然而這是一種無情的恩賜態度。當希姆勒向蓋世太保的首領萊因哈德．海德里希（Reinhard

Heydrich）解釋他對於海森堡的決定，他以冷冰冰的實用主義寫道：「我認為，海森堡是正直的；我們不能失去這個男人或是讓他遭到殺害，因為他還相對年輕，能孕育下一代[45]。」此外，希姆勒表現出他對科學的無知，做出結論，「我們或許能夠讓這個優秀的科學家和我們的人一起進行宇宙冰理論」。海森堡運氣夠好，看來他從未被要求針對此事發表意見。

希姆勒在寫給海森堡免除其指控的信中還加上令人恐懼的建議，說：「然而，如果將來你能夠為你的聽眾，在表彰學術研究的成果與對研究者的個人和政治態度之間，做出清楚的區別，我會認為這樣很正確。」[46]換句話說，海森堡必須配合不提及愛因斯坦。他了解希姆勒的意思，並加以服從。[47]他在三月寫信給哥廷根大學的空氣動力學專家路德維希．普朗特（Ludwig Prandtl）

---

43 Beyerchen (1977), 159.

44 同註40, 280。

45 Hentschel (1996), 176.

46 Beyerchen (1977), 163.

47 一九四二年，當索末菲正要發表一些物理學講義時，他收到海森堡的一封信，提到〔魯道夫．佩爾斯（Rudolf Peierls）後來如此回憶〕，「一個政治顧問和我的密友，也是一位物理學家，想要提醒你一些目前使用的指導原則，那就是，我們發現，出版商注意到，你在你的演講中提到四次愛因斯坦的名字，我們想知道，你是否能夠不那麼頻繁的提及他？」索末菲照做了，只保留了一個參考文獻。「我必須提到他一次」，他的良心迫使他如此回覆。佩爾斯補充說，「戰後，刪去的名字很快就回到原位」（Peierls[1985]，無頁碼）。

時，就已經表達出這個意願。普朗特曾經提點海森堡，希姆勒免除指控的信已經發出：

> 我從不同情愛因斯坦的公眾行為……我會很高興的遵守希姆勒的建議，而當我談論到相對論時，我會同時強調，我不同意愛因斯坦的政治和世界觀。[48]

海森堡獲得了「澄清誤解」的希望，確定能夠在德意志物理學運動的內部刊物《科學界雜誌》（*Zeitschrift für die gesamte Naturwissenschaft*）中發表一篇文章，他在未來的幾年裡固執的追求此一讓步，當困境出現時，再次請希姆勒說情。一直到一九四三年，他的文章〈評估「現代理論物理」〉才得以發表，但是已經發揮不了原本的作用。他在文中同意，對於承認愛因斯坦的發現通常會出現的妥協，同時表示，無論如何都會發生：

> 就算沒有哥倫布，也會有人發現美洲，同樣的，沒有馬克士威，也會有電象理論和電波理論，因為這些事不會受到發現者所改變。因此，毫無疑問的，沒有愛因斯坦，相對論也會出現。[49]

如今似乎很難理解這些對於納粹的適應和懇求。在斯塔克加以攻擊之後，難道海森堡真的想像過情況會改善嗎？也就是說，只要他能「澄清誤會」，難道物理界與國家社會主義國家的關係就可能會回到正軌？但是他的傳記作者大衛・卡西迪（David Cassidy）說，讓他守在祖國的並非天真的樂觀，而是「他的整個生命和教養慢慢灌輸給他，對於德國牢不可破的歸屬感」[50]。卡西迪說，對海森堡而言，「留在德國顯然值得付出任何代價，只要他能繼續工作及教學」[51]。更重要的是，海森堡已經確信，自己的命運和整個德國物理學綁在一起。如果他離開了，一切都會消失。但正如卡西迪所指出，「藉由誇大的合理化留在德國的原因，他更容易因為政權屈服於進一步的妥協和逢迎。」[52]

實際上，對海森堡來說，情況真的有好轉，但對德國物理學來說可能並不一定：到了一九四四年，戈培爾的宣傳週報《帝國》（*Das Reich*）讚譽他為「德國的國家領導人」。這只是讓羅斯對於「海森堡在納粹圈子獲得影響力時提出『責任』的概念，實際上是對於合作和自身利益的合

48 Walker (2009), 358–9.
49 Rose (1998), 270.
50 Cassidy (2009), 280.
51 同前註。
52 同前註。

理化」這樣的指控變得更加重要[53]。

慕尼黑大學的職位讓斯塔克對海森堡加以攻擊的情況後來如何？在這方面，斯塔克獲得了間接的成功，防止海森堡成為索末菲的繼承人。這個職位落入了帝國教育部、黨衛隊、慕尼黑大學教職員和納粹化的大學教師聯盟之間的政治角力，而索末菲的繼任者出現在一九三九年戰爭前夕，是名為穆勒的平凡機械工程師，他反對「新」的物理學，只願意教授古典物理。當慕尼黑大學的量子理論專家瓦爾特．革拉赫（Walther Gerlach）向大學校長抱怨，現在沒有人教授理論物理學，他得到以下簡略的答覆：

> 如果你認為理論物理就代表愛因斯坦和索末菲類型那種所謂的現代教條理論物理學的話，我一定會告訴你，慕尼黑大學的確不會教授這樣的東西。[54]

錯誤的戰役？

一九三〇年代在德國物理學界中所打的戰役不是不關心政治的科學家對上國家社會主義者，而是愛因斯坦的支持者對上德意志物理學。人們可能會認為國家社會主義者接受抹黑猶太人的物理觀，但是他們並不那麼愚蠢。納粹統治下的物理學界從未真正被意識形態劫持，因為政治領導人主要關注的是實際的成果，而不是學術辯論。帝國教育部針對「猶太物理」的爭議，寄給拉斯特的一份內部備忘錄，可能是由該部次長所提出（他似乎擔心浮躁的拉斯特可能會使自己出糗）。在備忘錄中建議，「在純粹的科學爭論的情況中，依我看來，部長應該保持超然立場。」[55]在一九三八年發現核分裂之前，政府當局對新的理論物理學一直興趣不大，因為它似乎和戰爭準備風馬牛不相及。然而，一旦原子能看來可行，很顯然亞利安物理學家對實際實驗比抽象理論更重要的倡導未能取得成果。相反的，顯然「猶太的」量子理論和相對論的支持者真正了解原子核的祕密，甚至連納粹都看得出來，只有他們有可能把發現付諸極佳應用。

斯塔克和雷納在政治上的無能也讓德意志物理學亂成一團。斯塔克特別容易對抗而非說服納粹黨的官員。「如果他不那麼瘋狂，」科學史學家海爾布隆簡潔的做出評論，「他本來會更具危險性。」[56]亞利安物理學家犯下誇張的失誤，但是他們更沒有能力的地方在於他們不明白，想要在納粹德國獲得勢力，該做的不只是不斷重複眾所認可的教義、偏見和準則，而是能夠操縱的競爭性的權力集團，運用恰當的聯繫人，並建立有效的聯盟。斯塔克經常看走眼——他在政治上的

53 Rose (1998), 260.
54 Beyerchen (1977), 166.
55 Hentschel (1996), 141.
56 Heilbron (2000), 171.

判斷比不上在科學上的判斷。

如此一來，德意志物理學企圖接管學術體系的野心失敗。但是，它的對手不得不走在鋼索上，這樣他們就不必冒風險，讓自己對於愛因斯坦理論的防守成為他們不受歡迎的政治觀點。只要他們同意避免太過露骨的確認相對論的締造者為誰，通常能得其所願。在戰爭期間，海森堡被要求在占領的領土中就傳播德國文化發表演講時，他會記得略去愛因斯坦的名字。事實上，歷史學家莫妮卡・倫內貝格（Monica Renneberg）和沃克認為，德意志物理學已經有些崩潰，因為透過主流物理學界所做的妥協，讓它變得沒有用處。而為了領導人最終的滿意度，這樣的妥協表現出「為了進一步協助國家社會主義的目標，他們擁有的意願和能力」[57]。

雖然和德意志物理學的鬥爭讓敵對的德國物理學家感到沮喪，但是藉由把物理學家劃分為納粹化陣營和反對納粹化陣營這樣的標準，在戰後提供了方便的敘事觀點。這種觀點認為，如果你曾反對亞利安物理學，你就等於反對納粹——國家社會主義時期的所有罪都可以歸給雷納、斯塔克和他們的支持者。更好的是，人們可以採用這種方式劃分科學能力：亞利安物理學家大多為遜色的科學家，而他們的對手總是比較有能力。

但事實是，儘管一九三〇年代後期的爭端不斷，納粹仍舊緊握著德國科學。在某些學科中，例如化學，科學家迅速接受規範。在少數學科中，例如人類學和醫學，一些研究人員的共謀帶來了可怕的後果。物理學的情況不同：順從的程度只是為了讓自己的錯誤、逃避和偶爾的挑釁受到容忍。物理學家是不乖的孩子，他們抱怨、互相爭吵、慢慢的服從，以及有些懶散的接受規範，但總之算是有禮貌並恭順。如果他們缺乏意識形態的狂熱，那麼納粹就會務實的視而不見。一九三七年五月，一段普朗特被哥廷根的當地納粹協調員（地區負責人）送去他的上級那裡的描述，完美的呈現出他們的態度。就我們所知，普朗特曾支持海森堡反抗斯塔克的攻擊，曾經針對德意志物理學家的攻擊對於德國科學的破壞性影響，向希姆勒發出呼籲。那位地區負責人的信中明確說明納粹對於這樣的爭論有多漠不關心，認為多麼沒有意義，甚至「對科學的責任」這樣的概念多麼讓他們不屑一顧。他所關心的是，科學家們是否願意為了祖國的戰時動員付出自己的努力，而這些是普朗特心甘情願做的：

> 普朗特教授是典型的象牙塔科學家。他只關心讓他舉世聞名的科學研究。在政治上，他沒有任何威脅……普朗特可以被視為過去時代那種高尚、有良心的學者，對正直和尊嚴有所自覺，根據他在空軍發展上極具價值的貢獻，我們不能沒有他，也不應該如此希望。[58]

57 Renneberg & Walker (1994), 10.

58 同前註，80。

第七章　你顯然無法反抗潮流

一九三六年，已經成為以柏林為據點的威廉皇帝物理研究所所長的德拜，決定要重新命名新建成的機構，以紀念德國科學令人尊敬的巨擘，馬克斯．普朗克。他知道會有阻力，一方面是因為傳統主義者不願意漠視帝國的過去，另一方面是因為納粹政權在政治上對普朗克有所懷疑。德拜的特別策略是以重新命名讓這個決定變為既成事實，在研究所的入口上面的石頭刻上新名稱「馬克斯．普朗克理論暨實驗物理研究所」，率直的宣稱他只是想在研究所開幕日當天給普朗克一個驚喜。據說，當納粹不出所料的命令他移除新名稱，德拜卻只是拿塊木板蓋在上面。

這就是德拜：大膽而風趣的搶先他的對手，同時又不把控制和操縱他的科學的政治企圖當一回事。至少，這個故事這麼告訴我們。但是，這個「木板」事件並沒有第一手的紀錄，而且很可能和科學史中許多其他的故事無異，只是為了故事本身的光彩，所以在不考慮書面證據之下再次講述。儘管如此，德拜的確重新命名了研究所，從而啟動一個程序，最終讓威廉皇帝學會這個在德國科學核心的研究網絡能夠和普朗克的基礎角色產生關聯。這就是今天的馬克斯．普朗克學會，而它的研究中心就是馬克斯．普朗克研究所。

關於威廉皇帝學會重新命名最清楚的敘述，來自洛克斐勒基金會的韋佛於一九三八年一月參訪柏林時所寫的文章。這段敘述證實了德拜的決心，卻沒有說大話的感覺：

我們參觀德拜的研究所，基本上已經完成了幾個月。研究所尚未正式舉辦落成典禮，因為研究所的名稱遭遇官方的阻撓。在建築物的外部，前門上方，有人發現「馬克斯．普朗克理論暨實驗物理研究所」這個名字，但是在入口大廳裡，有普朗克題詞的匾額上蓋了一塊布。斯塔克和雷納雙雙寫信給部長（拉斯特），堅持認為普朗克不能算是物理學巨擘，承擔不起以他命名的研究所。德拜曾與部長討論這一點。他只是簡單的要德拜一定要有點耐心，事情會有所調整，只是他不能在此刻堅持採取強勢黨員會反對的舉動。德拜完全不受這種情況所干擾，他說，該研究所對科學研究採取開放態度，這才是他唯一關心的事。[1]

德拜得償所願。當威廉皇帝物理研究所終於在一九三八年五月舉辦落成典禮，它同時也稱作馬克斯．普朗克研究所——雖然在正式邀請函中，這個名字微妙的省略了。為了要感謝專案的聯合贊助商，入口為了典禮裝飾著兩種旗幟，包括星條旗和納粹標誌。

到了今天，德拜的批評者很少提到這個「勝利」，反而把他在威廉皇帝物理研究所所長的角色，視為在如今無人不知的極權主義、種族主義、腐敗和好戰的政權統治之下，又一個願意身居要職的例子。這種觀點本身並無建樹。真正的問題是顯然寧願納粹永遠不要登門的德拜如何在這種需要妥協的情況調適自己。德拜在擔任威廉皇帝物理研究所所長期間，變得更加靠近德國物理學的核心，而且結束他在此一職位的情況對於後人應該如何看待他的道德操守，非常關鍵。

虛擬的研究所

當德拜於一九三四年被任命為威廉皇帝物理研究所所長時，他並沒有什麼具體的事務可以管理。自一九一四年成立以來，物理研究所不過是紙上談兵，只是為了要獲得更多分配的資金。威廉皇帝學會原本就有計畫成立物理研究所，但在柏林成立的可能不大，因為這座城市已經有了著名的物理暨技術研究所。儘管如此，在一九一四年一月，普朗克、哈柏和能斯特說服普魯士文化部呈交在柏林建造的申請。「該研究所的目的」，該文件宣布：

[1] Rockefeller Foundation Archives RF RG 1.1 Projects, Series 717, Folders 9–11, memo from Warren Weaver, 21 January 1938.

將解決物理學重要和緊迫的問題，其次要建立特別適合於有關議題的物理科學家協會……該研究所的基地應該是在達勒姆的一個小建築裡，它提供了會議和保管檔案的可能，也包含圖書館和物理設備。[2]

愛因斯坦被提議擔任研究所的第一任所長。這項申請在第一次世界大戰爆發前一天遭到財政部長駁回。出人意料的是，戰爭期間，申請再度生效，儘管沒有人建議研究所將會參與軍事研究。然而，在這個階段，沒有對於建造基地的討論。這間「研究所」將只會包括董事會，負責分配在其他地方進行的研究經費，讓這間研究所實際上成為提供補助金的機構。愛因斯坦成為所長，董事會包括普朗克、哈柏和能斯特，還有政府和企業贊助商的代表，其中包括格盧姆，他是普魯士內政部的一名成員，於一九二二年成為威廉皇帝學會的主席。一九二一年，勞厄當選為董事，並在此後不久任命為副主席，接管愛因斯坦對於研究所的興趣減弱時的大部分行政事務。

有段時間，這樣的安排已經足夠。例如，在一九一八年，威廉皇帝物理研究所贈予德拜和他在哥廷根大學的助手謝樂購買新X射線設備的資金。（因為戰後局勢混亂，他一直到一九二〇年夏天才得到這筆資金，當時他在蘇黎世。）但是到了一九二〇年代後期，惡性通貨膨脹已嚴重耗盡威廉皇帝物理研究所的財力，於是局勢很清楚的顯示，除非研究所能夠以研究中心來運作，否則將變得不具重要性。一九二九年，該研究所的委員會（可能是由勞厄所啟動）呼籲為研究所建造建物。但是，誰來買單？

生物化學家華寶有答案。他的物理學家父親埃米爾（Emil）是威廉皇帝物理研究所的董事。華寶在美國巡迴講座的這一年，他已經與慈善的洛克斐勒基金會聯繫。該基金會已經幫助資助威廉皇帝學會的活動長達十年（見第34頁），其中包括在柏林達勒姆建造於一九二八年成立的精神病學研究所。華寶和基金會達成協議，基金會將支付細胞生理學研究所的建造費用，現在威廉皇帝物理研究所委員會追加了為物理研究所提供資金的請求。

一九三〇年二月，洛克斐勒基金會派出巴黎的代表勞德·瓊斯（Lauder Jones）到柏林來考量此項申請。他在作為建議的匯報提到，該研究所將「主要為愛因斯坦和勞厄所成立」[3]。洛克斐勒的管理階層感到贊同，但是擔心必須背負著不確定的財政承諾，並希望該國能夠保證，一旦研究所啟動和運行，將接管資金。格盧姆對於確保威瑪政府給予承諾的努力受到官僚阻撓，但是洛克斐勒的主管仍然在四月批准撥款六十五萬五千美金，資助由華寶擔任所長的威廉皇帝細胞生理研究所和由愛因斯坦和勞厄帶領的物理研究所的「土地、建物及設備」[4]。物理研究院將進行

---

2 Kant (1996a), 228.

3 Rockefeller Foundation Archives, op. cit., memo of 12 February 1930, 4.

4 同前註，memo of 16 April 1930.

分子射線和磁學的實驗，也將有理論物理的部門。鑑於愛因斯坦愈來愈少參與，與會者一致認為，勞厄將成為研究所「有效的」主席。格盧姆在一九三一年一月向瓊斯承認，愛因斯坦是否希望和研究所有關係，或者他是否會「更喜歡留在自己家裡思考」[5]，這件事已經不再清楚。

到了三月，明顯可以看出，對這位相對論的締造者來說，思考比試圖建起一棟建築物更具吸引力，而普朗克開始尋找新的所長。他在考慮實驗學者蓋革，但是他的首選是在哥廷根大學任教的諾貝爾獎得主法蘭克。能斯特正要從他在柏林大學的職位上退休，如果法蘭克能填補空缺，他就能因地利之便也同時擔任威廉皇帝物理研究所的所長。

由於德國的金融和政治動亂變得更加嚴重，格盧姆不得不對瓊斯承認，這項工程必須延期。在德國政府於一九三三年一月政權交替，並且很快就成為獨裁國家時，情況也沒有多大進展。突然之間，對大西洋另一邊的國家來說，提供資金給德國科學看起來變得更令人憂慮。但是一言既出，駟馬難追，不是嗎？

資助希特勒

一九三六年末，一位《紐約時報》的記者成了洛克斐勒基金會辦公室的不速之客，要求他們針對基金會明顯送了希特勒政府一個「大禮物」這件事發表言論[6]。洛克斐勒的工作人員告訴他，他們「想要對於我們的計畫實行統一和客觀的標準，不會因為國家、種族、信仰或政治而有所區別」[7]。但他們顯然感到不安，因為這樣的區別恰恰是希特勒政府在德國所實行的。

洛克斐勒資助兩間柏林的威廉皇帝研究所就快要成為醜聞。《紐約時報》於十一月二十四日在「洛克斐勒送禮給帝國科學」的標題之下進行了報導。這篇報導援引該基金會總裁雷蒙德．福斯迪克（**Raymond Fosdick**）的話說，「科學的世界是沒有旗幟或國界的世界」[8]，而他同時承認，「如果基金會能夠預見德國的當前局勢，就非常有可能不會提供資助」[9]。對此，哈佛法學院教授暨羅斯福總統顧問費利克斯．法蘭克福特（**Felix Frankfurter**）私下寫信給福斯迪克說，藉由提供納粹金錢，基金會「為世界的精神財富摻假」[10]。福斯迪克只能重申，正如《紐約時報》曾指出，這不是給希特勒的禮物，而僅僅是履行一九三〇年所做的承諾。

儘管如此，在紐約的洛克斐勒基金會董事們急於知道他們的錢如何花在柏林。負責的高級職

---

5 同前註，memo of 2 & 5 January 1931.
6 同前註，memo of 1 December 1936.
7 同前註。
8 *New York Times* 24 November 1936. In van Ginkel (2006), 14.
9 同前註。
10 Rockefeller Foundation Archives, op. cit., letter from F. Frankfurter to R. Fosdick, 24 November 1936.

員，特別是瓊斯、提斯代爾和韋佛從納粹上台開始就有疑慮，並且對於情勢如何變化一直保持戒心。據洛克斐勒巴黎辦事處的另一個「偵察兵」艾倫．葛瑞格（Alan Gregg）所說，一九三三年十月時，華寶曾說，他覺得「儘管納粹政權有反猶太人的活動，但是他們不會減弱對於科學研究機構的發展利益」[11]。次年六月，華寶向提斯代爾保證，說「沒那麼無知且更溫和的勢力正在抬頭」[12]。但是到了七月，巴黎的湯馬斯．艾波格特（Thomas B. Appleget）向他在紐約的老闆馬克斯．梅森（Max Mason）承認，他擔心「德國政府現在和未來對純科學的態度」[13]。他說，柏林化學研究所「現在已經完全投入化學戰領域的研究；在慕尼黑的（精神病學）研究所幾乎完全由『種族淨化』領域的專案占主導地位」[14]。納粹任命瑞士出生的優生學家恩斯特．魯丁（Ernst Rüdin）擔任慕尼黑研究所的所長，而他在那裡提出認同國家社會主義的種族理論。艾波格特提出不祥的補充，「五年之內的物理研究所會變成什麼樣子？」[15]

提斯代爾認為，即使德國人歧視猶太人，如果洛克斐勒「以他們為榜樣，拒絕提供機會給德國人，只因為他們是德國人」[16]，如此豈不更加深了罪過？此外，仍舊有樂觀的理由。一九三四年七月，普朗克向梅森傳達希望讓他安心的新聞：威廉皇帝物理研究所已經確認了新的所長，那就是堅決厭惡政治的德拜。

法蘭克於一九三三年離開哥廷根大學，移民到美國，澆熄了普朗克原本要他擔任所長的希望，儘管他一開始看到法蘭克的舉動，自信滿滿的告訴提斯代爾，他認為法蘭克「在一兩年之內」就會回國[17]。到了該年十一月，普朗克了解現實狀況，並且選擇德拜作為替補人選。當時，柏林的物理暨技術研究所的所長是斯塔克，可以想見的反對普朗克支持的任何選擇。當一九三四年五月，他聽說德拜可能的任命，於是寫信給內政部長，嚴重不實的指控德拜缺乏實驗技能：

> 在我看來，德拜教授不適合領導核能研究的機構。他是坦率的理論家，因此，在實驗工作上就很依賴實驗物理學家的幫助。普朗克先生是純粹的理論家，不知道有關物理研究所的必要條件[18]。

11 同前註，diary of Alan Gregg, 25 October 1933.

12 同前註，diary of W. E. Tisdale, 16 June 1934.

13 同前註，memo from T. B. Appleget to M. Mason, 30 July 1934.

14 同前註。

15 同前註。

16 Eickhoff (2008), 57.

17 法蘭克在芝加哥大學落腳，並且在曼哈頓計畫中發揮了突出的作用。他在和原子彈有關的「政治和社會問題」委員會擔任主席。正因為如此，他所監督的法蘭克報告在一九四五年六月建議，炸彈不會將平民視為目標，而是作為在無人居住的區域向其他國家展示之用。當然，這種人性化的建議不被採用（Rockefeller Foundation Archives, op. cit., memo from W. E. Tisdale to W. Weaver, 1 August 1934）。

18 Kant (1996a), 235.

然而，斯塔克的批評多少有些模稜兩可，可能是因為德拜的工作和他如此憎惡的相對論和量子理論並沒有非常深的關係。斯塔克向部長保證，他「是如今德國大學中最好的理論家，因此應給予相應的職位，讓他能夠徵召一群比形式主義分子如愛因斯坦、薛丁格、海森堡等人更有資格的理論學家，以促進物理學的進步，而非造成妨礙」[19]。看起來彷彿斯塔克（錯誤的）懷疑德拜可能會變成有用的盟友。

對於普朗克的提案，德拜也有疑慮。他擔心柏林大學同時提供的職位會要求他花太多時間在教學上。此外，他於一九三四年六月告訴提斯代爾，他聽說威廉皇帝學會的合約並不穩固，而是「便宜行事的安排，可以視情況毀約」[20]。而且他不希望還在哥廷根的時候，就因為接受德國的學術職位而不小心損害他的荷蘭公民身分。他也不想必須痛苦忍受他在萊比錫大學遇到的情況，當時他必須像所有德國學者一樣，在校長面前宣誓效忠希特勒，他必須在書面聲明中加入一段手寫的文字，說明「前提是不會影響到我的國籍」。為了確保柏林大學的職位不會損害他的國籍，他向最高階層提出請願。他的案件上呈給荷蘭的威廉敏娜女王（Queen Wilhelmina），而她更新了德拜的公民身分，並同意他接受柏林的職位。同時，德拜向拉斯特堅持，他轉到柏林的情況不能適用於一般德國法律對於公民身分轉移的條件。

如果德拜打算在德國發展事業，為什麼他的荷蘭身分對他有如此大的意義？這並不是說他對於自己的祖國有任何強烈的親和力和愛國心。就像許多馬斯特里赫特的本地人一樣，他對於精通多國語言的利摩日（Limoges，法國南部一座城市）特色的認同感比對於法蘭德斯和荷蘭的文化還要大。德拜無疑敏銳的察覺到他以非德國公民身分在權威地位所獲得的特殊地位，這讓他比德國公民能享受更多的迂迴空間。「在此時，身為荷蘭公民非常重要，」他的兒子彼得後來解釋說，「因為它讓我們對於德國公民經歷的日常壓力有一定的免疫力。這種隔離使我們的生活變得更輕鬆，使我們遠離在公眾場所中迫使人們（對於納粹）任何大聲的貶損言論所產生的焦慮和恐懼。」[21]正如一九三九年十月在洛克斐勒基金會的備忘錄中所發現的，德拜在德國的「局外人」地位讓他擁有「一種就像外交地位的權力」[22]。

儘管感到猶豫，德拜似乎已經在一九三四年四月時打定了主意。那年春天，索末菲接觸德拜，想知道他是否願意考慮成為他在慕尼黑大學的繼任者。德拜回答：

> 我喜歡慕尼黑，也喜歡有你，再加上在小型實驗室中我可以與優秀的人一起研發一些實驗性的想法，確實很有吸引力。但就當前情況來看，我需要繼續忠於普朗克，希望我能夠以

---

19 Eickhoff (2008), 46.
20 Rockefeller Foundation Archives, op. cit., diary of W. E. Tisdale, 12 June 1934.
21 van Ginkel (2006), 18.
22 Eickhoff (2008), 18.

他計畫的方式運用我的力量。[23]

七月時，德拜正在比利時列日擔任訪問學者直到隔年四月，他正式接受了威廉皇帝物理研究所的職位。這代表他也接受了柏林大學因為能斯特空出來的位子。但是關於該職位的爭議持續了一年多，所以德拜（可能因此鬆了口氣）一直到一九三六年六月之前，在大學裡都沒有發揮任何作用，並且到冬季學期才開始講課。

直率的德拜已經打動了洛克斐勒基金會的仲介人，認為他能夠抵擋納粹的干擾。韋佛於一九三三年五月到萊比錫拜訪他時，他聽到有個學生如何公然挑戰德拜這個外國人在德國成為知名教授的概念。德拜反駁說，他不和「小朋友」討論這樣的問題，但是，如果一個「大人」表達了同樣的意見，他會馬上離開[24]。抱持國家主義的學生對一位曾經顯現出絕對服從的教授表現出的大膽態度，有某種程度的象徵意義，而且若是對於這種抱怨置之不理，就必須擔心納粹學生組織會因此感到憤怒。然而，當「大人」做了干預，德拜卻似乎不會更加不安。當萊比錫高層質疑他選擇助手的標準只取決於科學價值，而非政治傾向，德拜回答說，「他將仿效元首的作為，並且會成為自己的實驗室中的獨裁者」[25]。這是一個大膽的虛實並用的騙術——雖然聽起來好像在嘲笑希特勒，但是德拜知道納粹想看到元首原則應用在社會各階層中。德拜的話被一些人解釋為大不敬，但他未受惡評影響。當提斯代爾於一九三四年六月拜訪他時，他報告說，「德拜因為顯露出反骨，看起來比以往任何時候更加堅定不移」。[26]

但是提斯代爾絕不可能確定德拜能在威廉皇帝學會保留這樣的自主，他於八月初告訴韋佛，「在目前的制度下我沒有信心，相信他能全權作主，也不受目前政權的無能或更糟狀況所害」[27]。在這個階段，洛克斐勒基金會仍想知道是否應該繼續資助威廉皇帝學會。

普朗克感到不安。他向提斯代爾保證，在威廉皇帝學會中，德拜會擁有「決定同事的選擇權，並在此範圍內，將能夠確保研究所中的科學研究以想得到最完整的方式進行」[28]。這是普朗克拚命想相信的事，不只是為了獲得美國的資金，也因為物理研究所對他來說有著象徵性的地位。正是在這裡，納粹的控制相對來說不那麼直接，使德國物理學會能夠保留到更好的時代，而這個時代他確切相信不會等待太久。對於普朗克來說，威廉皇帝物理研究所已經成為一艘方舟，將在洪水來臨時拯救他們，而德拜這個船長會將船駛進安全的港灣。

---

23 Kant (1996a), 236.
24 Rockefeller Foundation Archives, RF Officer Diaries, disk 16 (Warren Weaver), 96.
25 Rockefeller Foundation Archives, RF RG 1.1 Projects, Series 717, Folders 9–11, diary of W. E. Tisdale, 12 June 1934.
26 同前註。
27 同前註，memo from W. E. Tisdale to W. Weaver, 1 August 1934.
28 同前註，diary of W. E. Tisdale, 29 August 1934.

提斯代爾仍舊抱持懷疑態度。雖然他同意普朗克，認為德國需要最高水準的物理研究機構，但是他承認，「當我了解，因為種族偏見，他們驅逐了許多他們宣稱十分需要的物理人才，這種訴求讓我覺得心灰意冷」[29]。普朗克試圖說服洛克斐勒基金會，帝國在商討資助金額時會置身事外，但是也遭遇了困難，正如威瑪時期格盧姆承諾的一樣。當提斯代爾在七月要求普朗克以書面確認德國政府將提供已承諾的十萬馬克時，他坦言，「談判的速度緩慢的沒有盡頭，在每一步都遇上了優柔寡斷和繁文縟節」[30]。那年稍早，他直接向戈培爾呼籲，提醒他研究所在像德拜這樣的人領導之下，可能達到什麼樣的成果：

> 毫無疑問，研究所在他的領導之下，特別是在原子物理學的領域中，將開闢科學的新領域，而在這樣的新領域中，沒有人能事先知道，會不會就像無線電波或X射線一樣，也由德國物理學教授透過純粹的科學實驗室工作所發現，並帶來公共生活的革命性變化。[31]

普朗克對於宣傳部長的優先事項有著敏銳的想法。他警告說，如果繼續延遲付款，洛克斐勒基金會決定撤回他們的支持，

> 這樣就會錯過一個機會，去建造一個有利於德國科學乃至整個國家的機構，而這個機構

也將會平息不了解新政府對於科學研究的主張所產生的國際輿論。[32]

建造方舟

我們並不確定戈培爾是否因為這個說辭而動搖，但是在一九三五年初，普朗克終於能夠承諾，帝國會持續提供威廉皇帝物理研究所支持。二月時，他寫信告知人在比利時的德拜，研究所將會開始興建。位置就坐落於許久以前就已經規劃好的達勒姆的華寶研究所旁，由負責威廉皇帝學會哈納克大樓的建築師卡爾．薩特勒（Carl Sattler）設計。當德拜回到德國，他便開始積極負責這項計畫，讓帝國兌現兩年內將會付出雙倍營運成本的承諾。十月開始動工。要建造的第一棟建築是所長的住宅，讓德拜可以住在那裡。

不只有斯塔克對德拜的任命感到不悅。一九三五年六月，萊比錫大學的新校長菲利克斯．克魯格（Felix Krueger）寫信給美國領事，抗議洛克斐勒資助一個即將挖走他一位最傑出教授的

---

29 同前註，4 September 1934.
30 van Ginkel (1996), 10.
31 Kant (1993).
32 同前註。

一九三七年，柏林達勒姆的威廉皇帝物理研究所。架設高壓設備的塔位於左側。如今，這個「閃電塔」是馬克斯．普朗克學會的檔案庫。（馬克斯．普朗克學會）

研究所。他說，因為他的離開，學校將會受到「嚴重破壞」[33]。為什麼要在柏林建造研究所，他（無用的）抗議，萊比錫不就能夠免費提供一個合適的地點？

然而，德拜對於萊比錫大學沒有眷戀，能夠領導這樣一個設備精良又獨立的實驗室讓他感到興奮。當提斯代爾於十月拜訪他時，他報告說，這位荷蘭人是「我在德國所對話的人當中時，唯一不讓我感到灰心喪志的一位」[34]。德拜向他保證，該國當局不會礙事：他精明的說，拉斯特「所知甚少，非常憂慮，而且……如果處理得當，可以加以影響」[35]。隔年夏天，提斯代爾和韋佛前往荷蘭時在途中停留柏林，去檢查資金如何受到運用，而德拜帶他們參觀了即將完工的新研究所。一九三七年時，儘管該機構尚未正式啟用，卻已經開始科學研究。

德拜有兩個研究重點：以實驗來研究物質在大的電場和非常低的溫度中會如何表現。一九三五年的夏天，他參觀了佛蘭茲・西蒙（Franz Simon）在牛津大學的實驗室和萬德爾・德哈斯（Wander de Haas）在萊頓的實驗室，這兩位都使用最近發現的將液化氦氣作為冷卻劑的技術進行低溫研究。德拜相信，在如此奇異的條件下，將會發現各種新的物理行為。萊頓大學的海克・開默林・沃斯（Heike Kamerlingh Onnes）已經於一九一一年發現，金屬可在非常低的溫度進行發電，而沒有任何的電阻（超導現象）；而液態氦的無黏性障礙（超流性）的流動於一九三七年在劍橋大學被發現。以上兩者都是當量子力學原理開始主宰材料的行為時所導致的屬性，只有因為寒冷而未能產生熱的破壞性影響時才會發生。

為了提供冷卻劑給這樣的實驗，威廉皇帝物理研究所建造了一間能夠製備液態空氣和液態氫的實驗室，並與主要建築物分離，盡可能減低萬一發生爆炸時所造成的損壞。但是，這個高壓設備受到許多注意。電磁體能夠產生兩百八十萬伏特，由西門子與哈爾斯克公司所建造，坐落在主翼最西端一座二十米高的準羅馬式塔中。

---

33 Rockefeller Foundation Archives, RF RG 1.1 Projects, Series 717, Folders 9–11, letter to Mr Busser, Consul of the USA, Leipzig, 5 June 1935.

34 同前註，memo from W. E. Tisdale, 4 October 1935.

35 Eickhoff (2008), 60.

除了德拜、勞厄和第三位教授，也就是實驗學家赫爾曼·舒勒（Hermann Schüler），研究所還有六位初級研究員。德拜從萊比錫帶來了之前的助手：路德維希·畢維婁卦（Ludwig Bewilogua）、沃爾夫岡·拉姆（Wolfgang Ramm）和荷蘭人威廉·范德格林頓（Willem van der Grinten），並且雇用了化學家弗里德里希·羅哥斯基（Friedrich Rogowski）和卡爾·沃茲（Karl Wirtz），以及海森堡在萊比錫的學生外側克。外側克已經和海森堡建立了親近的友誼，並會成為知己。在未來三年內也有許多海外的客人來訪。

威廉皇帝物理研究所的高壓設備（Berliner Illustrierte Zeitung [1937], p.16，馬克斯·普朗克學會）

這裡的氣氛比大學更自由。沃茨回憶說，與其說是因為所長很寬容，不如說是因為他們太專注於自己的工作：

> 人們很快就發現，每位年輕員工在所裡的地位都相對獨立，在選擇的研究主題中也有完全的自主權。我認為如此既愉快又困難……這些自由有部分由之前所長的個性所激發。無

論是德拜或勞厄都忙於自己的工作。兩人都是理論家，而他們的助手並不需要在自己有工作的情況下還得隨時提供協助……我也認為那個時候自己的工作非常有成效，因為我逐漸被迫變得獨立。[36]

外側克也有類似的回憶：「德拜是一位非常開明的所長。他並沒有真的給我一份工作，但他告訴我，我應該好好探索感興趣的研究主題[37]。」

不是每個人都對德拜的所長職務有正面評價。一九三八年，位於達勒姆的細胞生理學研究所仍頑強的保持領先地位，當時韋佛拜訪所長華寶時，發現華寶不滿又偏執。華寶抱怨，德拜來到研究所後從未拜訪過他，但是又自相矛盾的說，德拜曾多次試圖與他說話，但他拒絕與其討論。「他說，」韋佛向上級匯報：

許多人認為政府不負責任又邪惡，而教授們既誠實，又抱持理想主義。但是事實正好相反，並補充說，學者「打從心裡腐爛」。他堅持認為，孔恩（Alfred Kühn）、德拜和布特南

36　Kant (1996a), 240.
37　同前註。

特（Adolf Butenandt）僅對他們計算過能夠提升自己的個人地位的事情感興趣。[38]

華寶對德拜自身利益的評估獲得了幾個對他所知甚少的人的呼應（見第258頁）。然而，他絕對是不可靠的證人：韋佛在會見華寶時，「得到的印象是一個……非常接近精神不穩定邊緣的男人」，有「相當嚴重的被迫害妄想」[39]。我們幾乎不會感到驚訝：就算華寶沒有勇敢的向拉斯特抱怨，他對於強制的希特勒青年團遊行所造成的破壞性影響，他的「非亞利安」血統也會讓他的地位岌岌可危。而肯定足以讓所有人感到偏執的是，僅僅在韋佛拜訪一週前，華寶就在《自然》期刊中讀過自己的訃告，其實是一位從柏林移居到巴勒斯坦的同名植物學家。

在整個第三帝國期間，華寶如何能夠保住自己在威廉皇帝細胞生物學研究所的地位，這件事有點神祕。雖然因為他的研究所是由洛克斐勒基金會所資助，讓他得以不受公務員法所管轄。有人說，他的關係很好，其他人則認為，有強迫症的希特勒希望他可以找到治癒癌症的方法。當華寶於一九四一年遭到免職，帝國總理官邸的主管維克多．布拉克（Viktor Brack）成功的對這個決定提出上訴。然而這位布拉克也參與了讓超過五萬名猶太人、吉普賽人和精神病患「安樂死」的計畫——這是帝國裡又一個深刻而複雜的矛盾例子，並提醒我們，想要尋求某種理念的主要擁護者做決定的一致動機，並不明智。布拉克的介入無疑讓華寶免於淪落集中營的命運，但布拉克告訴他，「我這麼做不是為你，也不是為了德國，而是為了這個世界[40]。」

毒筆

身為享有盛名的新機構負責人，一九三六年時的德拜肯定感到心情愉快。而當時普朗克顯然更加陷入絕望，遭到想要除去他在威廉皇帝物理學會主席的位置的「亞利安」物理學家騷擾，同時，在萊比錫大學的海森堡變得愈來愈孤立，士氣低落，但是德拜迄今已能擺脫大多數的政治干預，登上顛峰，無法動搖。當年底，當他聽說他獲得了諾貝爾化學獎時，他在德國科學界的地位已經穩固。

很難用簡單的詞彙來形容德拜為什麼會得到這個獎項。得獎通知說明，德拜「透過他在偶極矩、X射線的繞射和在氣體中電子這些領域的研究，對於我們在分子結構上的知識做出了貢獻」。換言之，這個諾貝爾獎是因為研究本身所頒發，而非單一發現。也就是說，德拜透過在物質、電和電磁輻射之間的相互作用的研究，幫助這個世界闡明原子和分子的模樣以及它們如何表

---

38 孔恩是威廉皇帝生物研究所的所長，布特南特是威廉皇帝生物化學研究所的所長，兩間研究所都在達勒姆。布特南特屬於服從法令禁止領取諾貝爾獎的黨員（見184頁），拒絕了一九三九年因為他的性激素研究而提名獲獎的諾貝爾化學獎。一九四九年，他很高興的接受了追溯既往的獎項。

39 Rockefeller Foundation Archives, RF RG 1.1 Projects, Series 717, Folders 9–11, memo from Warren Weaver, 21 January 1938.

40 Macrakis (1993), 64.

現。該獎項證實了可能會成為電子工程師的德拜，是這個世界上最傑出的「分子的電子工程師」。

儘管納粹很歡迎自己的知識分子贏得國際聲望，但是他們對於這種特殊的認可也變得懊悔。他們起初對於此一殊榮表達讚美之意：當十一月十二日公布得主後兩天，德拜收到來自拉斯特的祝賀電報。拉斯特對於德拜告訴記者的發言一定感到滿意，他說，若是沒有德國的支持，他不可能得到這個獎，「我可以這麼說，德國和荷蘭一同於一九三六年獲得了諾貝爾化學獎」[41]。

但是一九三五年十一月二十三日，諾貝爾和平獎溯及既往的頒給德國作家奧西茨基，其和平主義主張讓他自一九三三年以來都在集中營裡度過。希特勒認為這是挪威科學院發起的公然政治活動，並且讓人們知道帝國蔑視諾貝爾組織。一九三七年一月，德國政府宣布，此後德國人不會接受諾貝爾獎。（諾貝爾委員會忽視了這項法令，仍在一九四四年授予哈恩化學獎。）

德拜不是德國人，因此再次豁免於此一裁決。但儘管如此，德國外交部也決定他不該參加頒獎儀式。當他們將此項決定轉述給德拜時，他早已預料到，並聰明的在前往瑞典的路上。他在當地從瑞典國王古斯塔夫五世的手中接下金牌，因此，德國在斯德哥爾摩的大使館只能被迫取消在大使館舉辦的慶祝活動，來達成不愉快的妥協。

這是否如一些人聲稱，顯示出德拜決心暗中顛覆、蔑視和反對納粹？肯定的是，這代表他對於尋求政治上的偏愛不感興趣，但是這一點原本就已經很明顯。這同樣可以解釋德拜在領取諾貝爾獎上的行為更能證明他宣稱的自我中心：他不會讓政治活動奪走他的榮譽。再一次，我們只擁有事實，以至於可以同意任何人提出解釋。德拜在此的反應和一個單純決心盡可能避免政治干預的人的形象並無差異。和普朗克堅持要紀念哈柏的行動比起來，這次的狀況似乎不那麼像是一個想要為其所欲的人，在意識形態上表現出來的蔑視行為。無論如何，一旦戴上桂冠，德拜不再提起這件事：當他回到德國，他拒絕為諾貝爾委員會提供未來的建議[42]。

一九三七年秋天，德拜當選為德國物理學會的主席。但是在次年，他的頭銜成為有毒的聖杯。帝國開始嚴格實施反猶太人的法律，教育部宣布，所有科學協會都必須建立在「相同的標準」上。換句話說，必須確保不再有任何猶太人的成員。德國物理學會一直想要保持獨立性。有一部分是表現在一九三三年接替勞厄為主席、在歐司朗工作的卡爾・梅伊（Carl Mey）。一般認為，非學術人士比較不容易受到政府的壓力。梅伊兩年任期期滿的繼任者以及德拜之前的主席是慕尼黑的德意志博物館館長喬納森・澤奈克（Jonathan Zenneck）。

自主權在納粹德國充其量只能說是相對的情況，而且必須以做出讓步為代價。在清除猶太成員的速度上，德國物理學會比大多數科學團體慢，但是它在其他方面又對政權有所幫助。它

41 Eickhoff (2008), 68.

42 無論德拜在獲獎後的行為如何，也很難同意李斯彭斯所說，認為德拜之所以想要留住他的荷蘭國籍，是因為他認為在納粹統治下，德國人不太可能獲獎。正如我們看到的，德拜即使在一九三六年獲獎之後，他的國籍對他來說仍舊至關重要。

是由帝國教育部正式管理，學會必須盡責的對帝國教育部提交普朗克獎章的年度候選人。一九三八年，候選人包括法國物理學家路易斯・德布洛伊（Louis de Broglie），他提出，如電子的量子粒子可能會表現出波浪式的行為；以及在芝加哥工作的義大利核科學家恩里科・費米（Enrico Fermi）。費米最初是德國物理學會的首選，但當帝國教育部表達了對他「種族類型」的關注時，該學會正式放棄了他，因為他的妻子是猶太人[43]。此外，一九三八年春天，德國物理學會為了祝賀普朗克八十大壽，在所發行的學會特刊《物理年鑑》（*Annalen der Physik*）中，排除了「非亞利安人」所貢獻的文章。德拜起初反對這種審查制度，但最終也成為其中一員。其中一位遭到排除的學者是德拜和索末菲一起工作時的老友厄瓦，他有「四分之一的猶太血統」，並且和猶太人結婚。厄瓦於一九三八年末離開了德國，到英國工作，表示對於德拜允許這種意識形態的干涉感到失望。德拜對此的回答是，這是不得不的決定。

該年年底，德拜在面對索末菲的七十壽辰慶祝活動所強加的類似限制時，採取了相同的態度。亞琛大學的猶太物理學家路德維希・霍普（Ludwig Hopf）曾在慕尼黑師從索末菲，寫信問德拜是否可以出席，但被嚴正拒絕，並得知情況非他所能控制。「恐怕你不會喜歡這些方針，」德拜寫道，「但是我認為讓你知道情勢到底如何對你最好」[44]。儘管信中沒有太多的安慰和同情，霍普仍舊比厄瓦更能諒解。他親切的告訴德拜，「你顯然無法反抗潮流」[45]。

雖然德國物理學會在一九三八年之前並未正式驅逐猶太成員，但是那些猶太成員失去了學術職位，地位變得愈來愈不穩固。許多人自願離開，到了一九三七年底共計約六十五人。荷蘭籍猶太科學家高斯密特是德國物理學會在美國的海外成員，他以辭職表達抗議。他說：「學會從未對一些最傑出成員遭到尖銳攻擊以官方立場表達抗議，讓我感到失望。」[46]這是公平的批評。當成員遭到解雇，德國物理學會的一貫立場是盡量幫助受影響的人，但是卻未對造成如此困境的規則發出任何抱怨。再一次，重點是怎麼做才有效及適當，公開抗議卻被認為兩者皆非。德國物理學會的官方程序幾乎並未提到驅逐，反而是繼續進行會議報告、訃告和有關新成員的新聞以及業務問題，好像一切如舊。也並未提及像法蘭克和玻恩如此傑出人物的離開。

儘管如此，德國物理學會可以說得以逃避了其他科學機構可見的意識形態結盟——舉例來說，它的主席從來不真的由納粹任命，也比德國化學學會更晚清除猶太成員。這種放縱很難被認為是明顯的抵抗行為，但它最終招來政府的不滿。自從帝國教育部負責監督德國物理學會，就派

43 認為選擇非德國候選人本身就是表達蔑視的想法無足輕重，因為德國物理學會願意服從審查。然而，一九三七年獎項頒給薛丁格也不斷受到爭議，因為他為了抗議納粹政策，已於一九三三年離開德國。

44 S. L. Wolff (2011), 'Das Vorgehen von Debye bei dem Ausschluss der "jüdischen" Mitglieder aus der DPG'. In Hoffmann & Walker (eds) (2011), 118.

45 同前註。

46 Beyerchen (1977), 75.

出了代表威廉・達姆（Wilhelm Dames）參加學會的會議。當德國物理學會和德國技術物理學會於一九三八年九月於巴登—巴登舉辦秋季聯合會議時，達姆決定是時候施加壓力。當時，納粹正在準備發動新一波的反猶太人活動，而碎玻璃之夜[47]也不過才是兩個月前的事。達姆宣布，所有的科學協會現在被「邀請」遵守「執行亞利安人的規則」。

達姆厭惡物理學家表現自己的方式。他於十月三日寫信給國務卿奧托・瓦克（Otto Wacker）提到，無論是德國物理學會或德國技術物理學會，「在他們一般的國家社會主義行為上，僅僅取得些微的進展」[48]。他說，德國技術物理學會的主席梅伊在巴登—巴登的演說「明顯缺乏對國家社會主義的了解」[49]。更糟的是，在提到電磁波發現五十週年時，儘管「已經徹底了解了相關部會的立場和希望」[50]，梅伊仍舊介紹了有一半猶太血統的海因里希・赫茲。然後，在正式宴會上，達姆持續感到憤慨，因為梅伊——

在八百位數學家和物理學家面前發表的演說沒有條理到無法忍受——他無疑喝醉了——演說結尾時，他沒有為了元首和帝國的安康舉杯，但是對著兩個學會喝下第一杯……當以薩教授（耶拿大學的亞伯拉罕・以薩[Abraham Esau]，也是帝國研究委員會的物理主席）以最好的意圖，在梅伊博士發言後不久補上了對元首的祝酒，梅伊博士的錯誤就變得特別顯眼。[51]

達姆堅持，這一切得罪了一些在場的科學家，而這些科學家告訴他，「如果在關於會員資格和對學會刊物供稿上的猶太問題，以及相關條件上沒有改變，他們不可能繼續參與學會[52]。」

結果是，達姆向梅伊提出對於德國技術物理學會和德國物理學會的最後通牒（德拜沒有參加會議）。這兩個學會將合而為一，這樣的合併將能為要求他們依據「目前要求」修改文章提供了藉口[53]。這件事會在帝國教育部或是由弗里茨·托德（Fritz Todt）所帶領的德國技術人員國家社會主義聯盟的監督下進行。托德是長期支持納粹的工程師。（梅伊認為帝國教育部更合其意。）

達姆說，新的規定——

47 譯注：指一九三八年十一月九日至十日凌晨，納粹黨員與黨衛隊襲擊德國全境的猶太人的事件。該次事件被認為是對猶太人有組織屠殺的開始。

48 Hentschel (1996), 178.

49 同前註。

50 同前註，179。

51 同前註。

52 同前註。

53 同前註，180。

還必須只接受帝國的公民申請普通會員，如果有需要的，外國人將被納為特別會員。此外，新規定也必須指出，猶太人不能參與學會的期刊，無論是作為編輯或供稿者。接受猶太種族成員的供稿僅限於例外情況（只有在這些文章極富價值時才能接受）；評論單元部分也應排除猶太人的評論文章。[54]

在達姆信中的例外（如果可能發生的話）只讓擬議的規例變得更加令人討厭，因為他們承認，認為猶太人對科學的貢獻毫無價值，不過是在權宜之時會遭到拋棄的虛構說詞。德拜看到，儘管德國物理學會仍舊會宣稱擁有自主權，但是事態發展卻背道而馳。更重要的是，成員急於展示他們的國家社會主義黨黨員資格，讓他倍感壓力。其中有兩位黨員，包括柏林大學的赫伯特．史都華（Herbert Stuart）及柏林工業大學的威廉．奧爾特曼（Wilhelm Orthmann），組織了一份呼籲猶太成員辭職的請願書。在這個階段，達姆不再只是口頭警告即將發生的變化——政府當局從未下達明確的驅逐命令，而只是「期待服從」。但是大家都清楚德國物理學會所面臨的最後通牒，而德拜似乎已經得出結論，認為積極主動比起等待官方命令，會是更好的選擇。因此，他於十二月三日起草了一封信，內容是學會董事會討論之後的結果，並於九日發出。最終版本寫著：

在目前迫不得已的情況下，以紐倫堡法律的規定來說，德國物理學會中德意志帝國的猶太會員可以不再堅持。我與董事會一致同意，在此要求所有符合這條規定的會員，通知我從此退出學會。

希特勒萬歲！

彼得．德拜[55]

當日後對德拜提出追溯的指控時，這封信就成為關鍵的展示證據。他不僅準備加入這個最明顯的反猶太人措施，同時還在信中向納粹致敬！李斯彭斯於二〇〇六年所著的書中提到這封信，彷彿揭露了什麼樣的真相，但其實歷史學家對此早已了解，這是德拜與國家社會主義者合作的初步證據。也有人把德國物理學會的解雇信稱為德拜與國家關係的「轉折點」[56]。但實際上並非如此。有人正確的指出，人們可以譴責這封信，但不需譴責撰寫此信的德拜。

我們先看看最簡單的問題：如果沒有那「證明有罪」的「希特勒萬歲」，這封信根本就發不

54 同前註。
55 Hentschel (1996), 181.
56 Eickhoff (2008), 135.

出去。正如沃克所解釋，「在一九三〇年代中期，所有官員，包括教授，不得不在信件的末尾加上這句話。即使是眾所皆知反納粹的勞厄，也在他的信中加上這句話。」[57]德爾布呂克於一九三七年轉到加州理工學院研究遺傳學之前，曾在柏林為梅特納工作。他曾針對勞厄和華寶寫給拉斯特的一封信發表了諷刺卻恰當的評論：

> 問題是他們要如何署名，要加上「希特勒萬歲」，或者不要？他們的選擇要不是「希特勒萬歲」，就是傳統的方式，「獻上我們最大的敬意」。他們討論了一段時間，最後勞厄說，如果他說「獻上我們最大的敬意」，那就會成為天大的謊言，所以我推斷他們寫了「希特勒萬歲」。[58]

若是認為德拜贊同這封信的說法，可說是荒謬的想法。[59]他在初稿用的字眼是「徵求」或「請求」辭職，而不是更強力的「要求」。另一方面，即使在最終版本中，他們仍是要求猶太人辭職，而非告知他們將遭到驅逐。人們可以以兩種方式解讀：一種是可以讓猶太成員保留尊嚴的「自願」辭職，但是也可以解讀成虛偽的嘗試不顯得那麼獨裁。然而，我們似乎能夠清楚的看見，德拜希望這封信的調性帶著撫慰，甚至歉意。他的長孫諾爾維格·德拜—薩辛爾曾表示，德拜曾聯繫受到影響的德國物理學會成員，表達他個人的歉意。因為辦事員的失誤，這封信寄給梅特納時，身為奧地利人的她正逃離該國，來到丹麥和瑞典。勞厄於十二月十九日寫信給她，要她不予理會，他說，信件的內容「不會讓你驚喜」[60]。他補充說，當他和德拜增加了模糊的「在當前迫不得已的情況下」這樣的字眼時——代表他們不得不接受情勢——一些德國物理學會成員裡國家社會主義的同情者曾威脅要在黨衛隊中揭發他們。對此德拜顯然回答說：「我一點也不在乎！」[61]（原德國用語是更令人愉快的說法：*Das ist mir Wurst*，從字面上來看，是「對我來說不過就是香腸」。）

不，德拜肯定寧願沒有發出這封信。現在的問題是，他是否應該讓自己受強迫這樣做。如果他以主席的立場做出反對，遲早會遭到革職，且其職位幾乎可以肯定會由在政治上被更多人接受的人選取代。如果他辭職，也會是同樣的結果。所以，除了讓學會遭受更嚴格的政治控管，這樣

---

57 van Ginkel (2006), 32.

58 Delbruck (1978).

59 德拜的孫子諾爾維格．德拜—薩辛爾（Norwig Debye-Saxinger）聲稱得知，德拜簽署這封信後，對著妻子嘆了口氣說：「我們必須搬走！」（Delbruck [1978],23.）但沒有任何跡象表明，在這個階段他有任何跡象做出如此行為，至少當時他對威廉皇帝學院很忠誠。

60 van Ginkel (2006), preprint version provided by the author, 25.

61 Eickhoff (2008), 90.

的姿態還能達到什麼結果？相反的，當帝國教育部終於在一九三九年三月正式通知德拜，「會很高興物理學會內的猶太人問題能得到立即解決」[62]，這位主席能夠回應說已經處理這件事，從而證明學會能在不受干預之下處理自身事務。

但是如此虛假的獨立性是否值得付出這樣的道德代價？如果德拜真的辭職，那麼在今天他將被視為高貴，而非自我毀滅。但無論是德拜或是也在德國物理學會董事會中的勞厄，看待事情的角度都不同。普遍的看法是，與其沉迷於會被視為自我中心且徒勞的姿態，不如發出嘆息，帶著遺憾行動，並回家告訴自己，除此之外別無他法。如果我們要作出判斷，必須針對這個對命運投降的道德缺陷，而非尖刻指責這是反猶太主義或與納粹同盟。

然而，德國物理學會的決定中，最令人頭疼的是明顯缺乏任何道德自省。該學會的財務主管沃爾特·肖特基（Walter Schottky）曾是普朗克的學生，他主要對於金融和國際影響表達出看法。他擔心，驅逐猶太成員可能引起一些外國成員辭職以示抗議，這不僅會讓德國惹上麻煩，也會讓學會的庫房失去這些成員帶來的「相當可觀的外匯收入」[63]。

無論如何，目前尚不清楚德拜的信是否平息了對學會政治合理性的懷疑。德拜發出信之後，帝國大學教師聯盟嗤之以鼻的說：「德國物理學會還很落後，仍然緊緊抓著他們親愛的猶太人。」[64]這個納粹化的團體嘲笑解雇信的措辭：「我們應該要注意的是信中所表達的，只『因為情況超乎我們所能控制』，才會讓猶太人的會籍無法繼續維持。」[65]就好像應該要等到這樣的迫切需求才能解雇他們！哥尼斯堡大學（University of Königsberg）的威廉·舒茲（Wilhelm Schütz），同時也是德國物理學會委員會的成員和國家社會主義者，他認為德拜軟弱得不像話。在寫給史都華的信中，舒茲寫道：「德國物理學會處理猶太人問題的方式表明，德拜對政治問題缺乏必要的理解，這是我們本來就應該知道的。當時我曾試圖卻未能從主席那裡了解他的立場，並從而得出問題的最終解決方案。」

這封信實際上並未影響到德國物理學會的許多成員。相反的，根據李斯彭斯的說法，不過導致了三分之一學會成員離開，到了一九三八年冬天，只剩下極少猶太人留在學會。各方估計的數字不同，但肯定已經非常少；根據紀錄，到了一九三九年一月初，只有六或七個成員以辭職作為回應。[66]儘管肖特基有所憂心，但似乎沒有外國成員辭職以示抗議，雖然他們可能甚至不知道發

62 S. L. Wolff, in Hoffmann & Walker (eds) (2011), 128.

63 Hentschel (1996), 181.

64 Hoffmann & Walker (2006a)，無頁碼。

65 同前註。

66 歷史學家克勞斯·漢斯契（Klaus Hentschel）於一九九六年提出，可能有多達一百二十一位猶太成員被解雇，大約是學會中十分之一的成員，但是他後來發現，一九三八年和一九三九年期間，從德國物理學會會籍中消失的大部分會員是出於其他原因，如死亡或移民。在此期間，八十四位新成員加入，所以德國物理學會的規模並未大幅變動。此外，出於政治動機的辭職從一九三三年開始就已經發生，所以仍然很難確定德拜的信直接造成了一九三八年中哪些人離職。

生了什麼事。而那些辭職的「非亞利安人」似乎也大多認為德國物理學會別無選擇。其中之一是後來移居到拉丁美洲的理論物理學家理查德．甘斯（Richard Gans）。「我可以向你保證，」他於一九三五年寫信給一位德國同事，「我從來沒有因為被德國物理學會驅逐而感到痛苦，因為我知道，有個『不可抗力』的行為在對抗學會的意志。」[67]當被放逐的猶太科學家卡西米爾．法揚士（Kasimir Fajans）於一九四〇年抵達美國時接受美國聯邦調查局針對德拜的調查（請見257頁），他承認他很失望，德拜沒有「道德耐力」，並未辭職，而是簽署了那封信[68]。但他仍舊「看起來對德拜有很高的評價」[69]，說他「只對科學有興趣，對政治完全沒有」。當然，有限的後果和受害者的寬恕對於這個行為本身的道德問題幾乎沒有幫助。相反的，甘斯的言論說出了大家對於這件事的看法：幾乎是自然而然的行為，對此個人無能為力。

無論如何，德拜和他的同事知道這封信不過是完成幾乎已經自然發展的事。德拜自己仍然決心盡可能避開「政治」事務。他總是提防著會議和演講邀請是否暗藏其他議程，例如一九三九年在但澤的一場夜間講座，當他知道將有黨員出席，就回絕了演講。[70]讓人難有理由相信，他會想要對納粹獻媚。

德拜和猶太人

或許德國物理學會的信為德拜帶來最具破壞性的指控是，它反映出潛在的反猶太主義。為了支持這一想法，德拜於一九一二年寫給索未菲的信曾被援引，在信中他可說是在種族中貶低了奧地利物理學家保羅・艾倫費斯特（Paul Ehrenfest）：

> 如果您想找艾倫費斯特一起工作，我不得不表達出我的保留態度。眾所皆知，他是「大祭司」類型的猶太人，他那猶太法典的扭曲邏輯會帶來極其有害的影響。許多聰明但是並未

---

67 Wolff, op. cit., 132–3.

68 van Ginkel (2006), 33.

69 同前註。

70 德拜顯然對於該次會議的議題——低溫物理——感到困擾，擔心將不得不提到牛津大學的西蒙在該領域的重要成就，然而，因為西蒙是猶太人，他必須在政治上有所妥協。若是要將內容提交審查，他寧願不參加。雖然這當然可能被視為太過接受納粹的禁令，但是肯定也可以說他在拒絕編輯科學上有一定程度的一致性。馬亭・艾柯夫（Martijn Eickhoff）受荷蘭戰爭文獻學會（Netherlands Institute for War Documentation）委託，在二〇〇八年發表了一篇針對德拜的報告。報告中回應了李斯彭斯的書中提到「透過進行自我審查，他間接證明了他對第三帝國的忠誠」這樣的結論，代表了有偏見的分析（Eickhoff [2008], 96）。

成熟的想法，在其他狀況下能夠以大膽的勇氣表達出來，在他的理解下，卻可能輕易遭到扼殺。[71]

也有人試圖暗指，德拜透過未能遏制排斥猶太人，在某種程度上縱容他們。艾柯夫說（見本章注70），在威廉皇帝物理學會，「德拜投入了獨占式的德國科學：物理學的程度最嚴重，原則上不再有任何位置留給德籍的猶太科學家。」[72]

如果這是德拜「反猶太主義」的唯一證據，幾乎不值得感到困擾。從今天的角度來看，他對艾倫費斯特的言論幾乎不算委婉——而且無論如何都是錯誤的，因為艾倫費斯特是第一流的物理學家——但是從壞處想，他們體現了二十世紀初普遍的種族和文化的刻板印象。同樣的情況適用於艾倫費斯特有一部分透過愛因斯坦的推薦，在萊頓大學獲得任命之後，德拜寫給索末菲的話：「我認為，種族議題發揮了作用，即使可能是在比較無意識的層面。」[73]在此可以瞥見一個常見的偏見，那就是猶太人會照顧自己人，但一個年輕人說出如此不成熟的言論並不足以判定他有尖銳的反猶太主義。

認識德拜的人，包括他的猶太朋友和同事，如他的學生海因里希・薩克（Heinrich Sack），曾經懷疑過他對猶太人抱持反感。德拜的兒子彼得堅持認為，他的父親「對於別人是猶太人還是非猶太人或任何情況，一點興趣也沒有；他只對別人是否有好點子感興趣」[74]。這樣的證詞就算是孝心使然，聽起來仍然是真的。

艾柯夫在受委託下於二〇〇八年所發表的報告中，似乎決心要證明並非如此。他在看過德拜早期職業生涯中所發表出缺乏判斷力卻又模稜兩可的少數意見之後，斷言德拜晚年並未出現類似的評論，顯示德拜認為反猶太主義對他不再有益。我懷疑這可能是有史以來第一次有人認為，在納粹德國中公開表現反猶太主義對前途可能有害。

艾柯夫站不住腳的影射不僅詆毀了德拜，並且讓如何看待德國科學家對壓迫猶太人的反應這整個問題變得混亂。很容易有如此假設：沒有人會容忍反猶太人的法律而不抗議，除非這項法律暗中對他們有利，同樣的，除了反納粹活動分子之外，不會有人幫助猶太人。沃克曾對於這種簡單公式的堅持發出感嘆：

> 今日，對當代的德國人……來說，如果有個德國人救了一個猶太人，或者如果他有一次為一個猶太人的想法辯護，那麼這個人就不是反猶太主義者。然而，對一些猶太科學家，

---

71 van Ginkel (2006), 96.
72 Eickhoff (2008), 47.
73 同前註，96-7。
74 同前註，24。

也就是今日的猶太人來說，如果一個德國人有一次沒有為猶太人辯護，或曾經幫助迫害猶太人，或者曾經幫助迫害猶太人的思想，那麼這個人就是反猶太主義者。而且，在此真的沒有折衷地帶。[75]

沃克確切的暗示著，這樣的態度完全誤解了情況。一方面來說，在該世紀初的德國（或奧地利，或甚至大部分歐洲國家），身為反猶太主義者並不會感到恥辱，而且納粹政權已經去除了在那一方面任何可能殘留的拘束感——事實上，他們讓反猶太情緒成為一種社交和職業道德。所以認為潛在的反猶太主義只會在私下發出輕率言論的想法根本無道理可言。真正的問題不在於有一大群躲在衣櫃的反猶太分子，而是在於那些不抱持這種偏見的人沒有衝動對此加以譴責。如果你不是猶太人，那麼大體上來說，這不關你的事，即使你痛恨不公和暴行。這就是為什麼德拜像許多德國人一樣，很願意幫助他的猶太同事，卻不對這個造成如此困境的措施發表公開抗議。舉例來說，薩克是德拜在蘇黎世和萊比錫的得力助手，而且德拜於一九三三年協助安排他在康乃爾大學獲得職位。一九三五年，當猶太化學家赫曼．薩爾滿（Hermann Salmang）被威廉皇帝學會辭退時，他還協助他在馬斯特里赫特一家陶瓷公司找到工作。

更值得注意的是，德拜在一位特別優秀的猶太科學家離開德國時所扮演的角色，對他造成不小的危害。這位科學家的出走可能讓戰時的德國付出了高昂的成本，卻讓世界其他國家滿懷感謝。因為在德拜的幫助下逃出不久後，這位科學家，也就是梅特納，在哥本哈根構想出核分裂的理論。

逃出柏林

梅特納是為數不多直到戰爭開始前仍舊保有學術職位的猶太科學家。她的確於一九三三年被柏林大學解雇，無法在科學會議上發表演說，在那段期間，她的相關紀錄幾乎從德國核子物理的官方敘述中消失，以至於她與哈恩在威廉皇帝化學研究所中的共同發現變成哈恩一人獨有。然而直到一九三八年之前，她仍舊能夠繼續留在該研究所中積極研究。

當德國軍隊於同年三月十二日進入奧地利，受到崇拜的人群所歡迎，身為柏林的奧地利猶太人不再只是不同，同時也危險。在維也納發生的事件讓「併吞」一詞所包含的意義變得明顯：猶太人被趕出家園，許多人在街頭遭到毒打並吐口水，甚至有人被殺害。威廉皇帝化學研究所的納粹同情者不再節制用語——狂熱的納粹化學家庫爾特．赫斯（Kurt Hess）和梅特納一起工作，讓她忍受了他好幾年。他宣告「這個猶太女人危及了研究所」[76]。哈柏離開之後，物理化學研究

75 Peierls (1985).
76 Sime (1996), 163.

所一直在清除非亞利安的同事，並且向政權靠攏，但是化學研究所的所長哈恩依然允許他們留下來，這讓赫斯這一類的人非常憤怒。

雖然沒有人能指責哈恩同情國家社會主義，但是他應對一九三八年的危機的方式，讓他也確實無功勞可說。他和該研究所的贊助商談過之後，於三月二十日返回，告訴梅特納她必須離開。他曾是梅特納長達二十年來最親近的同事；現在，他不過就像是個傳遞壞消息的信差。「在本質上，他已經拋棄了我」，梅特納在日記中氣憤的記下[77]。哈恩的妻子因此感到羞憤，可能也是她精神崩潰的原因。

梅特納可說是德國最好的核子科學家，不管是威廉皇帝學會總幹事特爾朔，或是主席波希，都不希望她離職。他們和她都希望能夠找到方法讓她繼續研究，這可說非常重要。她在國外的朋友則深感憂慮。德拜的前同事謝樂從蘇黎世寫信邀請她去演講，哥本哈根大學的波耳也一樣；兩個人顯然都提供了離開德國的逃生路線。然而，她還是有所猶豫，於是幾個星期過去，又過了幾個月。終於，梅特納意識到移民是唯一現實的選擇，並同意去哥本哈根，因為她最喜歡的侄子奧托．弗里雪（Otto Frisch）正與波耳一起工作，然而為時已晚：丹麥拒絕了她的簽證。

波耳在六月六日路過柏林時，德拜告訴他，梅特納離開德國的迫切性已不再那麼大。他誤解了：梅特納於十四日了解到，不僅是威廉皇帝化學研究所希望她辭職，目前所有的技術人員和學者都不准離開德國。帝國內政部於十六日寫信給波希，信中寫著：

從政治上考量，決定反對發給梅特納教授外國護照。知名猶太人從德國到國外旅遊，做出代表德國科學的樣子，甚至利用他們的名氣和經驗，根據他們對德國的固有態度行事，絕對不可取。威廉皇帝學會當然可以找到方法讓梅特納教授在辭職之後繼續留在德國，並視具體情況而定，為了社會的利益私下工作。[78]

信中補充說明，希姆勒本人也證實了這種看法——顯然梅特納的案件現在已經上呈給他。德拜有一次用暗語的方式寫信給波耳，雖然信中完全沒有提到梅特納，但毫無疑問在討論此事：

> 我們最後一次說話的時候，我以為一切都沒問題，但在此期間，我弄清楚一件事，那就是情況已經大變……我現在相信，如果能夠盡快處理，就不會有問題……我已經對我寫這封信負起責任，所以你可以看到，我也同意相關人士的意見。[79]

77 同前註，185。
78 Hentschel (1996), 171.
79 Sime (1996), 196.

波耳把這封信轉給物理學家德克・科斯特（Dirk Coster），他是梅特納在格羅寧根大學的老朋友，於一九二三年在哥本哈根與匈牙利的放射化學家喬治・德赫維西（Georg de Hevesy）工作時發現了元素鉿（hafnium）。科斯特已經為幾位從德國來到荷蘭的難民科學家安排緊急援助，並且在五月時就已寫信給梅特納，邀請她出國。他和他在哈勒姆的同事阿德里安・福克（Adriaan Fokker）開始為她尋找職位和資金，但不算有成果：大部分可能的捐助者已經將手上的財政資源提供出去。科斯特和福克直接上書荷蘭政府，希望能允許梅特納入境，並且於六月底獲得許可在萊頓擁有一個不支薪的職位。

但是，她幾乎無法獲得任何收入。考慮到這一點，科斯特決定動身到柏林，親自了解梅特納是否非得離開，因為就連他和福克都無法確切掌握她的處境是否真的緊迫。他寫信告訴德拜，他要來尋找「助手」。巧合的是，在同一時間，梅特納獲得一個在斯德哥爾摩與諾貝爾物理獎得主曼尼・西格巴恩（Manne Siegbahn）一起工作的機會。她接受了，科斯特取消了他的行程，假設一切都已就緒。

但事實並非如此。梅特納計畫於八月前往斯德哥爾摩，但在七月四日波希告訴她，防止科學家離開德國的計畫將會立刻執行。現在不走就再也沒有機會。德拜在六日寫信提醒科斯特：

> 我們說過的那個助手，做了似乎很果斷的決定，再次找到了我……他現在已經決定

（這是前幾天才發生的事），他寧願去格羅寧根，事實上，這是唯一向他敞開的路……我相信他是對的，所以我要問你是否仍然可以為他做些什麼……如果你來到柏林，我是否可以請你務必和我們在一起，而且（當然，假設情況還是有利的）如果你能儘快過來——就好像你收到了求救信號ＳＯＳ——我和我的妻子會更高興。[80]

科斯特一直到七月十一日才收到來自海牙官員的確認信，許可梅特納入境荷蘭。他立刻出發前往柏林，在那裡一直和德拜一家人待在一起。

除了梅特納自己之外，德國只有四個人知道這個讓她離開的計畫：德拜、哈恩、勞厄和威廉皇帝學會的科學期刊《自然科學》主編羅斯包德，他的工作讓他和這個國家最知名的物理科學家過從甚密。科斯特預計讓梅特納於十三日離開。她前一天在研究所從早上工作到晚上八點，離開後在緊張的哈恩協助之下，迅速打包了兩個小行李箱。然後羅斯包德開車載他們到哈恩的家，讓梅特納在那裡過夜。哈恩為了之前沒有為梅特納辯護，給了她一枚從母親繼承的鑽戒作為應急基金，對她做了微小卻深刻的補償。

---

80 同前註，202。

等到十三日入夜之後，羅斯包德驅車載梅特納到火車站。他們在那裡和科斯特會合，由科斯特陪她上車，並且安全越過邊境。這趟旅程對梅特納來說雖然如此悲慘，但是她一度失控，在直奔車站時懇求羅斯包德回頭。「在荷蘭邊界，」她後來回憶說：

當五位經過車廂的納粹巡邏隊拿起我過期許久的奧地利護照，我經歷了生命中的恐慌時刻。我非常害怕，心臟幾乎停止跳動。我知道，納粹剛剛宣布開放對猶太人的狩獵季節，追捕已經開始了。我坐在那裡等了十分鐘，那十分鐘就像好幾個小時。然後，一位納粹官員一言不發的把我的護照還給我。[81]

然後梅特納才發現，這次逃離甚至比她以為的還要驚險。梅特納的納粹鄰居赫斯曾意識到有件事正在進行，並寫信給當局通知他們。幸好有兩位富同情心的警察所使出的拖延戰術防止梅特納遭到逮捕。

一抵達格羅寧根，科斯特就致電哈恩，「『寶寶』已經到來。」消息傳開後，包立寫了一張典型的詼諧紙條給科斯特：「你綁架梅特納的行為讓自己受到的矚目就像發現鉿一樣！」[82]

德拜的捍衛者認為，他在這種情況下的行動絕對不是那些反猶太人的納粹同盟做得到的。當然，他們不能。一九三八年的政治壓迫意味著，就連德拜也無法逃避納粹統治的後果。但他在梅特納的逃離中所表現出來的勇敢和人性化的干預，仍然必須以生活在第三帝國中更寬廣的角度來看待。雖然德拜對梅特納的援助值得稱道，但我們不該認為這能夠「解釋」一切：這是一個對同事表現出具有同情心的行為，並不會讓德拜因此成為反納粹活動分子。舉例來說，音樂家理查·華格納（Richard Wagner）的英裔媳婦溫妮費德·華格納（Winifred Wagner）雖然敬佩並協助希特勒，但是也從蓋世太保手中救出一些猶太藝術家。

無論如何，德拜並未在此事上表現出太多感性。即使在謹慎考量郵件的審查制度可能會有的要求之下，他於一九三八年十一月寫給人在瑞典的梅特納的信中，仍舊傳達了不熟練的熱情友好，似乎暗示她痛苦的脫逃不過是從研究科學的重要工作中短暫的散心：

> 我很希望現在你已經在新的環境中找到自己的定位。這應該不困難，而只要找到定位，一切就沒有問題。就我對你的了解，你會變得非常快樂，因為從那一刻起，你又可以再次全心投入科學。[83]

---

81 Rhodes (1986), 236.
82 Sime (1996), 205.
83 Eickhoff (2008), 100.

另一方面，艾柯夫以梅特納的逃亡對付德拜的企圖，也變得做作和語無倫次。艾柯夫說：「這和德拜所發展出來模稜兩可的生存機制有關，並且受到他想要維護他在德國科學網絡中的利益所驅使。到最後，這也讓他對職位無所顧慮。」[84]所有人都會猜想，一個受到普遍認可的行動怎麼會由「模稜兩可的生存機制」所支持——艾柯夫似乎想要塑造德拜的怪異形象：在一件事上設法幫助猶太人，然後又把其他人從德國物理學會驅逐出去，只是為了讓自己可以自由選擇，並讓同事們猜不透。同樣的，讓人聯想到身為諾貝爾獎得主，同時也是德國物理學會主席和威廉皇帝物理研究所所長的德拜，在某種程度上為了促進自己的利益，做出其他反納粹科學家長年以來一直在做的事，也很荒唐可笑。但這些指控真正的失敗之處是把道德想成如此淺薄，一個行動就能讓我們在神聖與墮落的兩極之間轉換。

間諜

如果我們想看看納粹德國真正的反對派看起來可能會是什麼樣子，我們應該把目光轉向籌劃梅特納的逃脫的其中關鍵人物羅斯包德。羅斯包德是致力於建立關係網絡的人，和德國和國外大部分重要的物理科學家相熟。他在科學傳播和出版中的專業敏銳使得他在戰後與後來的媒體大亨羅伯特·麥斯威爾（Robert Maxwell）一起在英國牛津成立了出版科學和醫學叢書的培格曼出版社（Pergamon Press）。

在國家社會主義的德國，羅斯包德不只反納粹，他還是英國情報局的間諜，而他的行為讓那些認為很少有人能真正做到反對希特勒政權的人略感為難。羅斯包德冒了極高風險，以他所能做到的各種方式反對他們，並且做出許多就像是從戰後小說《男孩獨行》（*Boy's Own*）中才會出現的英勇行為。他為了得到最高層級的情報而加入納粹黨，有時候會偽裝成德國武裝部隊的成員，他並且提供同盟國為了戰時核能研究所進行的重水實驗和在佩內明德的V-2火箭工作的重要情報。一般認為，他是軍情六處指派的情報員，代號為格里芬。儘管最近有些強制披露官方戰時機密的法律案件，但是這件事從未獲得官方證實。

羅斯包德幫助同盟國的動機很簡單：他鄙視希特勒的邪惡企圖。身為來自格拉茲（Graz）的奧地利人，他在達姆斯塔特和柏林學習科學[85]，之後又在法蘭克福的礦業、冶金和化學企業集團德國金屬公司工作。他成為柏林的冶金雜誌《金屬業》（*Metallwirtschaft*）的科學顧問，並因此開

---

84 同前註，148。

85 羅斯包德的傳記作者，也是曼哈頓計畫的科學家克拉密西說，羅斯包德在達姆斯塔特念書後，得到了在「達勒姆威廉皇帝學會」攻讀X射線攝影的獎學金，這個和在醫學中使用X射線成像有關的學科現已過時。我們並不清楚克拉密西心裡想的是哪間研究所，但是威廉皇帝物理研究所在當時（一九二〇年代）並非研究中心。這個研究課題對物理學家來說有些怪異。其他人則推測他的研究主題其實是X射線繞射。

始到處旅行，採訪在牛津、劍橋、哥本哈根、奧斯陸等地的科學家。他結識了愛因斯坦、波耳、拉塞福、哈恩和梅特納，並且在歐洲許多科學組織擔任顧問。他的眼界確實非常廣闊：他的弟弟漢斯是德國頂級的指揮家和保羅．亨德米特（Paul Hindemith）的朋友，而羅斯包德在威瑪時期的柏林則享有熱鬧、寬容的環境，結交如包浩斯學院院長華特．格羅佩斯（Walter Gropius）這樣的藝術家。

一九三〇年代初期，羅斯包德會見了英國情報員法蘭西斯．愛德華．佛利（Francis Edward Foley），他的掩護工作是柏林的英國公使館的護照查驗員。他們很可能是在納粹上台後才相識，當時羅斯包德開始幫助猶太人離開德國，發現佛利也在做同樣的事情。羅斯包德從來不知道自己算不算「正式」的亞利安人──他是私生子，不知道父親是誰。這意味著他無法依一九三三年的規定，提供他的亞利安血統證據。但是他知道如何利用納粹官僚體制的低效率、漏洞和懶惰，於是找了個在格拉茲的年長家族朋友偽裝成他的父親。

羅斯包德開始非正式的向佛利傳遞可能有用的情報。羅斯包德現在是施普林格出版社（Springer Verlag）的顧問，該出版社發行了跨學科的《自然科學》期刊。羅斯包德準備好要蒐集德國裡以軍事為導向的研究細節。《自然科學》原本的主編是猶太人阿諾德．柏林格（Arnold Berlinger），直到施普林格屈從於政府的壓力，於一九三五年開除了他。但是施普林格厭惡抵制自家期刊的國家社會主義工人黨，於是繼續接受猶太作者的文章。

到了一九三八年四月，情勢變得清晰，無論是羅斯包德的妻子希爾德，或是他們的女兒安吉拉，都無法安全的留在國內。在佛利的幫助下，希爾德獲得英國的簽證，而她的女兒很快就到英國和她會合。羅斯包德原本也可以離開，但是被選中留下來打擊納粹。此外，這樣的安排很適合他，因為這表示他交往許久的情人可以搬到他家裡。他喜歡他的家人，但他是個威瑪風格的浪子。一九三九年，他與佛利共謀，以確保自己申請英國簽證「遭到拒絕」，為他的線人活動創造出令人信服的掩護。一九四〇年左右，他與英國特勤局建立起正式關係：他隨後向軍情六處負責監督許多德國科學情報蒐集的艾瑞克・威爾希（Eric Welsh）報告。

目前還不清楚羅斯包德在戰爭期間提供同盟國什麼樣的情報。克拉密西宣稱，他是一九三九年末送給英國使館的奧斯陸報告（Oslo Report）的匿名作者。這份重要的文件描述了一系列德國的「祕密武器」和軍事戰略。然而，負責科學情報的英國軍官雷金納德・維克多・瓊斯（Reginald Victor Jones）在一九八九年出版的回憶錄中透露，這份報告的作者是工業物理學家漢斯・費迪南德・梅耶（Hans Ferdinand Mayer）。一九四一年，羅斯包德參與了由沃納・馮・布勞恩（Wernher von Braun）所策劃到佩內明德所做的「智慧日」參訪（或許明顯的缺乏智慧），讓他得以提供威爾希關於火箭計畫的報告。一九四二年，他著軍裝（可能是空軍）前往奧斯陸，傳遞關於針對挪威抵抗的德國核子研究情報，在此可以聯絡上威爾希。同盟國之所以能夠持續了解德國利用挪威的水力發電廠所製造的重水來發展核能所做的努力，有部分是透過羅斯包德的付出，而挪威的水力發電場一直是抵抗軍和英國轟炸機攻擊的焦點。

羅斯包德如何撐過戰爭而不被發現，一直是個謎，連他自己也不清楚。「過去這些年並非沒有在我身上留下痕跡，」他於一九四六年寫信給他的弟弟漢斯，「有太多臥底的人沒能得到救援，而我不被發現也只是千鈞一髮之際的僥倖。我對納粹的恨並未減少。」[86]他受到英國保密法的約束，再加上並非自命不凡，因此並未透露自己在戰時的祕密活動。

羅斯包德了解德拜，並且在戰後許久仍舊和他保持友好的關係，因為羅斯包德了解每個人。然而，這種友誼因為化學家朱瑞·萊丁（Jurrie Reiding）為德拜的良好品格辯護而更進一步。萊丁甚至聲稱德拜曾於一九三〇年代末期提供羅斯包德關於德國軍事研究的情報。「身為突出的科學家和科學管理人，德拜在納粹圈子中爬上更高的位子，」萊丁寫道，「他是德國航空研究學院（German Academy for Aviation Research）的董事會成員，並會見了戈林本人。德拜必定對德國科技有著透徹的認識……因此，假設德拜是羅斯包德的祕密線人，也不算太大膽。」[87]

可惜的是，並沒有確鑿證據可以支持這種假設——萊丁只能從羅斯包德於一九四〇年在德拜離開德國到美國時寫給他的信中，找到一些模稜兩可的語句。此外，雖然德拜不喜歡納粹這件事毫無疑問，但是他和羅斯包德的友誼與政治傾向無關：舉例來說，他似乎也很尊敬地質學家弗里德里希·德瑞舍—卡登（Friedrich Drescher-Kaden），而他是忠誠的納粹。

如果我們希望在這本書所提到的故事中找到英雄，羅斯包德看起來比任何人都符合。但是我們也應該懷疑，為什麼沒有更多德國物理學家像他一樣。不僅是這種程度的膽識和足智多謀，還包括實際上幫助「敵人」，而非僅僅試圖緩和德國領導人過激的想法，會讓大多數德國人感到厭惡，堅持他們無法分辨對祖國的忠誠和對政府的忠誠有何區別。更具啟發性的是，知道羅斯包德並沒有模糊地帶——我們不需要從微細線索、零散的意見和矛盾的行動中拼湊他對納粹的態度。這就是積極反對和負起道德責任真正的樣子。如我們所見，羅斯包德並未對其他不夠堅決的人所做出的軟弱回應表達出深刻的遺憾，他對性格的判斷相當精明，不容易受到之後才做出的自我辯解所騙。他看到了實際發生的情形，說出了心中所想，並且提供了通過迷宮最可靠的道德羅盤。

86 Reiding (2010), 291–2.

87 同前註，275。

第八章 我看見了我的死亡！

當普朗克答應帝國部長戈培爾，新的威廉皇帝物理研究所將探索「原子物理學領域」的新範疇，從而導致「公眾生活的革命創新」，他就暗指了他和同事們才剛剛開始窺見的核子物理的可能[1]。他們發現原子核藏有無法想像的能量，他們推測，應該會有能夠挖掘和利用它的方式。

雖然當我們回首往事，看到了時間壓縮的無奈，但是這段從發現原子結構到毀滅廣島和長崎的過程似乎快得令人震驚。在一個世代裡就已發生：從一開始就參與研究的居禮夫人，照理來說有望見證這兩座日本城市的毀壞，然而她因為在研究中暴露於核輻射而導致特別致命的貧血疾病，以致十一年前就已離世。

在第二次世界大戰開始之前，核能發展都是國際事件，不管是合作還是競爭。在劍橋和巴黎

1 Eickhoff (2008), 45.

取得的發現，不過幾天就會在柏林或柏克萊引起討論。到了一九三九年，這種情況停止了，而科學的重要發現和核動力的利用都持續遭到科學期刊隱瞞。國外的同僚在忙些什麼、知道了什麼、試圖做出什麼成果，成為一種猜謎遊戲。但是，每個人都知道賭注是什麼。

看不見的射線

核子物理和量子理論一樣，是為了解決和輻射有關的問題而開始發展的理論。事實上是好幾個問題，因為一個問題帶出了另一個問題。在十九世紀末，看不見又摸不著的光線似乎無所不在。先是由海德堡大學的雷納所研究、劍橋的湯姆森所解釋，發現了陰極射線。這個發現又讓維爾茨堡大學的倫琴注意到，當陰極射線撞擊陰極射線管的玻璃壁，不只是玻璃發出了螢光，因此發現了X射線——影響力進一步擴大。湯姆森和雷納都注意到了這個現象。湯姆森於一八八四年發現，連距離放電管幾英尺的玻璃管都會發光。這不可能是陰極射線所造成的，因為玻璃壁會阻擋陰極射線。也不是玻璃造成的螢光效果：一八九五年，倫琴用黑色的厚紙包覆陰極射線管，但是後面的螢光幕仍舊發著光。但是，如果他把手舉在玻璃管和螢幕之間，螢光圖像會顯示出骨頭的影子。倫琴稱這些神祕的穿透性射線為X射線，顯然是當玻璃被陰極射線激發成螢光所產生的。它們可以讓底片變暗，捕捉幽靈般的永久印記。倫琴的妻子藉由X射線看到她的手骨、結婚戒指和一切，驚呼道：「我看見了我的死亡！」[2]

X射線為倫琴贏得了一九〇一年的諾貝爾獎。巴黎的亨利．貝克勒爾（Henri Becquerel）於一八九六年一月聽說了X射線。身為螢光的專家，他想知道，X射線是否會被玻璃以外的螢光物質放射出來。他所好奇的其中一個物質是鈾鹽，學名是硫酸鉀鈾，在暴露於陽光下後會發光。[3]貝克勒爾提出用會發出螢光的鈾鹽在感光乳劑上所顯現的效果來檢測X射線。他用黑紙包覆一張底片，用剪成十字的銅箔蓋住一部分（他的推理是如此應該可以擋住X射線），把鈾鹽撒在上面，暴露在陽光下來激發反應。而他的確發現，底片沖洗之後會印出十字的圖像。

但是，X射線做不到這一點，而貝克勒爾隨後在意外的發現中了解到這一點。他在一個多雲的二月天嘗試重複這個實驗，把上面覆蓋著銅片和鈾鹽的底片放進抽屜裡好幾天，然後決定無論如何要沖洗底片，心裡覺得充其量只會出現模糊的印記。結果不然，銅十字架的圖像就像之前一樣清楚。並不需要陽光才能激發這個過程；不像倫琴的玻璃，貝克勒爾的鹽會自己放出輻射，不需要任何明顯的刺激。這是新發現。

---

[2] G. Landwehr, Gottfried (1997). In A. Hasse (ed.), *Röntgen Centennial: X-rays in Natural and Life Sciences*, 7. World Scientific, Singapore.

[3] 其實這個光不是螢光，而是磷光。螢光材料只有在受到照射時才會發光，例如用光線或X射線照射，而磷光物質可以捕捉和儲存能量，即使在黑暗中也能繼續發光。

貝克勒爾的「鈾射線」並不被認為具有X射線的魅力，而且這個發現並未受到推廣。然而，這個發現引發了居禮夫人的興趣。這位波蘭女士曾到巴黎的索邦學習科學和數學。瑪麗於一八九五年嫁給了化學和物理學院的講師皮埃．居禮（Pierre Curie），他們的女兒伊雷娜於一八九七年九月出生，讓瑪麗到次年年初才得以開始攻讀博士學位。她把貝克勒爾的射線命名為「放射性」，認為這會是好的研究主題，「因為這個課題是全新的，還沒有什麼已經寫好的相關論文。」[4]

貝克勒爾發現，鈾射線讓空氣得以導電：它們能夠從原子中射出電子，讓原子帶電（離子化）。皮耶．居禮早些年前發明一個能夠非常精確測量電荷的儀器，稱為靜電計，而且居禮夫婦將此儀器用來量化鈾的活動。起初，他們用相對純的鈾鹽作為研究之用，但是當瑪麗測試未加工的鈾礦（在薩克森開採的瀝青鈾礦），她驚訝的發現其更具放射性。她認為，鈾礦一定含有比鈾本身更具放射性的其他元素。她已經發現了鈾不是唯一的放射物質：罕見的釷元素也能檢測出「鈾射線」。但現在她著手化學分析瀝青鈾礦，以找出其他放射性物質的來源。她採用化學分離技術來提取包含額外放射性的少量雜質，在好幾噸費力粉碎的骯髒棕色瀝青鈾礦中，一遍又一遍重複這個程序，以盡可能多收集一點微量物質。居禮夫婦逐漸讓這些雜質的溶液變得更濃縮，在過程中發現活性增加了。在一八九八年七月，他們將自己的發現向法蘭西學院發表論文。在論文中，他們聲稱已經發現了一種新的放射性元素，他們以瑪麗的故鄉命名此元素為釙。

瀝青鈾礦中還有第二個放射性雜質，表現出不同的化學行為，也可以和鉍分離出來。這種元素的放射性更強，大約是鈾的一百萬倍，足以在「鈾射線」在水中激發螢光時，讓濃縮的溶液自動發光。皮耶於十二月在他的實驗室紀錄裡寫下這個元素的名稱：鐳。

接下來，放射性似乎無處不在。靜電計測量表明，空氣本身不斷的受到離子化，人們並且認為，這是地面或空中的天然放射性元素所發出的輻射，如最近發現的惰性氣體氡（在某些類型的岩石中所發現）。然而，一九一二年，奧地利物理學家維克多．赫斯（Victor Hess）在維也納用氣球把靜電計送上天空，發現當靜電計升得愈高，電離率不減反增。這樣的電離射線來自太空：它們被命名為「宇宙射線」。赫斯於一九三六年獲得了諾貝爾物理學獎，和德拜獲頒化學獎同年。由於赫斯是猶太人，國家社會主義黨不為所動。兩年後，他因為德奧合併後拒絕接受納粹統治，在格拉茨遭到逮捕；他得以逃脫並移居到美國。核子物理學家對宇宙射線非常感興趣，部分原因是宇宙射線為核遷變實驗的粒子提供了非常高能量粒子的來源，超過了可以在粒子加速器所能達到的能量。海森堡從一九三〇年代後期開始，在這個主題投入了非常大的精力。

---

[4] S. Quinn (1995). *Marie Curie: A Life*, 143. Simon & Schuster, New York.

原子能

什麼是放射性？就最低程度來說，這個名詞令人不安。X射線只會在受到能量刺激之下產生，如用陰極射線轟擊。但是鈾會日復一日的釋放高能的射線，就算在黑暗和寒冷的地方，無論這個元素本身可能會被轉換成怎麼樣的物理或化學狀態，都是如此。放射性的能量不同於化學能，似乎取之不盡，用之不竭。德國物理教師漢斯．蓋特爾（Hans Geitel）和朱利葉斯．艾爾斯特（Julius Elster），把放射性樣本帶到薩克森的哈茨山礦井底部八百五十英尺之處，以檢測一個假設，那就是這些樣本可能會吸收，然後再次放射出能夠滲透所有空間的射線：他們認為這麼多的岩石會減弱這樣的影響力。但結果並沒有差別：樣本的效能如初。他們得出的結論是，能量一定是來自原子本身。這是原子能，而且為了了解原子能，就必須先了解原子。

在世紀之交，沒有人比拉塞福更了解原子，他在發現X射線的那一年從紐西蘭來到劍橋大學的卡文迪西實驗室。在那裡，他開始針對貝克勒爾的鈾射線做實驗，並於一八九九年搬到蒙特婁，擔任麥吉爾大學（McGill University）的物理學教授，他於不久後發表報告說，射線有兩類：第一類他稱之為α射線，鋁箔足以擋下，而第二類，稱為β射線，穿透力更強。拉塞福後來推斷，這兩類其實是粒子，而非射線。β粒子相當於陰極射線，也就是電子。而在一九〇八年，拉塞福離開麥吉爾大學到曼徹斯特大學工作之後，他曾在一個美麗的實驗展示，α粒子是氦原子帶正電的原子核。

氦原子核如何能從其他原子中出來？拉塞福已經了解，這和一個元素遷變成另一個有關。釷的放射性實驗很複雜，因為每次得到的結果都不一致，除非把釷放進封閉的金屬盒內。一八九九年，拉塞福意識到，這樣的結果是因為有一種氣體會從釷中逸出，並帶走放射性，除非加以防止。這種「釷射氣」是什麼？這是個化學問題，因此拉塞福找了麥吉爾大學的英國化學家弗雷德里克．索迪（Frederick Soddy）來協助。但是，索迪的回答似乎並不可信。這個射氣並未經歷任何化學反應，因為它似乎和六年前發現的惰性氣體氬氣並無差別。「拉塞福，」索迪記得他結結巴巴對他的同事說，「這是遷變——釷正在蛻變。」拉塞福發飆的回答：「那他們會把我們的腦袋像煉金術士一樣擰下來！」[5]

事實上釷射氣並非氬氣，而是更重的惰性氣體氡，而釷是藉由放射性衰變才遷變為釷射氣。儘管如此，遷變的原則依然存在。拉塞福和索迪意識到，這意味著放射性物質排放移除了一部分的原子結構，改變其化學特性。正如拉塞福的學生亨利．莫斯利（Henry Moseley）於一九一三年所指出，定義了週期表序列中從第一的氫到第九十二的鈾的每個化學元素位置的「原子序」，不是任意的標籤，而是量化了原子核中正電荷（相對於氫核）的數量。如果一個放射性原子發射

---

5 M. Howarth (1958). *Pioneer Research on the Atom*, 83–4. New World Publications, London.

α粒子，就帶走了兩個正電荷（氦的原子序為二），依此減去兩個原子序，將該元素遷變到週期表中左側的兩位。依此推斷，原子序為九十的釷會遷變為原子序為八十八的鐳。[6]換言之，放射性原子因為發射輻射，而「衰變」為另一個元素。（β粒子的發射也會引發遷變，但這個情況比較複雜，讓拉塞福和居禮夫人花費多年才解開謎題。）有些衰減快到幾乎像是同時發生，其他則是像地質變動一樣緩慢。速率是由所謂的半衰期來測量，半衰期是指作為樣本的放射性元素衰變到原子的一半所花費的時間。無論你有多少材料，衰變的時間永遠不變。鈾的半衰期約為四十五億年，[7]約等於地球的年齡；而釷的半衰期為二十二分鐘。

經由輻射出高能粒子（或是核衰變中第三種類型稱為伽馬射線的高能光子），放射性原子喪失能量。一九〇三年，拉塞福和索迪估計有驚人數量的能量被鎖在原子中，相較之下，藉由任何化學過程釋放的能量，如炸藥的爆炸，可說是微不足道——至少少了兩萬倍。拉塞福若有所思的說，假設人們能找到一個「雷管」，能夠立刻驅逐所有的原子能：那麼「實驗室中的某些傻瓜會冷不防的被炸到宇宙之外」[8]。

索迪回到英國，並於一九〇四年在一次演講中傳達這個發人深省的想法。如果這種能量「可以得到開發及控制」，他說：

> 這樣的媒介會如何塑造世界的命運！如果有人把手放在能夠小心控制這個極大能量輸出

的操縱桿上，只要他想要的話，他能夠藉此毀滅地球。[9]

當時索迪的觀眾肯定對此想法感到著迷，他們是英國陸軍的皇家工程師軍團。

居禮夫婦也得到同一個令人不安的結論。一九〇三年，他們與貝克勒爾都因為針對放射性的研究而獲頒諾貝爾物理學獎，卻因為太忙且病得太嚴重，無法前往瑞典參加頒獎典禮（無論如何，皮耶都很厭惡那樣的活動）。[10]瑪麗於一九〇四年生下了第二個女兒伊芙，所以他們一直到一九〇五年六月才終於來到斯德哥爾摩，皮耶並發表了傳統的諾貝爾講座。「我們甚至可以這麼想，」他說：

---

6 這只是經由氡（第八十六個元素）所進行的一系列衰變的第一步。氡氣是揮發性氣體，所以會逸出，但原子核的崩解會持續到達到穩定且非放射性的元素鉛（第八十二個元素）。

7 我們很快就會看到，不同類型的鈾其實有不同的半衰期；這裡指的是最具能量的天然類型的鈾的半衰期。

8 Rhodes (1986), 44.

9 同前註。

10 一開始這個獎項只打算頒給皮耶和貝克勒爾，不過經過積極的女權倡議者，瑞典數學家麥格尼斯・米特格—雷弗勒（Magnus Mittag-Leffler）介入之後，讓居禮夫人也得以獲頒此獎。否則，她的丈夫會婉拒此獎。

鐳落入犯罪分子手中，會變得非常危險，若是如此，問題將會提升到，人類是否可以從知道大自然的祕密中獲益，是否準備好了要從中獲利，或是這方面的知識會不會對人類帶來傷害。[11]

皮耶對此抱持樂觀態度，但是從他的外表絕對猜不出來。他過早老化，持續感到疲倦，也經常沮喪。他不清楚為什麼，總是把自己的疼痛歸因為風濕病。瑪麗也很容易嗜睡。她在一九〇三年寫給皮耶的信中說，「沒有生病卻一直覺得累」[12]。那年夏天，她的第二次懷孕因為早產下一個不久即夭折的孩子而結束。居禮夫婦指出，他們針對鐳所做的實驗讓器官遭到損害，手指的皮膚發紅。拉塞福指出，皮耶的手「由於暴露在鐳射線中，處於嚴重發炎和疼痛的狀態」[13]。然而，對皮耶來說，這些疾病並未順其自然發展，因為他在斯德哥爾摩發表演說一年後，在巴黎的交通事故中喪生。如果他活著，他一定會和妻子共同於一九一一年獲頒第二個諾貝爾獎座，這一次是因為鐳和釙的發現而獲頒化學獎。

原子的多種樣貌

如果你想了解放射化學和原子結構，就應該向拉塞福請教。二十六歲的哈恩於一九〇五年前往蒙特妻與他一起工作，拉塞福並且在曼徹斯特大學雇用了德國物理學家蓋革。拉塞福和蓋革研發出一種裝置，引發兩電極間的放電，並發出咔嗒聲，可以顯現α粒子受到空氣的游離的過程——這是知名的蓋革計數器的前身。蓋革於一九〇八年合作的示範中，展現出α粒子是被游離的氦原子，並且，他與拉塞福及學生歐內斯特．馬士登（Ernest Marsden）於次年進行拉塞福最著名的實驗，他並於此實驗中推斷，原子有小而緻密的核。他們用α粒子流撞擊薄的金箔，期望它們通過時會輕微的偏轉。結果發生的狀況大致如此；但是馬士登困惑的發現，極少數的粒子立刻反彈回來。「這可說我一生中所看過最不可思議的事件，」拉塞福後來寫道。「這就像你對著衛生紙發射十五英寸的砲彈，結果它彈回來打中你，一樣的不可思議。」[14]他的結論是，唯一可能的就是，原子並不像小圓體，也就是湯姆森所提出的「葡萄乾布丁」，在正電荷的牛脂裡嵌入電子，反而是在一個很小、非常密集並帶電的中心，聚集了大部分的質量，周圍則環繞著相反電荷的擴散粒子雲。大致上來說，原子的內部空間大多是空的。拉塞福最後斷定，原子核一定帶正電

---

11 P. Curie (1905). 'Radioactive substances, especially radium'. 1903 Nobel Prize in Physics Lecture. Available at http://www.nobelprize.org/nobel_prizes/physics/laureates/1903/pierre-curie-lecture.pdf.

12 Quinn, op. cit., or Reid (1974), *Marie Curie*.

13 Rhodes (1986), 45.

14 同前註，49。

荷，而擴散雲則包含了電子。他發現，這很像是日本物理學家長岡半太郎於一九〇三年所提出的「土星」原子，在這個模型中，電子環繞著帶正電荷的核心運行。正如我們之前所看到的，這個「行星」原子的經典畫面很快就被波耳以量子理論的名稱重新說明。波耳於一九一二年到曼徹斯特加入拉塞福的研究，「以取得放射性工作的一些經驗」[15]。

要了解輻射能量的來源，人們需要了解原子核，而原子核在波耳的量子原子中可以被看作是一顆正電荷的球。那裡面到底有什麼？一八一五年，化學家威廉．卜勞特（William Prout）曾提出，氫核（之後改稱為質子的單個正電荷粒子）為所有其他原子的基本構建單位。如果是這樣，那麼所有原子的質量應該就是氫的質量的簡單倍數。這個理論大致上符合，但不完全正確，有時候甚至說不過去。舉例來說，碳原子和氧原子，分別約為氫的質量的十二倍和十六倍，氯原子似乎是大約三十五點五倍的質量。因此，卜勞特定律似乎非常不精確，並且大多時候不被理會。

一九一九年，拉塞福被任命為卡文迪西實驗室主任，而該實驗室的法蘭西斯．阿斯頓（Francis Aston）設計了一種儀器，能夠非常準確的測量原子質量，被稱為質譜儀。阿斯頓能夠透過去除電子，以分離出不同質量的原子，使它們帶電（成為離子），使用電場讓它們在真空的通道中加速，然後使用第二個電場來彎曲它們的軌跡。如果它們具有相同的電荷，那麼不同質量的離子會被偏轉至不同程度，並且可以分別收集。阿斯頓發現放在質譜儀中的純元素可以被分離成幾個不同質量的部分，每個部分都是氫的質量的整數倍。舉例來說，硫原子會有三十二、三十三和三十四的質量，而氯原子則有三十五和三十七的質量；混合數十億原子的加權平均結果是明顯的「分數的質量」，似乎並不符合卜勞特定律。

一個元素的原子會有不同質量並非全新的想法。第一次世界大戰時，阿斯頓被任命與英國皇家空軍共同進行軍事研究，中斷了他自己的研究。在此之前，他在卡文迪西擔任湯姆森的助手，並研發分離原子或不同質量的分子的物理技術，理論的基礎是粒子在氣體中擴散速率不同——較輕的粒子動得更快，像孩子在人群飛快靈活一樣。阿斯頓在調查惰性氣體氖時，發現誘人的證據，那就是這個元素有兩種形式，原子質量略有不同，分別是二十和二十二。

同時，其他研究人員發現，鈾藉由一個當時顯然無法得知的中間元素衰變為鐳，後來這個元素被稱為鏷。但鏷和釷擁有難以區分的化學性質。一九一二年，來到格拉斯哥大學的索迪發現這兩種物質發出相同頻率的光——這些頻率被普遍認為是化學特性的指紋。因此索迪提議鏷確實是一種形式的釷，在化學上相同，但其在某種程度上不同。阿斯頓對氖的研究增強了索迪的信念，並且提出要稱這些不同形式的相同元素為「同位素」，意指「相同的形狀」。大多數化學家不喜歡這個想法，他們認為單一元素應該是基本單位，而非有不同的樣貌。但是在曼徹斯特和拉塞福共事的波耳表示贊同。

---

15 同前註，52。

阿斯頓的質譜儀現在已經證實同位素的確存在：如他所懷疑，氖的確有二十和二十二的質量。一九二二年，阿斯頓和索迪共同獲頒諾貝爾化學獎，以表彰他們的發現——儘管當時仍然不清楚為什麼同位素會在質量上有所區別。

但是阿斯頓的測量結果足以揭示更多的事實：原子質量仍舊不是氫的確切倍數，總是略少：存在著「質量虧損」。阿斯頓和他的同僚意識到，在原子核的巨大力量中，有著小小的欠缺。當質子聚在一起，融合形成原子核，其質量中有一小部分轉化為能量，與愛因斯坦的質能等價公式 $E=mc^2$ 一致。這種能量的釋放讓原子核保持穩定：它就是所謂的結合能。愛因斯坦的著名方程表明，質量乘以光速的平方之後，會等於相當巨大的能量。從原子核的微小質量缺陷中，阿斯頓可以計算出有多少能量被氫核的融合所釋放，以形成更重的元素。這是一個驚人的數量。「讓一杯水中的氫變成氦，」他寫道，「將釋放足以驅動瑪麗皇后號全速橫跨大西洋並返回的能量。」[16]如果那樣的能源可以挖掘出來，「人類將有能夠超越科幻小說的能力」。再說一次，這些數字讓人害怕：「我們只能希望，人們不會只把它用在炸了他的隔壁鄰居上。」[17]

當原子變得更重，核子質量缺陷會隨之增加，但也僅止於質量約為六十左右（大約是鐵的原子質量）。在此之後，質量缺陷會穩定的變小。這意味著，比鐵輕的原子核會透過結合更多質子而變得比較穩定（每個核粒子能夠獲得更多束縛能），而比鐵重的原子核可以藉由擺脫質子而變得穩定。換句話說，有兩種方法可以讓原子衰變到更穩定的形式：透過融合或透過蛻變。於是，這裡有個對於放射性的解釋。非常重的原子，例如鈾，具有相對較少的束縛能：它們易於擺脫核粒子（α粒子）以降低它們的質量，並變得更穩定。高能的化學化合物，如硝酸甘油，會以大致相同的方式，容易發生反應以形成較穩定、較低能量的物質。放射性元素也是如此經過核反應達到相同的結果。同樣的道理，輕的元素容易產生核熔合，在過程中釋放出巨大的能量。人們於一九二〇年代時認識到，這個理論可以回答太陽和其他恆星為什麼可以維持巨大的能量輸出如此之久，這個長期存在的難題：它們的能量來自核熔合，特別是它們的主要組成部分，那就是氫氣。

核子煉金術

化學家可以取得、控制和操縱化學過程的能量釋放，但是原子核的密謀和遷變似乎躲在遙不可及的地方。然而，還是有辦法一探究竟。拉塞福、蓋革和馬士登曾經見過α粒子在遭到其他原子核的正電荷排斥時而偏轉。然而，如果α粒子有足夠的能量，就能越過這個令人厭惡的障礙，進入原子核。這樣的話，對於較輕的原子核來說，因為將釋放出束縛能，所以會是有利的結果。

---

16 同前註，140。
17 同前註，141。

你可以說，對於α粒子而言，很難進入（輕的）原子核中，但值得努力。原子核獲得α粒子提升了控制放射性，以達到隨心所欲將一個元素轉換成另一個元素的機會。

那就是拉塞福於一九一九年在卡文迪西所達到的成就。他讓大家看見，由釙所射出的α粒子可以將一些氮原子遷變為氧。α粒子是氦原子核，有兩個質子，而氧只比氮多了一個質子。所以α粒子起初被氮原子核納入，然後只有一個質子被彈回來。

這種核子煉金術有其局限，因為當核子變得更巨大及更高度帶電，阻礙α粒子進入和融合的靜電能量壁壘會變得更高，需要更大的能量來克服。答案是加速入射粒子，給予它們更多能量。一九二九年加州大學柏克萊分校的美國物理學家恩內斯特．勞倫斯（Ernest Lawrence）開始利用將電極充電到高電壓來加速粒子——α粒子或單獨的質子——使他們能夠更有力的推動原子核的電子壁壘。勞倫斯製作的粒子加速器可用於誘導重元素的遷變，並且藉此成為製作新元素的工具。

至此仍舊未能窺見全貌，而且，現在回想起來，核子物理竟然在這種狀況下取得如此大的進展。質子或氫原子核不會是原子核的唯一組成部分，因為原子核的質量一般會超過它們的質子的質量。應該這麼說，α粒子或氦原子核的電荷是質子的兩倍，質量卻是它的四倍。這多出來的質量（一般來說等於質子的核的總質量）是什麼造成的？

答案是原子核的第二個組成成分，中子：不帶電荷的粒子，其質量基本上等於質子。拉塞福於一九二〇年推測，這樣一個實體可能存在。而他是這麼形容的：一個質量的「原子」，但是沒有核電荷。如果是這樣，會為科學界帶來多大的進展。因為不會從質子那裡感受到電荷的斥力，它很容易就能進入其他細胞核，並因此成為非常有用的內部試探物。但是拉塞福並不認為這個假定的中子是基本粒子；反而認為它是化合物，是一個質子和一個電子的緊密結合。他的學生詹姆斯．查兌克（James Chadwick）對此想法很有興趣，於是開始尋找中子。

然而，中子第一次的目擊卻發生在德國。在一九二〇年代末期，海德堡的博特和赫伯特．貝克（Herbert Becker）從釙取得α粒子來轟擊如鋰和鈹的輕元素。如硼和鎂這樣較重的元素會因為這樣的轟擊而蛻變，就像在拉塞福的氮實驗一樣噴出質子。不過，雖然鈹並沒有蛻變，但它發出一種貫穿力強的「輻射」。查兌克很感興趣，而瑪麗和皮耶在巴黎的大女兒伊蕾娜．居禮和其丈夫弗雷德里克．約里奧（Frédéric Joliot）也是。法國科學家發現，博特的「射線」可能把如水和石蠟這樣富含氫的物質彈出質子之外。他們認為，該射線是γ射線，但是其他科學家懷疑γ射線沒有足夠的能量彈出質子。這是約里奧於一九三二年一月呈交給法國科學院的一篇論文中的假設。查兌克在次月看到這篇論文，並不同意他們的看法。他深信，在這些發現中「有一種又新又奇怪的東西」[18]，後來承認，「我的想法是針對中子而來」[19]。他投身於實驗之中，在短時間內讓

18　同前註，162。
19　同前註，27。

大家看見，關於博特的射線確實由粒子所組成的假設，都能夠得到解釋，而這裡的粒子就是拉塞福十二年前所提出的那些粒子，不帶電荷，並和質子有相同質量。

中子讓許多問題變得明朗。它占了原子核質量的其餘部分：一個原子核由一個數量的質子（質子數決定了原子序和該元素的化學特性）和相同數量的中子所組成。舉例來說，碳原子有六個中子和質子，因而原子的質量是十二。但是特定元素的中子數並不固定：同一元素的不同原子可能會有不同數目的中子。這些差異解釋了同位素，同位素有相同的原子序但不同的原子質量。舉例來說，碳原子會有五、七或八個中子，所以質量就是十一、十三和十四。碳十三很穩定，占了天然存在的碳略超過百分之一的比例，但是碳十一和碳十四則有放射性，會衰變並遷變成其他元素。因此，它們相對短命，產生於核反應中。特別的是，碳十四是由宇宙射線的碰撞所誘發出的核反應中大氣的氮所形成。它要透過發射β粒子而衰變回氮，半衰期大約五千七百三十年，而這種衰變提供了放射性碳定年法的基礎。

中子是把質子一起綁在細胞核中的黏著劑。事實上，中子和質子透過所謂的「強核力」相互吸引，這樣的力量會壓倒質子之間互相感受到的靜電斥力。如果沒有中子，原子核就會崩裂。人們愈來愈清楚，中子也是β衰變的關鍵。這個衰變過程看起來很奇特：電子從顯然不包含任何物質的原子核中彈出。但是，拉塞福和查兌克對於中子的混合概念有一定的道理：β衰變時，中子在第二個核力（「弱核力」）的支持下會衰變成一個質子和一個電子。電子成為β粒子離開；質子保持不變，讓原子往週期表中右側元素的位置遷變。[20]

拉塞福對於中子在實驗核子物理中的價值所抱持的直覺讓許多與他同時代的科學家最感到興奮。因為不帶電荷，中子鑽入原子核所需的能量遠遠低於質子和α粒子所需的能量。它也不需要加速器。查兌克在卡文迪西的同僚諾曼．費瑟（Norman Feather）利用中子把氮蛻變成硼，很快就得到相同的結果。在柏林的威廉皇帝化學研究所（查兌克曾於一九三二年六月到此參觀），梅特納和她的助手克特．菲利普（Kurt Philipp）也如法炮製，利用中子將氧遷變成碳。

中子改變了一切，一九三三年十月在布魯塞爾以「原子核的結構與性質」為主題的索爾維會議更是針對中子的性質激烈辯論。索末菲的另一個門生貝特在一九三三年移居到英國之前曾在慕尼黑大學任職，他曾斷言，在一九三二年查兌克的發現之前，所有關於核物理的知識都是「史前史」[21]。貝特認為，真正的歷史從中子開始。

---

[20] 包立於一九三〇年推測，β衰變中也會發射出第三個粒子：那就是微中子（或它的反粒子，反微中子），但是包立想把它稱為中子。費米於一九三四年的β衰變理論中，重新提起這個想法。他當時將這個中性、超級輕的粒子更為現名：「小中子」。微中子一直到一九五六年才於實驗中確實檢測出來。

[21] 貝特於一九三五年赴美國康乃爾大學，並且參與了曼哈頓計畫。他於一九六七年獲頒諾貝爾物理學獎，得獎原因是他針對核熔合和星球中元素形成的研究成果。

世界獲得自由？

漂泊不定的猶太裔匈牙利籍物理學家西拉德，曾在柏林與愛因斯坦合作。他於一九三二年第一次讀到威爾斯（H. G. Wells）的著作《獲得自由的世界》（*The World Set Free*, 1914）。威爾斯在書中探索了由索迪、拉塞福和阿斯頓所預測的未來，人類在其中已經學會如何釋放核能。威爾斯寫到一場從一九五六年開始，英國、法國和美國結盟對抗德國和奧地利的戰爭。這場戰爭中會使用威爾斯稱之為「原子彈」的武器，毀壞了世界各主要城市。

西拉德曾於一九一九年就讀柏林大學，受教於勞厄、普朗克和愛因斯坦之下，之後成為勞厄的助手，然後擔任大學的講師。但在一九三三年四月，他逃到維也納，很快的，就有許多不堪納粹統治的難民擠上了逃難的火車。九月時，西拉德來到倫敦，和其他無業難民沒有兩樣。他在《泰晤士報》讀到一篇拉塞福於英國科學促進會（British Association for the Advancement of Science）年會所發表的演講，演講主題是「分解原子」和「元素的轉換」。拉塞福提到他在卡文迪西的同事約翰．柯克勞夫（John Cockcroft）和恩內斯特．沃爾頓（Ernest Walton）最近所做的實驗，實驗中利用粒子加速器向鋰原子發射質子，並將其撞擊成碎片，釋放出大量能量。拉塞福懷疑這是否為產生能量的可行方式，而不是貿然聲稱「想要在原子轉換中尋找能量來源，是愚蠢的想法」。

西拉德對宣稱某件事不可能發生抱持著正面的蔑視態度，更何況，如果這樣的話來自所謂的「專家」。能夠證明拉塞福錯了嗎？

拉西德在漫步於倫敦街頭時得到了解答。所有核子物理學家早晚都會想到這個答案，包括拉塞福，而關鍵是中子。博特的實驗已經證明，核反應可製造出中子。費瑟、梅特納和菲利普曾表明，中子能誘導核反應發生。若是有一種原子蛻變，既可以被一個中子的吸收所觸發，又會在衰變過程中排出中子，那會如何？然後，一旦受到觸發，這個過程可以自發的持續下去，不斷釋放能量。如果這個過程緩慢的發生就能創造出熱的連續來源，而熱能夠發電。但是，如果產生的中子數超過激發它們生產的數量，如此自我持續的核反應可能會開始失控。[22]若是有一種元素吸收了一個中子，然後衰變後發射出兩個中子，那會如何？那麼就會發展出連鎖反應，蛻變的串級將在瞬間發展成能量的大量輸出，也就是爆炸。西拉德在心中看到了威爾斯故事裡原子彈的世界末日憤怒。正如作家理查．羅德斯（Richard Rhodes）所說：「時間在他面前啪的一聲打開，而他看到了一條通往未來的路，死亡降臨世界和我們所有的不幸中，他看見了即將到來的事情樣貌。」[23]

[22] 西拉德了解到，這種情況不那麼容易發生，因為釋放出來的中子一定很快就會被其他原子核捕獲，如此一來，它就不會從放射性物質中逸出。捕獲中子的速度決定了維持連鎖反應所需的物質量，那就是「臨界質量」。

[23] 同註13，13。

一九三四年七月四日，剛好和居禮夫人逝世同一天，西拉德向英國專利局提出提案，內容是根據中子誘發的原子蛻變的連鎖反應去利用核能。他從未覺得這是他一人的想像，事實上也不是。

然而同一年，普朗克在戈培爾面前許下了核子物理「革命性的創新」的承諾，但是心中並沒有足夠具體的想法。他們所討論的，並非武器，甚至也非明確的暗示將有無限的動力之源。所有的物理學家都明白，有一天將會發展出原子能，但多數人也都同意拉塞福的看法，認為前景無限遙遠。普朗克的險招不過是一個爭取國家對基礎科學支持的策略，他只是想從納粹手中擠出更多金錢。

德國的居禮夫人

梅特納和居禮夫人一樣，一直都知道她必須比她的男同事更有成就，才能在科學界爭取一席之地。當她於一九〇七年從維也納來到柏林從事研究，普魯士仍然不接受女性進入大學就讀。這個政策於隔年改變，但學術界的態度卻沒有。許多學者都確信，婦女會削弱大學的社會和智性特色。梅特納崇敬普朗克的「內心正直」[24]，而他努力去接受以下的想法：如果一個女人「擁有完成理論物理學任務所需的特別天賦，也擁有發展天賦的動力」，那麼這個女人就可能會被獲准進入他的門下，他認為，「這種情況並不經常發生」[25]。他說，一般來說，「高大強悍的女子並不正常，即使是在智性領域……大自然本身已經把母親和家庭主婦指定為女人的職業。」[26]居禮夫人很熟悉這種令人厭倦的意見。當愛因斯坦稱梅特納為「我們的居禮夫人」，他其實意有所指。

哈恩從拉塞福在蒙特婁的實驗室返回德國之後，在威廉皇帝化學研究所工作。他於一九〇七年遇到了梅特納，並發現彼此對核子化學都很有興趣，於是決定一起工作。但是，婦女不被允許在研究所內工作，據說是因為所長費雪確信她們會在實驗室把自己的頭髮給燒了。作為妥協，梅特納得到一間地下室的房間，只是象徵性的規定她不得上樓和哈恩交談。他們的合作馬上就獲得成果，並且在一九〇八年年底時，這對合作夥伴已經在該領域發表了幾篇重要的論文。連拉塞福在參加完諾貝爾獎頒獎典禮，從斯德哥爾摩回程拜訪柏林時都聽說了梅特納。但是很顯然，他對她沒有其他了解。「哦，我還以為你是男人！」他以他特有的紐西蘭式的直率如此承認[27]。

到了一九三〇年代，梅特納已經建立了足夠的資歷，得以和居禮夫人及她的女兒伊蕾娜一樣，在物理學界成為無論性別為何都值得尊敬的人。在一九三三年十月舉辦的索爾維會議的照片

24 Sime (1996), 37.
25 同前註，25。
26 同前註，26。
27 同前註，33。

一九三三年的索爾維會議與會學者合照。前排右二為梅特納，前排左二為伊蕾娜·約里奧—居禮，她的母親居禮夫人位於前排左五。（Benjamin Couprie攝影，索爾維國際物理學化學研究會）

中，她們三人坐著，四周都是西裝筆挺的男性學者。梅特納看起來尤其個子瘦小，她的目光看向房間的另一頭。但是那時，在她的腦海裡，應該想著核子物理以外的其他事情。

一九三四年，梅特納和哈恩開始在威廉皇帝化學研究所研究鈾的中子轟擊，那時哈恩已經成為所長。他們研究的是基礎科學，而不是尋求核電的應用。因為費米宣稱（或許）發現了透過中子輻照所產生的比鈾更重的新元素，促使他們想了解鈾所經歷的遷變順序。如果鈾吸收了一個中子，然後經歷β衰變，將會得到質子，並成為週期表那一行中下一個元素：第九十三個元素，沒有人知道是否存在於自然界中。就在這一年，費米懷疑他可能已經發現了那個元素，或者甚至還有第九十四個元素。這些所謂的超鈾元素因為被假設和那些在週期表中上方的元素有著相似的化學性質，而得到了臨時的名稱：擬錸、擬鋨。想要從這些核反應的產品中篩選，需要對化學十分熟悉，而這是哈恩的強項。想要加以理解，就需要梅特納的物理學知識。

費米的超鈾理論是錯誤的，但是對於利用捕獲中子來製造元素的原則卻合理而可信。哈恩和梅特納在年輕德國化學家斯特拉斯曼的幫助下，開始為從鈾產生的新型態放射性物質收集證據。它們或許是該元素的其他同位素，或許是未知領域以外的新元素。的確存在著什麼，但是很難解釋。

一九二九年，斯特拉斯曼雖然身為想要在產業中尋找相關工作的學生，但是很快就決定，寧願留在學術界從事基礎研究，於是加入了威廉皇帝化學研究所。他在一九三三年以後的職業生涯，顯示出一位沒有財富或地位的年輕研究學者，若是想要公開反對國家社會主義黨，會有多麼困難。他鄙視這個政權，拒絕加入任何納粹組織，並促使他退出納粹控制的德國化學學會。因此，他被列入了學術界和工業界工作的黑名單，在化學研究所中也未獲晉升或適當的薪酬。因此，他既窮又營養不良，當哈恩和梅特納於一九三五年提供他一個半薪的助教工作時，他覺得自己很幸運：「我如此看重我的人身自由，以至於為了維護它，我會拚命工作來求生存」[28]，他如

---

[28] 同前註，157。

此證實。他對納粹的抵抗從未停止；在戰爭期間，他和妻子把一個猶太朋友藏在他們的公寓裡。回想起來，斯特拉斯曼和他大多數傑出的同事比起來更加英勇。

分裂

梅特納於一九三八年七月逃離德國之後，哈恩和斯特拉斯曼繼續鈾的研究。但是，少了梅特納的專業知識，他們很難解釋他們的觀察。他們發現，經過中子轟擊，鈾會轉變成三個看起來和鋇在化學性質上類似的放射性物質，因此他們認為這些物質一定是鐳的同位素（鐳在週期表上和鋇位於同一列）。然而，這代表了兩個α粒子一定同時從鈾發射出來，這在以前從未見過。他們寫信給當時人在斯德哥爾摩的梅特納，得到的回答是，這似乎不可能發生。事實上，這些類型的「鐳」抗拒一切讓它們從鋇本身分離的企圖，就好像它們確實就是鋇一樣。[29]

但是，這更是荒謬。鋇（第五十六個元素）的質量幾乎不到鈾（第九十二個元素）的一半。科學家都同意，遷變一次只會發生一點點：一個放射性衰變會讓一個元素變成週期表中非常接近的另一個元素，可能是失去兩個質子（α衰變），也可能是獲得一個質子（β衰變）。沒有辦法讓鋇直接變成鈾，不是嗎？

然而，哈恩和斯特拉斯曼正在為他們的奇怪發現尋找其他的解釋。十二月十九日，哈恩寫信給人在斯德哥爾摩的梅特納：

> 或許你可以提供一些極佳的解釋。據我們了解，鈾真的不會分裂成鋇……所以盡量思考一些其他的可能性……如果你能想到任何可以發表的理論，那麼我們三個就能夠列名於這項研究。[30]

聖誕節時分，在一個安靜的瑞典鄉村度假的梅特納，與她來訪的侄子佛里希討論這些怪異的實驗結果。也從德國流亡而來的佛里希如今在哥本哈根工作。他們得出的結論現在看來必然會發生，但在當時卻反駁了所有關於核遷變的主流觀點。他們認為，鈾原子核確實大約分裂成一半。為了要為這個過程取個名稱，佛里希回憶活細胞的分裂，並借用生物學術語，如此命名：鈾進行核分裂。佛里希告訴在哥本哈根的波耳，而波耳剛好要出發前往美國參加會議，於是把這個消息帶給大西洋另一頭的科學家。

---

29 用於分離衰變產品的標準化學技術是，把它們和已知的較輕元素混合在溶液中。透過添加合適的成分，可以讓那些元素像不溶解的鹽一樣沉澱。舉例來說，添加硫酸可以讓鋇沉澱。和沉澱的那個元素在化學性質上相似的另一個元素會一起出現，奪取鹽的晶格裡一些相同的空間。

30 Rhodes (1986), 253.

關鍵在此：鈾原子分裂時，也發射出中子，就如同巴黎的約里奧－居禮於一九三九年初所論證的一樣。中子進產生了中子出：這就是西拉德的連鎖反應中的組成成分。

這裡存在著一個困難。鈾和所有元素一樣，有幾個和其原子核所包含的中子數量不同的同位素。到目前為止，最豐富的類型是鈾二三八，它構成了超過百分之九十九的天然鈾。但是經歷發射出更多中子的分裂的鈾卻是兩個主要的同位素中比較罕見的類型：鈾二三五，存在於天然鈾的比例只有百分之零點七而已。

更重要的是，誘導鈾二三五裂變的中子是慢中子，它們移動的速度只有每秒幾公里，和大多數氣體分子在常溫下的速度大致相同，這就是為什麼它們也被稱作熱中子。但是透過鈾分裂所射出的中子速度就很快，每秒多達數千公里。因此，它們需要放慢速度來發展出持續的連鎖反應。

費米於一九三四年偶然發現減緩快中子速度的方式：需要一種所謂的減速劑，這種物質會吸收一些中子的能量。費米發現，如果他在中子源和目標之間放置石蠟，他就可以透過用快中子轟擊鈾來提高鈾的放射性。石蠟減慢了中子的速度，以便鈾原子核捕獲中子，導致中子衰變。[31]

由碳和氫原子製成的石蠟是一種有效的減速劑，因為中子能把它們的一些能量有效的轉換成氫原子。只有一個質子的氫原子核基本上和中子的質量相同。因此，當一個中子擊中一個氫原子，該原子夠輕，能夠從這樣的衝擊中退回，並吸收一些能量。相反的，一個中子撞擊一個重原子，就好像撞上堅固的牆壁，反彈而幾乎沒有喪失任何能量。其他的輕原子也可以作為中子減速劑，而最有效的一種是碳，可以以石墨的形式作為減速劑。重氫是稱為氘的同位素，其原子核裡含有一個質子和一個中子，它比正常的氫更有效果，而且，重水（富含氘）因此也很快被當作可能的減速劑。石墨和重水這兩種物質成為中子減速劑的兩個最熱門的候選物質，而中子減速劑可以在核反應器中維持鈾衰變的連鎖反應。

如果鈾二三五這個可裂變成分能夠做得更濃縮，就能夠加速這種連鎖反應中的能量釋放。核子物理學家計算，要生產巨大的級聯，也就是幾乎瞬間釋放能量的核爆炸，多少需要一點純鈾二三五。然而，沒有人知道如何把它從更豐富的同位素鈾二三八中分離出來——這兩種同位素在化學上沒有什麼區別。

---

31 這些都是前面描述過的實驗，費米在這些實驗中希望透過中子捕獲讓元素比鈾更重。他沒想到的是，他的慢中子實際上導致了鈾分裂，這正是哈恩和斯特拉斯曼四年後在論文中說明的結果。這種可能性幾乎沒有人設想得到。然而，有一個人做到了。她是德國化學家伊達．諾達克（Ida Noddack）。她和梅特納以及居禮家母女一樣，在一個幾乎完全都是男性的環境中為核子科學做出顯著貢獻。但一九三四年時，諾達克在分裂上的理論並不具有說服力。事實上，當她將其主張提交給《自然科學》期刊時，羅斯包德認為她不過是「自命不凡」，而且這樣的稿件「恰好是我們在科學出版品中不喜歡的那種」（P. Rosbaud, letter to S. Goudsmit. In Samuel Goudsmit Papers, Series IV, Alsos Mission: Box 28, Folder 42, 15. American Institute of Physics）。羅斯包德並不看好諾達克，並且認為幸好被提名三次的她並未獲得諾貝爾獎。

雖然這樣的細節仍不清楚，但是漢堡大學的化學家保羅・哈特克（Paul Harteck）和他的助手威廉・格羅斯（Wilhelm Groth）在一九三九年四月時決定通知戰時帝國內政部，從鈾原子核裡能夠釋放出極大的能量。「我們允許自己，」他們寫道：

把你的注意力指向核子物理領域的最新發展，因為根據我們估計，它可能造成的爆炸威力，將會是那些目前使用中武器的好幾倍……若是我們上面所說創造能量的方式得以成為現實，而這是完全可能的，那麼率先利用的國家相對於其他國家來說，就擁有幾乎無法逆轉的優勢。[32]

歐洲的戰爭看來幾乎不可避免，所以我們可以認為，納粹會認為哈恩和斯特拉斯曼的發現太過敏感，不能透露給國際科學界。但是早在有人想到應該禁止之前，羅斯包德就已經鼓勵研究學者在《自然科學》期刊發表他們的工作成果，並協助讓這樣的論文在一九三九年一月倉促付梓，好讓外國科學家能夠知道這個情況。（正如我們所看到的，波耳就知道了。）另外，羅斯包德在訪問劍橋時，把這件事告訴英國的粒子加速器專家柯克勞夫，而哈恩顯然同意他這麼做。四月底，納粹政府決定核子研究應該從此保密，但為時已晚。八月，愛因斯坦、西拉德和另一個從德國流亡的匈牙利猶太科學家泰勒，寫了一封信給羅斯福總統，警告他製造原子彈的可行性。

分離同位素的專家哈特克之後坦承，他和格羅斯把他們的備忘錄寄給軍方，並非因為極負愛國精神，而僅僅是因為希望軍方能夠為自己的研究提供資金。他們當然並未透露任何重要機密：任何人都可以在《自然科學》六月號中發表、由哈恩的助手齊格菲・福里格（Siegfried Flügge）所撰寫的文章〈原子核的能含量是否能夠運用於技術中？〉。無論如何，哈特克和格羅斯的信抵達了德國陸軍武器局，而該局決定召集一批專家來決定應該怎麼處理鈾。他們成為鈾俱樂部會員，並在擔任該局的炸藥專家顧問的核子物理學家科特・迪布納（Kurt Diebner）的帶領下，於九月初第一次會面。鈾俱樂部決定，針對這個新的潛在能源和軍事優勢所做的研究應該立即開始，並在九月二十六日的一次會議上決定合適從事這項工作的地址。除了由德拜所領導的威廉皇帝物理研究所之外，還有哪裡更適合呢？

[32] Kramish (1986), 53.

第九章 是科學家還是人？

一九三九年九月十六日，英國對德國宣戰兩週後，德拜收到威廉皇帝學會的祕書長特爾朔寫來的信，宣稱威廉皇帝物理研究所從此為「與戰時經濟有關的軍事技術目標和活動」[1]而部署。清楚的表達出研究所將會運用其強大的技術設施，以研究核子科學和鈾釋放能量的可能性。

這種敏感的研究不能交給一個外國人來負責，就連浸淫德國科學如此之深的德拜也不行。在德拜收到以書面通知威廉皇帝物理研究所即將發生的變化同一天，特爾朔親自拜訪他，傳達由帝國科學委員會的曼澤爾所下達的最後通牒：他若是不放棄荷蘭國籍，成為德國公民，就必須辭職。

---

1 Eickhoff (2008), 102.

德拜不準備放棄原本的國籍。但是他也不打算辭職。相反的，他直接拒絕這項命令。他在兩天後寫給威廉皇帝學會主席波希的信中如此解釋：

針對特爾朔博士的第一個問題，我的回答是，我不想放棄我的荷蘭國籍，他可以看成我已經明確回答這個問題。至於他的聲明中的第二部分，我向他指出，正如他所知，在過去兩年裡，一直有人提供我新的職位，而我每次都不感可惜的加以拒絕。如今在壓力之下，我不打算有不同的表現。因此，我拒絕辭去我的工作，並且要求若有相關的提議，都必須來自我的上司。我補充說，我不會讓別人說我逃之夭夭。[2]

特爾朔後來打電話告訴他：曼澤爾願意討論。他們於十月初會面，曼澤爾在會中明確表示，討論並不代表協商。他建議德拜，如果他不遵守規定，他就必須辭去管理者的職位，並且如德拜後來所述，應該「留在家中寫書」[4]。曼澤爾補充說，不會再有更多的資金挹注在研究所的任何研究中，除非該項研究和「軍事目標的知識和方法」[5]直接相關。

「投降免談。」[3]第二年年初他如此告訴勞厄。

德拜視威廉皇帝物理研究所為其投注所有心力的一生志業，不會輕易放棄。那年四月他接受了邀請，在康乃爾大學發表了一系列受人矚目的演講，而他將此視為機會，以避開做出關於管理職位的最終決定。他與帝國教育部及陸軍武器局（此局應該要負責管理威廉皇帝物理研究所）安排好，讓他從目前的職位中休假六個月，以便能去美國。在此之後才能決定他在研究所的職位去留。與會者一致同意，這個職位會空下來等他復職後在極低的溫度下進行實驗，而在此期間，迪布納將成為研究所暫時的行政總監。

十月七日，德拜寫信給紐約洛克斐勒基金會的提斯代爾說明情況：

> 到目前為止，研究所一直只處理純粹的科學研究。我被告知，從現在開始，政府希望來決定研究所應該經手什麼樣的問題，並且因為我的荷蘭國籍，希望這件事不要由我來負責。由於我不願意變更國籍，因此同意政府，暫時不擔任管理職位。政府部門主管和我於前天開了一場會，達成了以下共識。我不辭職，而是休假一段時間，如此一來，我將自由安排我的活動，這是我認為最好的方式。在此期間，我的薪水照發……我很抱歉，雖然此時還無法

2 同前註。
3 同前註，105。
4 Davies (1970), 209.
5 Eickhoff (2008), 103.

估算時間持續多久，但是我在馬克斯．普朗克研究所的工作已經結束。6

德拜清楚感受到他有義務讓挹注資金的基金會能夠隨時掌握研究所的狀況，但他也希望能夠爭取他在紐約的潛在盟友提供幫助。洛克斐勒基金確實持續支持他：德拜住在美國的頭幾年，提斯代爾和其他工作人員介入解決他的簽證問題和其他的不便，例如讓他運到康乃爾的科學設備得以通關。

德拜從未明示或暗示他離開德國是因為對於政權有道德上的顧忌。毫無疑問，他不贊成軍方接管威廉皇帝物理研究所，但從來沒有跡象表明他的離開是因為那裡即將受到接管的工作性質。事實上，他或許和德國物理學家抱持著共同看法，認為鈾的研究帶來了許多有趣的科學挑戰。德拜曾受邀參加鈾俱樂部的第一次會議，若非納粹對於國籍和自主權的問題不願妥協，他很可能已經加入俱樂部。因為比起迪布納或海森堡（後來帶領了許多研究），他是更有能力的實驗學者，所以完全可以想像，若是德國的鈾研究能夠交給他帶領，進展將會更快速。

然而，德拜之後離開德國被視為說明了他對於納粹的「反抗」。這場看起來像是離開法西斯政權的旅程，實際上幾乎可說是提醒同盟國在柏林所發展的核子威脅。《紐約時報》於一九五一年的一篇報導如此形容：

一九三六年的諾貝爾獎得主，荷蘭化學家德拜一直在柏林的威廉皇帝學會工作。他突然得知他的實驗室需要「作為其他用途」。他謹慎的詢問，得知該學院有很大部分會轉向鈾的研究。他逃離德國來到美國……他抵達時通知了科學家同僚關於德國針對核子研究的新重點。「他帶來的消息，」佩格勒姆博士（George Pegram，他開啟了曼哈頓計畫的初期工作）說，「開始了我們的科學家與德國之間的競爭。從那時起，我們夜以繼日的處於領先德國的奮戰中。」[7]

我們很快就能斷定，德拜到美國是為了告知納粹的最新進展，並阻止希特勒，而不是想要推遲他在柏林研究所的確定離職時間。這樣的「德拜故事」一直到他去世之前，基本上都不會受到挑戰。然而，儘管今日出現了對德拜的控告，他也從未編造任何部分。他似乎滿足於讓人們自己想像神話劇情。

---

6 Rockefeller Foundation Archives, RF RG 1.1, Series 200D, Box 136, Folders 1677–8, letter from P. Debye to W. E. Tisdale, 7 October 1939.

7 van Ginkel (2006), 41.

航向美國

德國當局清楚知道德拜的離開可能代表什麼意義。特爾朔在寫給航空研究學院校長阿道夫・博依姆克（Adolf Baeumker）的信中，明確表達了他的擔憂：

> 在我看來，德拜教授有可能……現在決定拋棄德國……在德拜教授結束他在伊薩卡的演講之後，威廉皇帝學會將努力尋找在德國其他可能的職位，如果航空研究學院能夠以類似的方式安排，我們將會很歡迎。8

十二月時，德拜和妻子瑪蒂達前往馬斯特里赫特，表面上是為了看望他生病的母親，但實際上是要討論離開德國的計畫。考慮到這一點，德拜向母親借了美金。他應該在十二月稍晚和特爾朔會面，簽署休假的合約，但是特爾朔在抵達研究所時發現，德拜又一次在比賽中領先，早已離開。

這不完全是逃亡，因為德拜已經協商出正式許可，但是德拜確保了他的離開沒有一切已成定局的氣氛。一九四〇年一月十五日，德拜從慕尼黑越過布倫納山口，來到米蘭，然後又到熱那亞，在那裡他領出母親所匯來更多的錢，並登上了康特迪薩沃亞號郵輪，於二十三日啟航前往紐約。

德拜的兒子彼得在柏林大學攻讀博士學位，他早在一九三九年夏天就到美國與朋友在俄亥俄州度假，戰爭的爆發讓他無法回國。（德拜家族曾表示，這絕非事先預謀，彼得的離開並非有計畫出走的第一步。）德拜希望馬蒂達到康乃爾和他會合。這需要一些技巧。雖然她不能直接獲得美國簽證（因為和德拜結婚，她成為荷蘭人），但是她可以先到瑞士等待安排。結果這遠非易事：她一開始遭到拒絕，一直到康乃爾和麻省理工學院的校長介入之後，美國國務院才發給瑪蒂達旅遊簽證。她於一九四〇年十二月離開里斯本，在耶誕節前夕航行到古巴，並且於一九四一年一月抵達美國，在伊薩卡和丈夫會合。

德拜的離開是痛苦的決定。他一定認為，就算有可能，他也將返回德國。「我不得不放棄所有我參與建造的美麗實驗室，」他在一九六四年望眼欲穿的回憶道，「你知道的，這些實驗室花費了幾百萬。一切都照我想要的方式建造——這些高壓設備和其他設備，而在康乃爾大學，他們什麼都沒有。」[9]

---

8 為了尋求解決方案，博依姆克寫信給哥廷根大學的普朗特，提到他了解德拜「在戰爭持續時間」已經獲准休假。這表示，這場戰爭可能會在半年內結束，或者說這反映了德國當時的共識，並且，值得記住的是，德拜也可能如此認為（Eickhoff, 106）。

9 Debye (1964), 34.

陷入戰爭的學會

德拜的突然離去讓德國物理學會失去了主席。他的副手澤奈克在選出新領導人之前暫代其職——這個選舉免不了受到政治影響。選舉委員會中的納粹同情者，史都華、舒茲和奧爾特曼，都傾向由耶拿大學的實驗物理學家以薩來擔任主席。以薩是帝國研究委員會物理部門的負責人，並自一九三三年以來一直是黨員。但是溫和派能夠讓工業物理學家卡爾．冉紹耳（Carl Ramsauer）當選，冉紹耳和威廉物理學會的波希一樣，被認為政治正確，似乎得以不受國家干涉。冉紹耳是雷納以前的學生，但不像他的導師一樣是狂熱的反猶太分子。他是保守分子，也是民族主義者，但不是黨員。冉紹耳讓德國物理學會進行部分及自願調整的過程。他實現了一九四〇年在學會的新章程中規定而德拜一直裹足不前的元首原則，並且承認，德國物理學會有責任對於國防有所貢獻。但他透過與現在已經成為德國軍事工業集團的單位加強關係，來行使這一職責。這個集團夠強大，能夠以自己的方式來運作，並決定自己的（自私的）優先順序，而非讓政府呼來喚去。

這種策略強有力的幫助冉紹耳獲得更多用於物理的資金。只要有機會，他就會強調元首原則對於國家安全的重要性，德國物理學會並於一九四二年大膽向拉斯特抱怨，「猶太物理學」的謊言如此有破壞力，以至於讓「德國物理界向美國物理界讓出昔日的霸主地位，並且處於持續落後的危險」[10]。誠然，科學家不期待令人滿意的反應，結果也並未得到，原因是拉斯特臭名昭著的懶惰和低效率。於是德國物理學會開始針對納粹官僚，尤其是裝備部長亞伯特．史佩爾（Albert Speer）和空軍元帥赫爾曼．戈林（Hermann Goering），展現出他們的工作中具有更大利益的部分。

核子研究特別能夠與當局建立關係。一九四二年三月，冉紹耳對軍事經濟和裝備局局長喬治．湯馬斯（Georg Thomas）說，「美國在核蛻變領域的大型研究有一天可能會對我們造成極大的危險」[11]。歷史學家漢斯契說，這些請願的結果是，第二次大戰的後幾年，「納粹當局愈來愈接受物理」[12]。戈培爾本人也承認，納粹的政策，傷害了他們的科學研究能力（也找到合適的代罪羔羊），他在文章中寫道：

> 無論是在空中作戰或潛艇的領域，我們的技術研發遠遠不如英國和美國。我們現在正因為在科學方面的領導不力而嘗到苦果，沒有表現出應有的主動性來激發科學家合作的意願。你就是不能讓一個無庸置疑的傻子（在此指的是拉斯特）來帶領德國科學這麼多年，還沒想到會因為如此愚蠢而受到懲罰。[13]

---

10 Hoffmann (2005), 311.
11 同前註，317。
12 同前註，319。
13 R. W. Gerard (1949), 'The scientific reserve', *Bulletin of the Atomic Scientists* October, 276–80, here 277.

這個遲來的頓悟所帶來的結果是，隨著戰爭演進，即使在德國整體經濟變得愈來愈不穩定，科學都能獲得相當大的資助。德國物理學會在一九三二年的預算是五百五十萬帝國馬克，到了一九四四年增加到二千四百三十萬。冉紹耳並且讓許多物理學家得以不從軍入伍，他的論點是，軍隊肯定能夠承受少三千名士兵，「但是多三千名物理學家或許可以決定戰爭輸贏」[14]。他提出此呼籲之時，大多數人都知道戰爭的輸贏已經決定，但是這種情況只是增強了這樣的承諾造成的影響。然而，請願書為時已晚：納粹試圖於一九四四年從戰場上召回六千名科學家，卻只有四千名得以返回，剩下的兩千名不是戰死沙場，就是難以追查。此外，返回的科學家中有一些人決定不在這場勝負已定的戰爭中浪費他們的努力，所以他們利用軍事合約來追求實際目的為學術的研究，卻聲稱這些研究具有深切的軍事意義。在此基礎上，勞厄有了正當理由出版一本關於繞射理論的書，但其實完全沒有軍事價值。「如果有人想透過戰爭最後幾年的文件來堅持研究，」勞厄於一九四六年寫道，「他會發現，在科學中進行的每件事絕對都『對戰爭的努力有決定性影響』。」[15]

德拜在美國

來到康乃爾大學的德拜受到許多懷疑的目光。為什麼他這麼晚才離開德國，莫非是因為對這個國家的忠誠？一九四〇年八月底，高斯密特寫信給聯邦調查局說：

> 我的一些同事認為，德拜在這裡的新職位可能使他接觸國防科學工作，他並且可能對該工作的人事選擇有影響力。他們擔心他不可靠。我個人的看法是，這些懷疑主要來自專業上的嫉妒。我希望我是對的。儘管如此，這個情況看來對我很重要。德拜在其專精的領域中是如此優秀的人才，擁有豐富的實戰經驗，如果我們的國家因為一些沒有根據的懷疑，在緊急狀況下卻無法善用他的寶貴知識，對我們將多麼不利。看來無論如何，我都強烈建議要確定他的立場為何。[16]

原則上，德拜的確可能打算在美國做納粹的間諜，最近也有這樣的猜測。但是，這和我們所知他對於希特勒政權的所有態度相違背，確實也和他在戰爭前後的性格和行事完全不同。這個想法不僅缺乏證據，且有失邏輯和心理的可信度。

---

14 Hoffmann (2005), 319.
15 Beyerchen (1977), 191.
16 van Ginkel (2006), 53.

美國聯邦調查局可能不知道這一點，於是對德拜做了廣泛的調查，訪問他的許多同僚。得到的回答驚人的兩極化。在德國和德拜親近的人大多說了他的好話，稱讚他為人正直，不涉足政治，只為科學而活。但也有少數和他關係比較疏離的人持保留和批評態度。其中有幾個是流亡猶太人。高斯密特親口告訴調查人員，雖然他打從一九三一年之後就沒見過德拜，然而他「懷疑他，但這個懷疑沒有事實根據」[17]。一九三五年離開德國的波蘭放射化學家法揚斯指出，對自己有利時，德拜會對任何麻煩之事視而不見；另一個猶太波蘭人，物理學家羅曼．斯莫盧霍夫斯基（Roman Smoluchowski）於一九三九年逃離華沙，到了普林斯頓，宣稱他「身為科學家極其貪財」[18]。德國物理學家魯道夫．拉登堡（Rudolf Ladenburg）在一九三二年移居普林斯頓之前，曾在威廉皇帝物理研究所和柏林大學工作過，他同意的說，「只要涉及到錢，德拜甚至連對科學領域都不忠誠」[19]。服務於威斯康辛大學、在俄國出生的物理學家格雷葛利．布萊特（Gregory Breit）自一九二〇年代以來就於美國居住，表明他不能排除德拜違反個人意願為納粹工作的可能性。其他人則因為他的傑出而明顯不信任他。包立警告說，「不能信任」德拜[20]，並聲稱他「非常有可能同情德國」——粗魯的包立做出如此典型的指控既尖刻又不公允。在美國，德拜很少談到他對於希特勒政權的態度——一個未透露姓名的聯邦調查局受訪者說，他「對於全部的納粹問題都沒有情緒反應」[21]——但似乎沒有理由懷疑美國哈佛大學化學家弗雷德里克．凱斯（Frederick Keyes）於一九四〇年所做的證詞，那就是「德拜徹底厭惡關於希特勒和納粹政府的一切」。

造成最大傷害的可能是最權威的德國猶太物理學家愛因斯坦的證詞。雖然他從未明確說明，但是愛因斯坦確實對德拜的道德評價不高。正如聯邦調查局報告表明：

> 愛因斯坦告知，他從來沒有聽說過德拜做了什麼錯事，但是，他夠了解這個人，不會信任他。若是身為科學家的德拜說一件事為真，愛因斯坦會接受，但若是身而為人的德拜說一件事一定為真，他就不會接受。愛因斯坦繼續說，德拜是個智力超常的精明人，多才多藝，具有達成目標的非凡能力，並知道怎樣做才能達到立即和個人的進展。愛因斯坦說，他認為德拜的忠誠度不是很高，並會為了自己的優勢不惜一切手段。愛因斯坦說，德拜在國外表現得很可疑，並不像荷蘭人。為了解釋以上說法，愛因斯坦說，德拜在國外的同事自一九三三年以來就受到迫害，但是他從未試圖幫助他們，也不曾試圖幫助他們在其他地方找到職位。[22]

---

17 同前註。
18 Eickhoff (2008), 129.
19 van Ginkel (2006), 102.
20 同前註。
21 同註19，101。
22 同註19，55。

這樣的陳述很奇怪，至少最後一段有失真實。人們可以對他的行為的道德基礎加以爭論，但德拜確實幫助過受迫害的同事離開德國，並在其他地方找到職位，其中包括他的助手薩克和范德格林頓，當然還有梅特納。愛因斯坦明顯準備好以最具權威的身分發表這些言論，卻不知道自從一九三三年之後德國究竟發生什麼事，讓他的言論不值得受到尊重。

愛因斯坦接著播下懷疑德拜忠誠的種子：

愛因斯坦說，他不相信德拜在威廉皇帝物理研究所中和軍事有關的工作，但是德拜有能力進行這樣的工作。他說，德拜的人可能沒有問題，但如果德拜的動機不好，他就是非常危險的人物。他還指出，德拜會是（德國）間諜工作很好的人選，因為他擁有組織的設備來執行這項工作。他說，他的看法沒有偏見，認為除非事先確定德拜已經斷絕與德國官員的一切關係，否則不應該信任德拜參與美國政府的軍事機密。[23]

目前尚不清楚為什麼愛因斯坦對德拜如此有偏見。當他們於一九一七年第一次見面，愛因斯坦對他只有溢美之詞，說他是「未受汙染的靈魂」，擁有極高的科學研究能力。[24]烏得勒支大學德拜研究所的前總監吉斯．范金克爾（Gijs van Ginkel）懷疑，他們的關係可能在一九二〇年代惡化，因為德拜夫婦透過一個在蘇黎士的共同朋友得知，愛因斯坦不公平對待第一任妻子米列娃．馬利奇（Mileva Marić）的所有細節，而且瑪蒂達毫不掩飾她的不認同。德拜對愛因斯坦的評價似乎也已下降——他的姊姊卡洛琳於一九七〇年說，「他發現愛因斯坦其實是個空談者，大家對他的評價太高」[25]。德拜興許怨恨愛因斯坦於一九一二年時，因為提名了艾倫費斯特，而不是他，讓他失去了萊頓大學教授職位的機會。

無論如何，愛因斯坦的不信任讓德拜有些不快，特別是一九四〇年春天，愛因斯坦接到一封來自歐洲的陌生來信之後。一位英國情報員把那封信帶到了他位於普林斯頓的家，信件已經經過審查。寫這封信的人是一個愛因斯坦認識的瑞士人，叫做菲德勒（Feadler，聯邦調查局如此轉錄）之類的。（可能是一個叫做漢斯—維爾納．費德勒〔Hans-Werner Fiedler〕的人，德拜曾經擔任過他受海森堡指導的博士論文的顧問。）這封信警告說，德拜和戈林很親近（這是真的），很可能是為了「祕密的目的」來到美國，作者希望愛因斯坦加以證實。[26]

這封信最後的建議純粹是猜測。儘管如此，「因為我不可能調查這封信中的論述」，愛因斯坦後來解釋：

---

23 同前註。
24 van Ginkel (2006), 57.
25 interview with Caroline Debye, 1 April 1970. Debye archives of the Regionaal Historisch Centrum Limburg, Maastricht, 8.
26 van Ginkel (2006), 54.

我把這個資訊轉給我在這裡結識的一位同事。這是不言自明的義務……在這種情況下，我無法承擔把這封信丟進廢紙簍的責任。[27]

他把那封信拿給普林斯頓高等研究院的古文字學者艾利亞斯．艾佛利．羅威（Elias Avery Lowe），而羅威又將此信轉給康乃爾大學的一位「猶太學者」。康乃爾大學的高層告知德拜此事。不出所料，德拜寫了一封文字生硬的信給愛因斯坦。「那些懷疑毫無根據，」他說：「我離開德國的原因是政府要求把我把荷蘭國籍改為德國國籍。我在幾個月前決定，無論如何我都不會回去德國。」[28]康乃爾大學校長艾德蒙．德伊表示，德拜認為，菲德勒所寫的信「無疑是我們遭遇到的某種歇斯底里症狀」[29]，決定不放在心上。德伊向洛克斐勒基金會的韋佛保證，他「確信德拜誠實又忠誠」[30]。

愛因斯坦在聯邦調查局的訪談中提到的菲德勒的信，但是康乃爾大學的文學院院長羅伯特．奧格登（Robert Ogden）認為，這是「猶太人的偏見所造成的結果」[31]。也就是說，那些被迫離開德國的人，對於其他不受納粹法令所影響的人，感到了痛苦的情緒，認為留下來的人顯得不在乎他們的困境。愛因斯坦明顯的表達出這件事在他心中的重量。根據韋佛所說，愛因斯坦「婉拒參加」一九四〇年六月在普林斯頓舉辦為了表彰德拜的歡迎晚宴。[32]在這種情況下，數學家奧斯瓦爾德．維布倫（Oswald Veblen）告知韋佛，「德拜的某些同事認為他顯然太晚才做出決定，以至於無論如何都無法和德國劃清界線」[33]。

並不是所有的流亡猶太人都嚴厲的批判德拜。法蘭克要不是被哥廷根大學開除，否則成為威廉皇帝物理研究所所長的人不會是德拜，而是他。他對聯邦調查局聲稱「德拜是具有高品格和崇高理想的人，完全值得信賴，一定會對美國政府徹底忠誠」[34]。但值得注意的是，德拜在遠距之下呈現的樣子和近距離時對比之下，有多麼不同。德拜展現於世人的某種態度讓和愛因斯坦及高斯密特一樣的人感到有些不安，這種不安不能單純歸因於專業上的嫉妒。

美國當局在四年中投注了大部分的心力，最後決定可以信任德拜。一九四四年四月，美國陸軍勤務部隊指出，找不到任何理由將德拜排除於機密軍事研究之外。到了那個階段，這幾乎已經不重要。

---

27 A. Einstein, letter to J. G. Kirkwood, 17 June 1940. In Albert Einstein Archives, Hebrew University of Jerusalem, Israel, 9–150.
28 P. Debye, letter to A. Einstein, 12 June 1940. In Albert Einstein Archives, Hebrew University of Jerusalem, Israel, 9–145.
29 Rockefeller Foundation Archives, op. cit., memo from W. Weaver, 13 June 1940.
30 同前註。
31 van Ginkel (2006), 58.
32 Rockefeller Foundation Archives, op. cit., memo from W. Weaver.
33 同前註。
34 van Ginkel (2006), 59.

生活在戰時

德拜已經盡他所能獻身於提高同盟國的戰力。正如聯邦調查局的報告中指出，他毫不浪費時間，告訴美國科學家德國物理學家正在柏林做出什麼努力。在他的船停靠紐約兩個星期後，他會見了韋佛說明情況。正如韋弗所言：

軍隊在威廉皇帝物理研究所做出的這一步，是因為他們希望（德拜認為這個希望寄託錯誤），一群德國物理學家利用德拜優異的高壓設備狂熱的工作，將能夠在實務上設計出開發原子或次原子能源的方式。或是會想出一些原子蛻變的程序，提供德國勢不可擋的進攻武器。這確實是軍隊的希望和計畫，也應該是個大祕密，而德拜不應該知道這件事。也不應該有人知道參與此計畫的德國物理學家是誰，但是德拜已經給了我們名單。德拜說，這些德國物理學家十分肯定並不認真。他們和德拜一樣，都認為他們絕不可能完成軍隊心中抱持的任何目標；然而他們同時認為，這是進行核子物理基礎研究的極佳機會。整體而言，德拜傾向於認為德國軍隊所懷抱的希望只是個笑話。他說，當權者如此愚蠢，以至於永遠無法知道德國物理學家是否能夠做到他們應該做的事情。[35]

請注意，德拜並非想要暗中破壞德國的軍事研究計畫。相反的，他傳達這個不會產生真正結果看法的資訊，是相信核子工作是在浪費時間，不過是個笑話。他於一九四二年告訴一份寫給荷蘭移民的美國雜誌，「開發出真正令人震驚的新武器的機會，不利於目前戰爭中的任何一方。任何『新』武器將只能是目前戰鬥器材的發展或改進。」我們將會看到，德拜的想法和德國物理學家的信念並不相同。無論如何，德拜坦率的公開德國鈾研究的資訊，對於洛斯阿拉莫斯國家實驗室的密集研究產生了重要的激勵作用。愛因斯坦（顯然至少在這個程度上相信德拜的話和意圖）和西拉德在一九四〇年四月寫給羅斯福總統的第二封信中利用了這個資訊，懇求他支持核能釋放的大型研究。

可以理解德拜的捍衛者如今對於指控他的人把他在美國的所作所為罵得一文不值有多麼沮喪。如果他表現出對於戰爭的研究不感興趣，就會引來對德國殘餘的同情。但是，因為德拜確實投入了國防工作，顯然就是個機會主義者，討好了掌權的人。

然而，如果德拜願意為了同盟國投入戰爭，卻不願為納粹這麼做，難道這沒有確實顯現出他站在哪一邊？

這一點完全沒有顯示出來。德拜自己也向愛因斯坦承認，他離開德國並不是因為他反對強加

[35] Rockefeller Foundation Archives, RF Officer Diaries, disk 16 (Warren Weaver), memo of 6 February 1940, 19–20.

於威廉皇帝物理研究所的軍事取向，而是因為除非他成為德國公民，否則無法保住他的職位。若是能夠保留荷蘭國籍，德拜是否會留下來繼續鈾的研究只能留待猜測。雖然我們根本不知道他有多麼願意為德國軍隊工作，但是看起來他對於從事核能本身的應用並沒有任何疑慮。當他於一九四八年接受一家荷蘭報紙採訪，問到他是否參與了美國的核子研究，他支吾回答說：「我當然可以這樣做。我們在柏林已經在這個領域進行了研究。但身為荷蘭公民，我認為這並不正確。此外，我在康乃爾大學找到了其他領域的研究。」[36]這是非常虛偽的發言。不僅沒有說清楚為什麼荷蘭公民會認為核子研究「不正確」，德拜也很清楚知道，他沒有被要求參與曼哈頓計畫的真正原因是他沒有通過忠誠調查。難怪當時和現在有些人指責德拜只說對自己有利的事實。

沒有進行核子物理研究的德拜，在戰力上付出的貢獻相較之下平淡得多。他研究了用於雷達系統的絕緣材料，而貝爾實驗室於一九四一年提出申請讓他參與研究，所以雙方進行了部分的合作。該年十月，有人告訴貝爾實驗室，德拜「不應該被賦予任何機密的海軍事務」[37]。

重要的是，無論從科學和軍事角度來看，德拜協助開發出合成橡膠，而美國在遠東地區的橡膠來源因為日軍的進攻而斷絕之後，軍方亟需這項材料。德拜藉由觀察光透過混濁的聚合物溶液的模式，想出如何推斷出長鏈分子的平均尺寸。如此解決了聚合物科學這個年輕領域中一個重要問題，而德拜的研究結果到今天仍舊很有價值。他也研究了這些材料的可撓性和彈性的理論。

就連德拜參與這些國防項目在一開始都受到幾乎可笑的謹慎對待。只有在憲兵陪同下，他才能到和國防有關的機構或實驗室參與會議——就像一位同僚所說，彷彿他有可能會對那個地方發動猛攻，將其炸毀。德拜的同事認為這些限制既滑稽又可悲。貝爾實驗室之前的主管威廉・貝克（William Baker），曾在雷達計畫中和德拜合作，他評論說，德拜「當然以極大的幽默感看待這件事，並且非常快就受到衛兵的愛戴，以至於如果他想要冒任何風險，他們都可能被站在他那一邊」[38]。

給柏林的信

德拜是否真的永久離棄了德國？根據他的孫子德拜—薩辛爾所說：

> 接受康乃爾的講師職位是在拖延時間。他覺得他必須得到一個職位，才足以接來妻子和女兒……在美國直接和德拜接觸的人都很清楚他的意圖：他要留在這裡，並決心讓兒子留

36 Eickhoff (2008), 140.
37 van Ginkel (2006), 127.
38 van Ginkel (2006), 69.

在這裡，並且把妻女帶過來。[39]

這種說法在某種程度上受到韋佛於一九四〇年四月中所做的評論所支持，他說，「德拜現在幾乎肯定已經決定留在美國。」[40]洛克斐勒基金會授予他一筆一萬七千美元的資金，供他在康乃爾大學歷時三年的研究所用。德拜於六月十七日在康乃爾大學簽署了一份永久職位的合約，成為部門負責人。該合約讓仍在瑞士的瑪蒂達獲得美國簽證。即使德拜登上康特迪薩沃亞號時尚未決定移民到美國，情況看來他也很快做出了這個決定。這一點似乎無可爭議。

但是還是有爭議。在艾柯夫為荷蘭戰爭文獻學會所寫的報告中反覆提起的李斯彭斯的看法是，德拜在美國時仍舊與德國當局持續祕密接觸，希望「為自己留後路」[41]，如此一來，就能在可行的時候重返從前的職位。換句話說，他的表現就是無恥的機會主義者，如此明顯的效忠美國不過是權宜之計。

德拜確實從未正式向威廉皇帝物理研究所送達終止他的管理職位通知，而且似乎熱中於讓眾人皆知此事。一九四〇年春天，當約定的六個月期限來到，拉斯特曾寫信給在康乃爾大學的德拜，問他的計畫為何。他當然可以回答，他和妻子及兒子將會在美國居住，如此就能結束這件事。相反的，他看起來似乎有意造成困惑。七月二十五日，威廉皇帝學會的特爾朔從德拜那裡接獲的第一個回覆是一封電報，內容提到「我針對那些情況所寫的信仍舊未獲答覆。已經決定接受康乃爾新提供的職位。」[42]德拜在隨後的信中解釋，他之前曾寫信詢問他在威廉皇帝物理研究所的狀態。很難說這是否為真。[43]無論如何，八月底時，特爾朔和曼澤爾回覆，可以把他的休假延展到一九四一年三月三十一日，但是沒有進一步回覆。

特爾朔現在懷疑德拜的意圖。他又寫了一封信，確認等到戰後，絕對可以恢復他在柏林的管理職位，並更深入詢問：「奇怪的是，大約四個星期前，荷蘭媒體出現一篇報導，提到你已經決定永久居留美國。我在科學界也一直聽到同樣的傳言。」[44]這些謠言的散播毫不令人意外，因為《紐約時報》曾經報導德拜於六月與康乃爾大學簽的合約。德拜的反應肯定讓人勃然大怒：他只

---

39 Eickhoff (2008), 111, n.6.

40 同前註，114。

41 同前註，154。

42 同前註，117。

43 一九四六年初，德拜正在申請美國國籍，當時他告訴聯邦調查局，他從未回覆一九四〇年特爾朔詢問他的計畫的那封信，並且再也沒有和威廉皇帝學會聯絡。他顯然在說謊。他於一九四〇年告訴特爾朔，他之前從未收過任何信，但是我們可以看到，之後他和柏林有相當多的信件往來。我們可以理解，他在入籍審議過程中會希望壓下這些事實。他在這裡所做的欺騙也不必然和艾柯夫所做的聳人聽聞結論相符合：德拜「妖言惑眾」和「被抓到說了幾個自相矛盾的故事，如果不強力扭曲歷史真相，就幾乎無法談論他自己在納粹德國的過去。」（Eickhoff [2008], 131.）

44 同註39，118。

在一張明信片上寫著，他認為明確和誠實很重要，其他事隻字未提。

隨著修改後的最後期限接近，特爾朔再次詢問德拜想要怎麼做。他沒有收到任何答覆，於是德拜的休假於一九四一年四月一日起取消，並且停止支付他的薪水。曼澤爾發表聲明，提到他已經「在違反德國帝國政府的意願下」進入美國工作。[45] 然而，德拜於五月二日不誠實的回覆，「只要你保證我能夠按照之前舊合約的條件履行相應義務」，他就準備好恢復威廉皇帝物理研究所的管理職位。[46] 這裡的條件，就是讓他繼續保持荷蘭國籍。隨後他於六月二十三日發電報給德國外交部，提到：

> 德拜教授再次聲明，只要能夠維持他以前的工作條件，他任何時候都能重拾他在研究所的管理職位。在此之前，他要求繼續以客座講師的身分留在康乃爾大學。[47]

電報補充說，之後會發出更詳細說明的信件。

毫無疑問的是，德拜正和特爾朔及有關當局玩遊戲。但是，目的是什麼？其中一個重要的考慮因素是，雖然瑪蒂達和他們的兒子彼得現在可以安全留在美國，但是他的女兒瑪蒂爾德（「梅達」）卻不行。她和德拜的姨子伊麗莎白．艾爾博勒（Elizabeth Alberer，麗絲阿姨，幾乎可說是她帶大了梅達）仍舊住在威廉皇帝物理研究所所長位於柏林的房子。德拜的孫子諾爾維格認為，就是這個原因讓柏林認為他會回國。正如瑪蒂達後來解釋：

德拜和威廉皇帝物理研究所持續協商就是為了讓他即使休假，也能支薪。這有兩個原因：一方面，這是他留在柏林的家人的收入來源，也能讓他們繼續住在威廉皇帝物理研究所位於柏林的房子。另一方面，他讓納粹覺得他想要回國，這樣他們就不會對他的家人採取行動。[48]

似乎有充分的理由可以相信，德拜想讓他的女兒離開德國。但她和麗絲阿姨為什麼繼續待在那裡？勞厄評論說，他覺得「奇怪」，即使母親已經離開德國，梅達卻留在柏林，雖然當時跨越任何國界都是極度敏感的議題。[49]德拜曾於一九三九年十二月三十日語焉不詳的寫信給索末菲，

---

45 同前註。
46 van Ginkel (2006), 73.
47 Eickhoff (2008), 119.
48 van Ginkel (2006), 71.
49 S. L. Wolff，私人信件。

提到「希爾德（他的妻子瑪蒂達）和梅達想留在這裡等待情勢發展」[50]——但這可能只是因為顧忌郵政檢查所做的謹慎措辭，因為他的妻子沒多久後就離開。看起來也準備要讓梅達離開：一九四〇年六月，瑪蒂達從瑞士寫信給德拜，提到女兒也希望能獲得簽證去洛桑找她。但顯然這個簽證一直未獲核准。

然而，我們不得不說，德拜家這個計畫一直不明朗，尤其梅達於一九四二年三月和以前在捷克軍隊、現在成為德國軍隊攝影師的摩拉維亞裔德國籍的格哈德・薩辛爾（Gerhard Saxinger）結婚，薩辛爾以前曾是威廉皇帝物理研究所的房客。他們結婚時，她已經懷孕。她的第一個孩子諾爾維格於八月出生，第二個孩子諾爾道夫（Nordulf）則在一年後出生。諾爾維格認為，這個婚姻讓她最後還是決定留在德國。目前尚不清楚（和德拜的處境也不直接相關），她如何看待這一點。有些人認為，德拜的女兒同情納粹，也有人說她有心理健康問題，但是這兩種意見都受到諾爾維格堅決否認。

洛克斐勒基金會於一九四〇年代的一份備忘錄中反駁了德拜的外孫和妻子之後的說法，說明他並不像女兒和姨子為了他一樣，努力為她們保留所長的房子。報告說，他們留在德國讓他在研究所能繼續保有立足之地，「所以不會失去一切」[51]。無論這是否為詭計，德拜確實利用女兒留在德國來證明自己打算回國。一九四一年六月十二日，位於紐約的德國領事館和德拜面談，討論他的計畫。他告訴他們：

> 他的妻子出生於德國（慕尼黑），他的女兒還住在德國，並且據他所知，在宣傳部工作，而他和他的兒子……在德國度過了大半生……因此非常渴望能夠再次在那裡生活及工作。[52]

德拜顯然已經表示，他準備放棄所長的薪資，但要求研究所能繼續為他的女兒和姨子支付房子的租金和維護費用。[53]

德拜想必確實真切關心梅達和她的麗絲阿姨，特別是她們的財務安全（雖然梅達結婚後，她的丈夫幫她找到政府部門的工作，經濟狀況必定有所改善）。而德拜確實擔憂她們在希特勒的國家是否安全。當納粹於一九四一至一九四二年發現德拜不知何故設法從德國提出錢，於是懷疑他在馬斯特里赫特的姊姊和姊夫休伯特・尼爾（Hubert Niël）。尼爾被審問和監禁六個月。不確定

---

50 Eickhoff (2008), 25.

51 同前註。

52 同前註，120。

53 李斯彭斯聲稱，兩名婦女在柏林用德拜的「皇家薪資」生活（Rispens [2006b]）。這樣的汙名不僅很不公平，甚至也不清楚她們到底容不容易取得德拜的薪水：瑪蒂達於一九四一年底費了好一番工夫才讓伊麗莎白取得她在柏林的銀行帳戶。而德拜無法從美國寄錢給她們，因為美國和德國之間的關係惡化，導致一九四一年六月，銀行之間無法轉帳。

麗絲阿姨和梅達是否面臨相同的風險，但在戰時的德國，沒有人知道明天會發生什麼事。

德拜一定知道所長住處的歸屬權總有一天會確定，但他想盡辦法搪塞。令人驚訝的是，他們同意他的親人在他離開之後待在那裡這麼久。當海森堡於一九四二年被任命為威廉皇帝物理研究所的所長（見第285頁），在理論上，他和他的家人可以要求房子的所有權。但梅達和麗絲還在那裡，而海森堡不願意在這個微妙的問題上施力。梅達和麗絲於一九四三年五月被下令離開，但她們向外交部陳情，而外交部寫信給帝國教育部，提到「讓一位如此重要的科學家了解，他的家人不僅被驅逐出他們在德國的家，連生活費也被剝奪，不管是因為文化或是政治因素，都不可取。」[54]最後達成的協議是德拜的女兒和姨子將於八月離開，但他們將獲得一個月四百馬克的津貼補助，以及擁有特權（如果海森堡不反對），可以從所長住處花園裡的果樹上摘採水果。麗絲阿姨、梅達及她的家人和他們在蘇台德區的姻親薩辛爾家族住在一起，把德拜的諾貝爾獎金牌藏在嬰兒尿布裡，帶在身上當作「應急錢」。然而，由於俄國人推進通過蘇台德區，梅達的家人被迫逃亡，在之後的戰爭期間和戰後成為難民，並和在美國的德拜失去聯繫。大約一九四五年年末，德拜只知道他的女兒「在捷克斯洛伐克的某處」待到戰後，一直到一九四八年才得以團聚。[55]梅達和她的兒子最終移民到了美國；她與薩辛爾在一九五〇年代中期離婚。

歷史學家迪特爾．霍夫曼（Dieter Hoffman）說，德拜持續與德國接觸，不過是許多人都會做的事：「科學家不管出於什麼原因離開德國，都不想毀去和他們從前家鄉的橋梁。可能原因有許多，包括家庭和未來的養老金或者賠償申請。」[56] 但是，德拜身為部門主管，並且得到康乃爾大學的支持，只要他想，就能留在那裡，而且他甚至不是德國人，為什麼他竟然會想要繼續和德國聯繫？他真的希望有一天能夠回到威廉皇帝物理研究所繼續未完成的研究？如果希特勒取得勝利（在美國和蘇聯參戰之前的一九四一年，這看起來很有可能），他真的會這麼做？他一手打造裝備精良的機構帶給他的誘惑，是否難以阻擋？

我們根本不知道。無論是指責他是為了留後路，或者假設他和德國藕斷絲連是為了保護他的家人，都只是猜測，對於攻擊或是保衛德拜都沒有什麼幫助。更重要的是，無論是攻擊或保衛的人，都假設他有個精心制訂的計畫——他們免不了幻想，人類了解並決定自己行為的每個層面。看起來更有可能的是，德拜不能或不願掌握真正的政治局勢，把搪塞當作讓問題保持一定距離的臨時手段，只為觸手可及的未來做計畫。他從來沒有任何迂迴的宏偉計畫，只是不願接受現狀。人們可以按照自己認為必要的方式評斷德拜，但是沒有理由把他當作單純的機會主義者。

---

54 Eickhoff (2008), 122.

55 van Ginkel (2006), 82.

56 Hoffmann & Walker (2006a).

逃跑？

在那個讓從納粹德國流亡的人變得無可指摘，而留下來的人有罪的單純二分法中，德拜也占據了模糊的地位。是的，他離開了，但是在戰爭開始後，也僅僅是因為他被撤職。他一次也沒有以道德理由為他的離開辯護，而且至少一開始，他也不是不可能希望回國。我們如何看待這件事呢？

事實是，我們能夠了解的真相不多。我們所見的真相既沒有表明德拜「有原則」，超出他為了保持荷蘭公民身分的強烈原則，也不是說他是機會主義者。就像戰爭爆發後的無數人一樣，德拜不過是隨機應變。他沒有料到他的所長職位會收到最後通牒。他的主要目標是不受干擾的工作；既然這個目標在德國不可能達成，他不情願的接受了美國提供的機會。

此外，留下或逃跑的道德二分法更加複雜。德爾布呂克對於人們對此事的老套判斷抱持著懷疑的態度：

> 很多人對於那些能夠離開但是沒有離開的人，如海森堡，說了難聽的話……我完全不同意這些貶損的評論。我不認為我離開這件事對我這個人的評價有什麼作用。我認為這是可以用兩種方式回答的問題，不管怎麼回答都有很大的價值……逃跑的道德論證是什麼？不

過就是逃跑，然後因為逃跑而享有利益。但是如果你想像這個政權可能只持續很短時間，那麼去看到那些留下來的好人就很重要。[57]

德爾布呂克說，在某些方面，離開德國對非猶太人來說會變得更難：

在沒有任何安全保障下離開，也就是在別處工作，有其限制。條件就是擁有在其他國家受歡迎的專業，或是已經找到工作，或有私人基金或是可以轉移的大筆資金，並能在另一個國家開始新生活的人。但是，這是極小一部分人口……如果你不是猶太人，卻離開國家，你肯定會受到懷疑，也不能期望猶太組織會提供很大的幫助……如果這傢伙不是非得離開，那他為什麼要這麼做？這樣的動作在當時比較像是表態。我的意思是說，我的離開並未受到讚賞，而是被懷疑有著某種邪惡的動機。這麼想並沒有錯。當然也有好幾個納粹特務冒充成對手而離開。[58]

57 Delbrück (1978).
58 同前註。

我們在前面看到，對海森堡和普朗克來說，辭職就等於放棄身為德國人和科學家的責任。德拜並不同意，或者至少沒有闡明，他們對於「保護德國科學」上的責任所抱持的看法。這是否讓他不被批評抱持狹隘、自私的民族主義，或者讓他失去了「高尚的」忠誠原則，然而卻寄託錯誤？

對於德拜來說，這樣的問題似乎已經無關緊要。我們看來，他因為緊急、實際和個人的原因做出了選擇。舉例來說，一九三〇年代時，他不願接受美國提供的職位，其中一個因素是他的妻子。他的妻子來自薪水階級的巴伐利亞家庭，所受的教育不多，不會說英語，寧願住在德國。當他任教於烏得勒支大學時，她的不快樂促使他決定返回德國。但是他決定將這些個人的責任，與選擇留在納粹德國的所產生的社會和政治責任加以權衡。我們必須承認，德拜處於難以抉擇的困境中。也許最重要的是，不是他做了什麼決定，而是他後來能夠並願意考慮這些決定的道德層面到什麼程度。沒有任何文字記載他曾經談到這樣的問題。

第十章 前所未有的破壞力量

針對戰爭開始前物理學家在德國工作的道德性所提出的關鍵歷史問題是，他們的實務和體制要如何適應納粹政權的種族主義政策和獨裁的行政管理。但是，一旦戰爭開始，焦點便有所不同：更狹義的看待，就更緊密和科學本身結合，而造成的影響遠遠超出德國。對於研究這一時期的歷史學家來說，有個關鍵問題是，這些科學家是否準備好並有能力為希特勒製造核彈。這個問題所引發的爭議看起來不會平息，而在那場風暴的中心，是德拜在萊比錫大學的前同事及最終取代他在柏林職位的海森堡。

哈恩和斯特拉斯曼於一九三八年底發現鈾分裂，立刻帶來爆炸性的意義。與此同時，在漢堡大學的哈特克和格羅斯告訴戰爭帝國國防部，如何將這個發現運用到能源和武器裝備上。法蘭克在哥廷根大學的繼任者喬治・朱斯（Georg Joos）聽說實驗物理學家威廉・漢勒（Wilhelm Hanle）遞交了一份關於如何設計核反應器——也就是鈾機——的論文。朱斯和漢勒致函向帝國教育部的達姆解釋這項提案，而達姆把這封信轉給了帝國研究委員會的以薩。一九三九年四月二十九日，達姆和以薩召開了專家會議——鈾俱樂部——來討論此事，成員包括朱斯和漢勒、博特和蓋革。德拜受到邀請，但沒有出席。鈾分裂的探索性研究開始於哥廷根大學，但是在深入發展之前，物理學家們就於八月時被徵召入伍。

哈特克和格羅斯的書信送達陸軍軍械局武器研究的負責人艾里希·舒曼（Erich Schumann）的手上。他懷疑這個大膽的想法沒有發展的可能，但還是尋求柏林的物理和技術學院的炸彈專家暨物理學家迪布納的意見。迪布納的助手艾里希·巴格（Erich Bagge）才剛剛在萊比錫大學的海森堡指導下獲得核子物理學博士學位，於是迪布納和他討論這件事。他們於九月十六日在柏林匯聚第二組專家，討論將核分裂用於軍事的可能性。就在同一天，特爾朔通知德拜，威廉皇帝物理研究所將要交由陸軍軍械局管理，進行軍事研究。

第二個鈾俱樂部的成員包括博特、蓋格、哈特克及哈恩。成立十天後的第二次會議，巴格建議也邀請他的前教授海森堡加入，而海森堡很快就主導了俱樂部。海森堡首先帶頭寫了一份報告給陸軍軍械局，討論藉由控制鈾機中的分裂來釋放能量的可行性。他解釋說，這種設備可以提供熱源，為坦克和潛艇提供能量。海森堡寫於一九三九年十二月的備忘錄也指出，如果鈾二三五中的鈾能夠充分濃化，那麼連鎖反應可能會成為失控的過程，同時釋放所有的能量：易裂材料將會成為「比現有炸藥強大超過十倍」[1]的炸藥。

沒有承諾

鈾的濃化能夠實現嗎？哈特克等人開始研究分離鈾的同位素的方法。這是極其困難的挑戰，因為它們的原子重量僅有非常微小的差別。然而，許多一開始的鈾研究都聚焦於製造反應器，而非武器，使用重水作為緩和劑，去減緩分裂中子，讓它們能夠被鈾原子核捕獲，以維持衰變過程。（也曾考慮使用石墨作為緩和劑，但是很快就已放棄，詳見第322頁。）直到戰爭即將結束之前，德國才擁有唯一一座能夠分離重水與普通水的設施：一個在德國占領挪威之後取得的水力發電廠，由一間位於柏林的礦業和化學公司奧爾（Auer）接管。然而，在柏林的第一個反應器原型用石蠟為緩和劑，就像費米在他的早期實驗中用來減緩中子所使用的一樣。這項研究在威廉皇帝生物學和病毒研究所所在地一間木結構建築中進行，就在位於達勒姆的物理研究所隔壁。為了威懾好奇的窺探者，這棟建築被稱為病毒房。

進展十分緩慢。德國很適合進行鈾的研究，因為它占領了捷克斯洛伐克，能夠取得世界上最大產區希姆斯塔爾的鈾礦。但是要使用鈾機中的重金屬，就必須先處理過，也就是透過標準的冶金技術提取並轉化為金屬板。然而在戰爭期間，德國的金屬鑄造有更多當務之急。

---

1 Heim, Sachse & Walker (eds) (2009), 343.

隨著德拜離開，以及迪布納被舒曼任命為威廉皇帝物理研究所的所長，研究所的科學家也開始測試反應器的設計。他們最初認為，最好的幾何學會是一系列由重水分離的同心殼層——一種核子洋蔥。費米對超鈾元素所做的研究激發了物理學家的思考，認為由主要、非分裂的同位素鈾二三八造成的中子吸收會產生第九十三個元素，也會像鈾二三五一樣分裂。一九四〇年七月，外側克向武器局建議，可以用這個元素製造炸彈，而這個元素就是今天所謂的錼。前一個月，加州大學柏克萊分校的研究人員發現，錼因為β發射到另一個超鈾元素，也就是第九十四個元素，而快速衰變，這個元素被柏克萊分校的研究人員命名為鈽。這種物質也可以作為反應器燃料或炸藥。在這裡使用鈽而非鈾二三五的優點是，它在化學上不同於鈾，所以從鈾二三八分離出來應該比分離兩個同位素容易得多。外側克一直到戰爭結束後才知道美國的發現，但即使在一九四一年，他也知道第九十三個元素會衰變到第九十四個元素，而且能夠運用在炸彈中，而且他針對那樣的效應起草了一份專利申請。

這種可能說服了海森堡，原子彈或許不是那麼遙不可及的願景。他了解到，人造的超鈾元素也可能藉由在粒子加速器用質子或α粒子轟擊鈾而製成。在戰爭大部分的時間裡，德國並沒有這樣的設備在運作，但是波耳在哥本哈根的研究所裡有一台，另一台則由巴黎的約里奧—居禮運作。當法國遭到入侵，博特和另一位鈾俱樂部的成員暨同事沃爾夫岡·根特（Wolfgang Genter）檢查這項設備，並徵召受到扣留的約里奧—居禮來協助讓該設備運作，並於一九四一年底開始運作。[2]粒子加速器被用來把氘核光束——包含一個質子和一個中子的重氫原子核——射擊到鈾和釷上。反應後的產物接著被送給柏林的哈恩分析。同時，哈恩的威廉皇帝化學研究所於一九四二年開始建造自己的加速器，也就是由陸軍軍械局資助的密涅瓦計畫（Minerva project）。這項計畫從未完成，但是當一九四四年，研究所因為炸彈襲擊而被迫搬遷時，設備就被帶到南符騰堡州的泰爾芬根。博特開始在海德堡建造加速器，並於一九四四年夏天開始運作。雖然他們的努力並未生產出數量驚人的分裂材料，卻讓世人知道，德國物理學家了解鈽彈的原理，儘管還在初步階段，卻朝著目標而努力。

隨著陸軍聯合閃擊戰在一九四一年無情的俄羅斯冬季愈陷愈深，陸軍軍械局更加急於知道「在可預見的未來」是否有任何可能看到結果。[3]物理學家用一百四十四頁的文件回答，就為了「整體的能源經濟以及特別的國防軍事」所做的鈾研究的「重大意義」而辯護。[4]他們正走在鋼索上。如果他們承諾超過他們所能做到的，將被追究責任；但如果他們能夠做到的太少，又會失去

2 約里奧—居禮運用了他相對的自由協助法國抵抗運動。德國人一開始抓住他時，想知道一九三九年由挪威那座位於韋莫克的重水廠富同情心的廠長送去法國的重水，最新的進展為何。約里奧—居禮告訴他們，重水裝上一座船，後來沉沒了。事實上，它已經被運到英國。

3 Cassidy (2009), 321.

4 同前註。

資金。這份報告證實，鈾機「可以在短期內看見成果」，而海森堡讓當局聞到先進武器的香氣，卻不指明距離有多遠：「一旦開始運作，」他寫道，「這個機器終將也能生產令人難以置信的強大炸彈。」[5]他補充說，如果鈾二三五可以分離（儘管在這個方向的努力並未造成多大進展），也將能組成「力量難以想像的炸彈」。

在一九四二年二月，在帝國研究委員會的要求下，哈恩、哈特克和海森堡在代表許多高級官員的高層和精通技術的幕僚面前演講，包括希姆勒、戈林和軍備首領史佩爾。史佩爾也到威廉皇帝學會位於柏林的哈納克機構參加一系列的會議，而在那裡（與一些報導所說相反），他似乎對於核子實驗的潛力頗感興趣。史佩爾本人在他的回憶錄中聲稱，那些科學家要求的微薄資金讓他懷疑他們的信念和能力，然而戰時文件顯示，事實上，他密切關注了那個研究，要求定期通報進展。儘管如此，這項工作從未能夠取得像華納・馮・布勞恩（Wernher von Braun）的火箭計畫一樣的巨大資源，而陸軍軍械局最終完全放棄核子計畫。

到了那時，這已經成為平民議題，而非軍國大事，而帝國教育部和威廉皇帝學會爭奪著控制權。帝國教育部的拉斯特很熱切；這項研究的消息最終也輾轉傳到戈林耳中，鼓舞著他。海森堡後來證明（他在其他地方反駁了他的聲明，詳見322頁），「我們可以說，德國第一次可以獲得大筆資金是在一九四二年春天，就在我們與拉斯特會面，向他說服我們絕對有確切證據可成就此事之後。」[6]此事指的是原子彈，表示在這個階段物理學家已經準備好要大膽一點，而且再次矛盾的是，海森堡後來表示，物理學家所說的炸彈充其量只是一個非常遙遠和抽象的可能性。海森堡於一九六〇年代告訴歷史學家戴維・艾文（David Irving）[7]，「我們從一九四一年九月開始，看到了一條通往原子彈的開放道路。」[8]這項承諾不斷更改。一九四三年春天，一位聽過海森堡在帝國郵政部所發表演說的官員記得他曾說，就在短短一兩年之內，科學家應該能夠給予政府一個具有「前所未有的爆發力和破壞力」[9]的炸彈。

當陸軍軍械局放棄鈾的研究，威廉皇帝學會重新管轄威廉皇帝物理研究所，並且有機會任命新管理者正式接替德拜的職位。代理所長迪布納在科學上的成就不夠傑出，無法勝任這樣的職位。此外，他從來沒有受到德拜前同事的愛戴，他們希望海森堡來取代他。一九四二年四月，雖然舒曼青睞博特，但是該研究所的研究人員得其所願，海森堡就職成為威廉皇帝物理研究所所

---

5 Hentschel (1996), 300.

6 Bernstein (ed.) (2007), 121.

7 如今，艾文因為否認大屠殺以及和新納粹組織的關係而變得惡名昭彰。他在一九六〇年代針對德國的核子計畫進行重要的研究。然而，他針對這個問題所寫的書籍因為太容易接受海森堡特別提供給他的故事（回顧起來並不令人吃驚），以及他們整體上同情德國的觀點，而導致失敗。

8 Irving (1967), 114.

9 Walker (1995), 158.

長。海森堡懷疑，而他的懷疑或許是正確的，希姆勒因為他的政治免責權而插手這個決定，並於一九四三年二月寫信給他：「我因為這個任命而重拾我的名譽，為此我感謝你。」[10] 被趕下台而有些不滿的迪布納去帶領戈托夫的敵對團隊，也研究出原型反應器設計。

不是每個人都對海森堡的任命感到高興。哈特克出於一些理由認為，像海森堡這樣的理論家帶領如此以實驗為基礎的計畫十分荒謬。事實上，雖然海森堡了解分裂的原理（儘管我們將會看到他的了解程度如何還有待爭議），然而他在帶領實驗上並沒有特別的天賦。他分別待在柏林和萊比錫，測試物理學家羅伯特．德佩爾（Robert Döpel）的實驗室中構建的反應器。海森堡在柏林處於保守貴族圈子的邊緣，而這些貴族於一九四四年計畫暗殺希特勒卻失敗。他拒絕了成為同謀的邀請，但繼續和那些後來被牽連並處決的人來往的是普朗克的兒子歐文。

儘管鈾研究能夠優先取得原料和勞動力，但是工作持續進展緩慢。一直到一九四三年底，才真正在柏林開始原型反應器的實驗，而在當時，那些能夠理性看待狀況（許多人不能）的德國人知道他們即將面臨戰敗。到了年底，柏林的狀況，特別是嚴重的轟炸，讓研究變得難以繼續進行，幾乎到了不可能的程度。當哈恩的威廉皇帝化學研究所幾乎被摧毀時，德國明顯已經出局。反應器的工作目前在一個防彈的地下室進行，但是如果地面上不存在著物理研究所，那麼這項工作無法發揮什麼幫助。

因此，海森堡開始把整組儀器往南運到黑森林，並安裝在赫辛根鎮一個幾乎閒置的紡織工廠。後來，在海格爾洛附近一個風景如畫的村莊的山洞中重建了鈾反應器。海森堡舉家搬到厄爾菲德俯瞰著巴伐利亞阿爾卑斯山一座湖的房子。那裡看似恬靜，對他的妻子伊麗莎白來說則不然，因為她辛苦的處理糧食短缺和家庭的疾病。

在外側克看來，如果可以取得所有正確的材料，那麼透過重水來利用懸浮和減慢鈾塊的排列，海格爾洛反應器「可能會達到臨界狀態，換句話說，就會開始提供能源」，他並且堅持，「然後一九四二年年底，德國在核子技術領域的進展將會趕上美國」[11]。

然而，幾乎不可能獲得「正確的材料」。自一九四三年以來，挪威的水電設施所遭受的空襲都或多或少都讓重水的供應變得乾涸，雖然已經運到德國的兩噸重水被認為或許剛好足以讓反應器運作。一九四四年年初，就在革拉赫接替以薩擔任帝國研究委員會物理部門的負責人之後沒多久，以薩安排哈特克負責採購重水。哈特克前往挪威視察這項裝備，這個訪問不禁讓人想起海森堡之前到這個被占領國家的短暫漠然訪問。儘管挪威當時正受到德國文化和軍事上的占領，他似乎以為會在那裡受到當地科學家同志式的歡迎。哈特克試圖說服挪威科學家，重水只是為了純粹

10 Heim, Sachse & Walker (eds) (2009), 359.

11 C. F. von Weizsäcker (1991). 'Die bombe war zu teuer', *Die Zeit* 24 May, 18. Available at http://www.zeit.de/1991/17/die-bombe-war-zu-teuer.

的研究目的，這樣的宣稱誇大不實卻無法補救。然而，當他發現挪威工廠並未收到他們生產重水的費用，而且還得承擔盟軍空襲的成本，他嚴厲斥責了柏林的官員。熱切的想要領導，又混合著傲慢的優越感，就是德國科學家的特色，於是讓他們受到壓迫的外國同僚感到困惑與憤怒。

重水供應的問題持續造成困擾：一九四四年三月，一艘載了一批材料運往德國的船沉沒，顯然遭到嚴重破壞。哈特克被迫做出以下結論，鈾的研究需要德國國內的生產設施。化學品同業聯盟法本（IG Farben）公司被要求建造一間工廠，工業集團立刻試圖以哈特克在漢堡所研發的程序獲得專利權，讓哈特克感到憤怒。到了初秋，陸德（Lüde）公司終於在達勒姆的威廉皇帝物理研究所附近建成一間小規模的工廠，然而為時已晚，已不具任何意義。

令人感到很不真實的是，哈特克還在加緊進行重水計畫，和勒索與凶狠的公司談判資金和產業的合約，而德國各地都遭到毀壞，戰爭局勢顯然已近尾聲。這一切彷彿是因為，只要看起來還在繼續某種研究，他和同事們就會說服自己一切如常——他們只不過是在艱難情況下工作的科學家，在不佳的處境中盡力而為，即使他們這麼做建立在剝削被占領國家及藉由奴役勞力達成的工業生產。

事實上，海森堡知道戰爭即將結束，於是表示希望很快就能在沒有炸彈或良心譴責的困擾下工作，能夠過著他所夢想和新開創者運動分子們一同度過的恬靜生活：「太陽將如從前一樣閃耀，我們將能夠創作音樂及從事科學研究，不管我們生活得豐裕或簡樸，都沒有太大差別。」[12]

他和同僚看起來並沒有預期會有任何道德清算。當然，他們可能會被俄國人或憤怒的美國大兵槍殺；但如果他們得以倖存，他們可以期待終究能返回實驗室，重拾研究，而過去只會成為褪色的記憶。

戰俘

到了一九四五年三月，同盟國的武力推進德國，瓜分了戰利品。其中包括德國科學家，他們對核子武器和火箭技術的知識遭到美國和蘇聯所覬覦。為此，美國人組織了一項行動，要掌握他們從德國的核子研究中找到的所有資訊、設備和人員。該項目被稱為阿爾索斯行動，希臘文的「樹叢」（grove）之意，也取自曼哈頓計畫的軍事總監萊斯利．格羅夫斯（Leslie R. Groves）名字中的諧音。這項計畫的科學領導人是高斯密特。

阿爾索斯行動追蹤德國物理學家到德國南部，穿越整個國境，然後來到法國軍隊的管轄區域，在法國意識到局勢發展之前，就已逮捕了勞厄、哈恩、外側克等人。但是，海森堡是首要目標，而阿爾索斯行動的虛張聲勢的指揮官波芮斯．帕什（Boris Pash）少校，帶著幾個部隊快馬

12 Cassidy (2009), 359.

加鞭從海格爾洛穿越一百五十英里到厄爾菲德，去尋找平靜的坐在他的山居小屋之外的鈾計畫負責人。

海森堡確信自己在協商上有其優勢。儘管有這麼多障礙，德國科學家還是幾乎就要讓反應器開始運作，而且，海森堡及其同僚預期同盟國會渴望得到他們的專業知識。當海森堡被帶到高斯密特面前，高斯密特發現這個年紀輕輕就如此有成就的男子竟然如此傲慢，渾然不覺自己不過是個囚犯。是的，他會屈尊指示美國人如何建造反應器，但是絕不可能到那裡工作，海森堡解釋說，因為「德國需要我」[13]。高密斯特隱瞞有關同盟國核子計畫的任何資訊，對於這些德國人如此堅信一定比不上他們感到驚奇。

當時高斯密特還不知道雙親所遭遇的處境，他們在荷蘭遭到拘留，並且被送進集中營。一九四二年底，高斯密特曾請科斯特尋求海森堡的協助，讓雙親得以釋放。海森堡冒了一點個人的風險，致函科斯特，證明了高斯密特夫婦的好人品，渾然不知他們已經被送往毒氣室。

戰爭結束後，高斯密特和海森堡之間一場曠日持久和苦澀的交戰有著未說出口的潛台詞。「我與海森堡之間正在進行相當令人難過和激烈的書信往來，」高斯密特於一九四八年寫信給羅斯包德，「他仍然沒有看到更大的議題……他只知道，『他的榮譽受到攻擊』或『德國』物理學受挫。」[14]「不要以為海森堡會同意你的看法，」羅斯包德回答，「他永遠都學不會謙虛，只會一直傲慢下去。」[15]無論高斯密特所說的是否公允，他有時也會對於玷汙海森堡的性格和技術能力這樣的曲解事實有所罪惡感。

一直到海森堡於一九七六年逝世之後，高斯密特才做出和解，在一篇訃告中承認：「我懷疑，我或我所認識的大多數物理學家，在相同的情況下，是否能夠做得比海森堡更好。」[16]高斯密特了解到，關於他的父母遭到謀殺，海森堡或許無能為力。但在某種程度上，這是重點。這些物理學家沾沾自喜的認為能夠巧妙的和領導人玩權力遊戲，但是到頭來卻證明他們對於誰生誰死這樣重要的議題沒有真正的影響力。

13 同前註，370。
14 S. Goudsmit (1948), letter to P. Rosbaud, April. In Samuel Goudsmit Papers, Series IV, Alsos Mission: Box 28, Folder 43, 21. American Institute of Physics.
15 P. Rosbaud (1948), letter to S. Goudsmit, April, ibid.
16 Cassidy (2009), 355.

第十一章 海森堡大多時候保持沉默

美國人圍捕了德國科學家之後，卻不知該怎麼處理他們。一位負責情報的英國空軍參謀部物理學家雷金納德・維克多・瓊斯（Reginald Victor Jones），精明的提議從美國人的手中帶走他們。於是鈾俱樂部成員後來被送到劍橋，並關押在戈德曼徹斯特（Godmanchester）這個小鎮一間被稱為農場會堂的鄉村房舍裡。一共有十位拘留者：海森堡、勞厄、外側克和哈恩，還有哈特克、巴格、迪布納、革拉赫和威廉皇帝物理研究所的研究員霍斯特・柯辛格（Horst Korsching）和同位素分離專家沃茲。（沃茲還負責在柏林的研究所建造反應器。）哈恩和勞厄很少參與戰時核子研究，所以勞厄對於自己遭到關押感到困惑。但英國想要他在那裡有其原因。他們認為，這些高層人物的存在對於其他人有緩和的影響，並且預期同一國的科學家會為他們說話。此外，同盟國已經在考慮在德國重建科學，並認定相對來說不妥協的勞厄能夠成為理想的傀儡。[1]

農場會堂受到連接錄音設備的麥克風監聽，讓英國情報局能夠監視德國物理學家的對話，以了解他們的士氣，確定是否可以信任他們從事戰後重建合作。帶著特有的過度自信，科學家們並沒有想像拘捕他們的人會有足夠的資金監聽他們。「我不認為他們知道真正的蓋世太保方法，」海森堡天真的說，「他們在這方面有點老式。」[2]如此一來，因為他們的坦率，農場會堂的錄音更加具有珍貴的歷史價值。

但這個特別的資源在戰後被封鎖了數十年，首先出於安全原因，其次是因為各種官僚問題，更不要說倖存的被拘留者加以反對。高斯密特得到允許，在他於一九四七年所撰寫的書《阿爾索斯》中納入一些引言，但沒有透露來源。一直到格羅夫斯有些自私的回憶錄《現在可以說出口》（*Now It Can Be Told*）於一九六二年出版時，錄音的存在才得以揭露。他並且在書中收錄了更多摘錄。然而，又過了三十年，完整的內容才為世人所知。一九九二年二月，錄音的謄稿終於公布，並於次年以《伊普西龍行動》（*Operation Epsilon*）為名出版。此書名即為這項計畫的情報代號。這個紀錄甚至也並非詳盡無遺——也許農場會堂裡的磁盤只有百分之十的內容真正轉錄到英國軍方的報告中，而且磁盤本身後來又被重複使用。儘管如此，當早期核子時代的主要記錄者暨物理史學家傑洛米．伯恩斯坦（Jeremy Bernstein）第一次獲准取得謄稿時，也承認他的感覺就像尚—法蘭索瓦．商博良（Jean-François Champollion）發現羅塞塔石碑的感覺。現在，人們終於可以聽到德國物理學家真正的想法。

私密的談話

人們可以看到，為什麼這些科學家會對於農場會堂裡的錄音不見天日感到高興。他們對於德國核子計畫加以宣傳、巧妙建構的「官方」故事，遭到他們在不知道竊聽的無防衛心下所說的話而破壞。戰敗國家的人會鬥嘴、煩躁、互相指責並分裂成派系，擔心自己的家人和親戚，不確定自己的未來，當然也是可以理解的事。許多咒罵都是因為對於自己在戰時的活動或者德國一般來說必須承擔的罪責，缺乏任何認真的道德反省。他們被關押時抱著惱火、委屈的態度，彷彿自己

1 勞厄的存在確實在這些物理學家的討論中提供了某種清醒的平衡和現實感。但他也不能倖免的讓大家認為他高人一等並有意冒犯。當德國科學家被關在比利時等待如何處置他們的決定，勞厄舉辦每週一次的科學討論會。這個例行公事很快就顯出一種不容侵犯的感覺，彷彿專斷的建立「傳統」可以提供一種日常學術生活的假象。據哈特克所說，當一位英國軍官告知勞厄要準備在第二天將他們轉移到英格蘭，他回答說：「那是不可能的！」當被問到原因，勞厄告知該位軍官，「因為明天我有座談會呢。」軍官溫和的建議，或許可以重新安排座談會的時間。「但是你能不能讓飛機在其他時間來呢？」勞厄回答。（Bernstein [ed.] [2001], 53.）

2 Bernstein (ed.) (2001), 78.

是嚴重不公正的受害者。「事情不能再這樣下去了，」[3]海森堡焦躁的說。「不會的，」[4]哈特克應和著。他們的困境依然表達出自己的重要性：「這些人關押我們，首先是因為他們認為我們很危險。我們確實做了很多有關鈾的研究，」外側克說，「其次是因為，（同盟國中）有重要人物做出對我們有利的發言，而且他們想善待我們。」[5]正如同負責伊普西龍行動的英國軍官瑞特納（T. H. Rittner）指出，他們似乎並未真正接受他們已經輸掉這場戰爭的事實。

外側克自我膨脹的宣稱，物理學家因為鈾的研究而變得危險，然而在他們聽到了一九四五年八月六日的BBC電台廣播的新聞之後，就洩了氣：

美國飛機已經在日本廣島投下第一顆原子彈。杜魯門總統在大西洋中的奧古斯塔號(USS Augusta)巡洋艦上宣布，這顆原子彈比起迄今使用最大的炸彈更強大兩千倍以上……美國總統說，原子彈宣布了「宇宙基本力量的治理」。這也標誌著在率先開發利用原子能武器的競賽上對德國的勝利。[6]

這是第一次暗示德國科學家，他們從來沒有超越過同盟國，反而是可憐的落後著。高斯密特在阿爾索斯行動期間一直瞞著他們這個資訊，後來坦承他真的非常想要在發布新聞那一天和他們一起待在那個房間裡。哈恩並未直接參與鈾的研究，也沒有信譽需要捍衛，他對同僚十分無情。

「你不過是二流科學家，可以準備打包了。」他對表示懷疑的海森堡說。[7]

起初，海森堡根本不相信。「我所能建議的就是，」他堅持：

> 某個美國對鈾研究所知甚少的外行人曾經虛張聲勢的說：「如果你投下這個，爆炸力將會相當於兩萬噸高效炸彈」，而現實中根本行不通。[8]

即使如此，看起來德國的科學家不惜一切說服自己，他們的技術優勢超過敵對的同盟國。他們非常相信這讓他們有強大或許有利可圖的談判位置，能夠在戰後影響超級大國之間核子技術的進化程度。舉例來說，他們想像，即使美國人做了一個炸彈，他們在設計可控制分裂鈾機，也就是反應器，這方面的進度可能不如德國。如果是這樣的話，海森堡說——而且他說服自己，情況

---

3 同前註。

4 同前註。

5 同註2，81。

6 參見http://news.bbc.co.uk/onthisday/hi/dates/stories/august/6/newsid_3602000/3602189.stm.

7 Bernstein (ed.) (2001), 116.

8 同前註。

看來就是如此——「那麼我們很幸運：有賺錢的機會。」[9]

然而，他們很快就不得不接受同盟國原子彈名副其實。「我認為可怕的是美國人竟然這麼做，」外側克證明，「我認為他們非常瘋狂。」對此海森堡回答，「不能這麼說。也可以說，『這是結束戰爭最快的方式。』」[10]但是外側克已經開始以極大的修辭效果來訴說並堅持一個故事。「我認為，我們沒有做到的原因，」他在廣島新聞那一天對他的同僚宣布，「是因為，原則上，所有的物理學家都不想這樣做。如果我們都希望德國在這場我們應該會成功的戰爭中獲勝。」[11]

值得讚揚的是，哈恩否認了這個簡單的逃脫藉口。「我不相信，」他說，「但我很感謝我們沒有獲勝。」顯然這樣的消息太過讓哈恩震驚，以至於英國衛兵要勞厄確保他不會傷害自己。勞厄和巴格直到深夜都對這位激動的教授保持警覺，直到看著他昏昏睡去。

面對核子所具備的毀滅性的現實，德國科學家不得不自問，這是否就是他們一直在納粹德國所追求的。如果他們被認為一直在努力提供希特勒如此強大的力量，看起來會是如何？於是他們開始努力讓自己免於指控。正如勞厄於八月七日從農場會堂寫給他在美國的兒子的信中，諷刺的描述，這個故事發展如下：

> 我們的鈾研究的目標是，建造一個能夠提供能源的鈾機，首先是因為沒有人相信在可預見的未來會製造出炸彈，其次是因為我們沒有人希望把這樣的武器放在希特勒手中。[12]

勞厄自己都不接受這種權宜的杜撰。在一九五九年寫給羅斯包德的信中，他用輕蔑的語氣描述了他們為什麼會這麼說：

> 那天之後，我們談了很多和原子彈爆炸條件有關的事。海森堡就這個主題，在我們囚犯自己安排的座談會中發表了一篇演說。後來，在我們圍桌討論時，討論出一個版本，那就是德國原子物理學家真的不想要原子彈，要嘛是因為認為在戰時無法達成這個目標，要嘛是他們根本就不想這麼做。領導這些討論的人正是外側克。我沒有聽到任何道德的角度被提及。海森堡大多時候保持沉默。[13]

勞厄告訴羅斯包德，因為他在農場會堂表現出對德國軍國主義的懷疑和詆毀，和他一起被拘留的同僚給予他極大的敵視和批評，尤其是外側克和革拉赫。

---

9 Frank (ed.) (1993), 93.

10 Bernstein (ed.) (2001), 117.

11 同前註，122。

12 Beyerchen (1977), 197.

13 Bernstein (ed.) (2001), 352–3.

革拉赫於一九四四年取代以薩負責帝國研究委員會的物理部門，他因為整個形勢而一蹶不振，表現出敗軍之將的模樣。然而羅斯包德認為他不是第三帝國的野心家和納粹辯護者。當羅斯包德在當時和革拉赫討論帝國研究委員會時，他就已經傾向承認德國已經輸掉這場戰爭，並堅稱：「我不想研究和戰爭有關的物理學，也不想在戰力上助納粹一臂之力。我只是想為物理學和我們的物理學家盡心盡力。」[14]然而，羅斯包德不同意革拉赫堅持區分他的國家及其領導人——這是許多知識分子共有的幻想，他們可以因此為德國而戰，並假裝他們這麼做並未支持希特勒。根據羅斯包德的說法，革拉赫的立場一直是「德國絕不能輸掉戰爭，但是必須擺脫納粹。」[15]這是「好」的德國人之間的共識：他們希望德國贏得戰爭，而希特勒戰敗。「他無法，」羅斯包德後來寫道：

> 也可能不想知道，不能將德國、戰爭、希特勒這三者分開看待，而戰爭的結果只可能是希特勒戰勝或戰敗。我永遠都不會把革拉赫歸類到這種只是為了延續個人的生活和工作上的安逸，而希望德國贏得戰爭的科學家。他的願望絕對真摯，他愛他的國家，對祖國抱著最好的期望，不想讓她滅亡。[16]

在農場會堂中不知所措的革拉赫表現得不好：對於警衛沒有謙恭待他感到沮喪，厲聲斥責他的同僚，並且擔心回到德國時，物理學家會因為沒有做出原子彈，必須負起輸掉戰爭的責任。革拉赫擔心波耳可能有幫助美國人製造炸彈（實際上他沒有），而他卻曾親自向納粹擔保這位丹麥物理學家，他總覺得他們還是會因為他的誤判而懲罰他。「我睜大眼睛看著自己墜落，」他堅持說，「但我想我會盡力挽救德國物理學和德國物理學家，而且」——固執己見的他就如往常一樣自我欺騙和不妥協——「我成功了。」[17]

炸彈的神話

農場會堂的歷史文本成為海森堡和外側克積極推動的「真相」。對外側克來說，他的斷言不只出於無知，還帶著真實存在的道德優越感。正如外側克在農場會堂所說：

---

14 P. Rosbaud (1945), letter to S. Goudsmit, 5 August, 5. In Samuel Goudsmit Papers, Series IV, Alsos Mission: Box 28, Folder 42. American Institute of Physics.

15 P. Rosbaud (1945), letter to S. Goudsmit, undated fragment. In ibid.

16 同前註。

17 Bernstein (ed.) (2001), 134.

> 歷史將會記載，美國人和英國人做了炸彈，同一時間，在希特勒政權下的德國生產了可以運作的引擎。換句話說，鈾發動機的和平發展是在德國的希特勒政權之下進行的，而美國和英國卻開發了這個可怕的戰爭武器。[18]

以下是奧地利作家羅伯特．容克（Robert Jungk）在他針對曼哈頓計畫所寫的《比一千顆太陽更亮》（*Brighter Than a Thousand Suns*, 1956）一書中，對於外側克敦促和富含情緒的說詞所闡述的觀點：

> 以下的說法似是而非：德國核子物理學家生活在一個好戰挑釁的獨裁國家中，聽從了良心的聲音，並試圖阻止建造原子彈，而他們生活在民主國家的同僚，不必對脅迫感到恐懼，卻有極少數例外的人在生產新武器上投注全部精力。[19]

這是一種邪惡的神話。但根據沃克所說，神話就是「這些科學家覺得最需要的」[20]。當然，他們的需要就和很多人看起來在戰爭結束後需要的，而且在許多方面仍然需要的一樣。

當容克書中這樣的說法開始招致批評，外側克和海森堡試圖撇清。外側克宣稱容克把科學家拒絕提供希特勒炸彈的「陰謀」故事歸咎到他身上有些誇大。容克接著說，他遭受科學家誤導，甚至是「背叛」。[21]我們可以看到他的觀點。舉例來說，這本書出版後不久，以及在它扭曲的敘事招致批評之前，海森堡在寫給容克的信中，對於這本書描繪德國人對於炸彈所持態度的方式沒有異議，反而把重點放在為科學家如何「抵制」納粹的神話增加光彩：

> 我想要非常感謝你讓你的出版商寄給我你針對原子科學家所寫的有趣好書……總體而言，我發現你把原子科學家之間的氣氛特色掌握得非常好……整體來說，德國物理學家在這樣的困境中有點像是保護有價值和需要保護的東西的人，並且如果仍舊幸運的留在那裡，就等待災難結束。[22]

德國有意避免為希特勒製造炸彈的傳說也讓記者托馬斯．鮑爾斯（Thomas Powers）於一九九三年寫成了《海森堡的戰爭》（*Heisenberg's War*）一書。鮑爾斯認為，德國物理學家，尤其是

---

18 同前註，138。
19 Jungk (1958), 105.
20 Walker (1995), 241.
21 Dörries (ed.) (2005), 52.
22 W. Heisenberg (1956), letter to R. Jungk, 17 November. 參見 http://werner-heisenberg.physics.unh.edu/Jungk.htm.

海森堡，不只是因為道德良心上的不安防止了炸彈的建造，還主動破壞這項計畫。「海森堡並非單純克制自己，置身事外，讓這個計畫失敗，」鮑爾斯寫道，「他根本就毀了這個計畫。」[23]鮑爾斯引用看來支持此論點的一些戰時情報報告來佐證。但是，如果其中有任何真實性，那就很難理解為什麼如果努力讓自己開脫的德國物理學家，在戰後卻未能如願。

儘管如此，一些海森堡的捍衛者仍舊抱持著「暗中破壞」的想法。[24]然而，想法不明朗的鮑爾斯宣稱，人們一定會對海森堡有一些同情，因為在這件事上明顯的證據在很大程度上取決於他本人。海森堡的回憶錄《物理和哲學》（*Physics and Beyond*）的美國編輯露絲·南達·安沈（Ruth Nanda Anshen），在她於一九八六年所著的《概念的傳記》（*Biography of an Idea*）一書中，引用了一封海森堡於一九七〇年寫給她的信，回應了針對高斯密特著作《阿爾索斯》的一篇書評所引起的一些質疑。海森堡在信中寫道：「哈恩博士、勞厄博士和我偽造了算式，以避免由德國科學家來開發原子彈。」[25]

這個非比尋常的聲明需要非凡的證據。可悲的是，似乎沒有證據。安沈說，這封信是她給哥倫比亞大學圖書館的書信之一，今日卻完全找不到這些書信。但是，仰慕海森堡的安沈會直接捏造故事嗎？八十六歲的她，記錯了事情嗎？但是，在她書中那個完整的引言是來自何處？

如果我們相信安沈的說法，那麼我們也必須相信，海森堡準備在必要時對德國的鈾研究說謊。似乎沒有另一種解釋。認為德國科學家修改算式的想法和他們（包括海森堡）針對他們在製造炸彈上的工作所說的一切都相違背。無論是勞厄或是哈恩都無法在這個共謀的故事中作證，因為（正如羅斯所說，「方便的是」）他們都於一九七〇年逝世。如果海森堡對安沈說的是真話，那就表示他撒了二十年的謊，而且不可思議的是，既然能夠如此清楚表明他擁有正直的道德，為什麼他要隱瞞那麼久？

這件事確實令人費解。但是，儘管鮑爾斯做出如此結論，仍舊無法挽回世人對海森堡的不佳看法。羅斯認為，海森堡寫信給安沈時，他可能已經因為害怕自己於一九四〇年對於炸彈的臨界質量計算錯誤即將公諸於世。在這種情況下，他的宣稱可以將一個尷尬的嚴重科學錯誤轉化成英雄行為。無論如何，歷史學家不能接受鮑爾斯的故事版本。《原子科學家公報》將他的書駁斥為虛構的故事，而且，就沃克的觀點來看，認為德國人搞砸了算式來拒絕為希特勒製作炸彈的想法，可說是「可悲的荒謬」[26]。

---

23 Dörries (ed.) (2005), 53.

24 鮑爾斯的書啟發了邁克爾·弗萊恩（Michael Frayn）寫下他於一九九八年發表的戲劇《哥本哈根》（*Cohenhagen*），內容是關於波耳和海森堡的戰時會議，雖然弗萊恩絕非全盤接受鮑爾斯對於海森堡的動機和性格所寫的文章。

25 R. N. Anshen (1986). *Biography of an Idea*, 71. Moyer Bell, Mount Kisco, NY.

26 Walker (1995), 267.

哥本哈根

很多關於海森堡戰時紀錄的辯論都取決於一個事實，那就是，海森堡不像德拜，他持續對於自己在希特勒統治下的工作所抱持的動機和目的表達意見。隨著戰爭進行，海森堡成為國家社會黨最看重的其中一位德國文化大使。然而，他後來辯解說，他和他的同事們不過是在壓迫之下等待時機，力圖「在我們自己的生活受到局限的小角落中維持秩序」[27]。他改寫了德國物理學家溫順和被動的配合，成為一種積極反對的樣貌，並聲稱他留在德國純粹是因為想幫助「未受汙染的科學在戰後東山再起」[28]。

外側克於一九四一年背負著「文化」使命來到納粹占領的丹麥，而海森堡也在那裡與波耳開會，如今這個事件因為弗萊恩所寫的劇本《哥本哈根》而知名。弗萊恩檢視了該事件幾個相互衝突的陳述，暗示當我們甚至無法確定自己的動機時，很難指望能知曉絕對的歷史真相。這齣劇的歷史準確性一直受到熱切的討論——羅斯嚴厲指責這齣劇為修正主義之作，比歷史學家歐文粗糙的否認大屠殺更具破壞性，而漢斯契斷言，該劇因為擁有歷史學家極少承認的「勇敢的多重論點」而值得欽佩。[29]但弗萊恩拒絕任何對於此事件決定性的解讀，肯定是正確的。

海森堡希望藉由與波耳會面期待或實現什麼？有人說他試圖試探他的昔日恩師關於同盟國在核子武器的工作進展。[30]也有人說，海森堡尋求波耳同意他從事核子研究，或是他對利用鈾分裂的可能性的看法。後來海森堡自己暗示，他希望與波耳討論，以確保對國際科學界能夠針對核子能源的利用一起合作，特別是策劃禁止製造炸彈。外側克堅持此一觀點，並且遲至一九九一年仍舊寫道：「海森堡拜訪波耳的真正目的是……與波耳討論全世界的物理學家是否能夠聯合起來，阻止炸彈的製造。」[31]這種自私的聲明曾於一九五六年由容克不加批判的報導過。熟悉核子時代，尤其是海森堡的權威專家卡西迪指出，透過核遷變來製造超鈾元素的可能性，讓原子彈的影子突然令人擔憂的陰森逼近，促使海森堡向一個具有父親形象的人尋求道德指導。

不管他的動機是什麼，事實是，海森堡接受邀請，在哥本哈根的德國文化研究所舉辦的會議中，針對他就天體物理學和宇宙射線的研究工作發表演講，而且他和曾於一九三三到一九三四年於波耳的研究所工作的外側克一起前往參加。

---

27 Heisenberg (1971), 167.

28 J. Medawar & Pyke (2001). *Hitler's Gift: The True Story of the Scientists Expelled by the Nazi Regime*, 171. Arcade, New York.

29 Dörries (ed.) (2005), 37.

30 認為海森堡無可救藥的克拉密西含蓄的批評，海森堡和外側克為納粹擔任間諜。這個指控看來粗糙又不太可能，但或許這取決於如何定義「擔任間諜」這件事。人們可能會期待科學家針對自己在戰時從事的訪問提供解釋，而外側克隨後向軍方提交了一份報告，提到哥本哈根並未進行任何鈾分裂的研究。「顯然，波耳教授不知道我們正在研究這些問題，」外側克寫道，並補充說，「當然，我也讓他繼續這麼相信。」（Karlsch & Walker [2005], 17.）

31 Walker (1995), 257.

也很清楚的是，海森堡和外側克沒有感受到丹麥遭受占領的辛苦，讓他們的丹麥同僚抱持疏遠態度。正如波耳回憶說：「海森堡和外側克試圖解釋，丹麥人民對德國的態度，尤其是丹麥物理學家，既不合理也站不住腳，因為德國已經勝利在望，任何對合作的抵抗只能為丹麥帶來災難。」[32]有些文章提到，海森堡甚至稱這場戰爭是「生物的需要」[33]。當梅特納在戰後告訴哈恩，海森堡於一九四一年出現在丹麥令人難忘，語氣中並沒有恭維。[34]當時她並未參加會議，但在一九四五年六月，她寫信給德拜的前同事謝樂，描述她對於該事件的了解。這二手的消息可能有些誇張，但是提供了海森堡留下的驚人畫面：

> 我曾經從年輕的丹麥同僚那裡聽說過和他有關的奇特故事，關於他和外側克於一九四一年來到哥本哈根參加德國物理研討會，並斷然的對其中的不公平視若無睹。他完全沉浸在對於德國勝利的妄想中，並提出了優越的民族和國家的理論，認為德國注定會統治其他國家。[35]

海森堡感覺到他在哥本哈根引起的敵意，並對此感到困惑。「有鑑於丹麥人的生活完全沒有受到限制，過得非常好，」他寫信給妻子，「在這裡竟然引起多麼大的仇恨和恐懼真讓人吃驚。」[36]他們甚至拒絕去聽他在文化協會的演講，只是因為該機構之前曾邀請「一些活躍的軍國主義者針對歐洲的新秩序為主題發表演講」。外側克在沒有事先預約的情況下，帶著文化協會的會長去見波耳，而波耳一點也不想捲進這樣的狀況中。

回顧一九四八年，海森堡記得，當他們走過位於市中心廣闊的大眾公園，正是他們在哥本哈根所進行的重要討論發生之時。他說，他在這裡問了波耳關於研究核能的道德議題，但只涉及反應器，因為他聲稱仍然相信在戰爭結束之前，原子彈都不可能製造出來。如果海森堡當時真的這麼想，那真有點令人驚訝，因為從來沒有跡象表明，他或任何德國物理學家在當時想過這樣的道德問題，或許真的如此，甚至廣島原子彈事件發生。一個相當令人不安的解釋是，海森堡希望在不明確說出的情況下向波耳示意，德國人離製造原子彈還遠得很，如此一來波耳就能運用他的人脈，轉達這個資訊讓同盟國知道，或許可以讓他們打消任何企圖。換句話說，這是一種變相的努

32 Niels Bohr Archive, documents released 6 February 2002, Document 6 (drafted by Margrethe Bohr). Available at www.nba.nbi.dk/papers/docs/cover.html.

33 Walker (1995), 149.

34 Hentschel (1996), 334.

35 Dörries (ed.) (2005), 39.

36 W. Heisenberg (1941), letter to his wife Elisabeth, September. Available at http://werner-heisenberg.physics.unh.edu/copenhagen.htm.

力，讓世界免於毀滅性武器的威脅。

「因為我知道波耳受到德國政治間諜的監視，」海森堡後來告訴容克，「我試圖讓我們的談話保持隱晦，希望不會立即危及我的生命。」

話題可能是開始於我有些漫不經心的問起，物理學家在戰時投身於現在進行的鈾研究是否正當，因為我們至少必須考慮，在這個領域的進展對於戰爭技術來說，可能會導致非常嚴重的後果。我從波耳有些錯愕的反應了解，他立即知道我為什麼這麼問。我記得他用反問回答我：「你真的相信我們可以利用鈾分裂來製造武器？」我可能這麼回答：「我知道這原則上有可能，但是需要非常傑出的技術能力，而我們可以希望不會用在這場戰爭中。」這個答案顯然讓波耳感到震驚，以至於認為我是想告訴他，德國在製造核武器上已經有了很大的進展。我後來試圖糾正這個錯誤的印象，然而一定沒有完全成功贏得他的信任，特別是因為我害怕我所說的某些話之後會用來對付我，所以只敢非常謹慎的間接暗示（這絕對是我的錯）。我接著又問了波耳，以明顯的道德觀點來看，是否有可能讓所有的物理學家都能同意不為製造原子彈而努力，因為一定要有強大的技術能力才有可能製造出原子彈。但波耳認為不可能對各個國家的行動施予影響力，因此可以這麼說，這個世界上的物理學家努力為了自己的國家製造武器，是無可避免的事。[37]

我們是否可以懷疑，海森堡因為自己的陳述會受到挑戰，因此增加了一段起和緩作用的評論？無論如何，他讓容克同意了他的陳述：

> 我寫在這裡的一切，在某種意義上來說是針對非常複雜的心理狀態所做的事後分析，因此無法每一個點都能準確……即使是現在，當我寫下這篇談話，我也沒有很好的感覺，因為不同陳述的用詞一定都再也無法保持準確，並且需要所有的細微差別去確切的敘述在不同的心理狀態下所說的對話的實際內容。[38]

他正確的預見了矛盾。波耳從來沒有完全原諒海森堡那次訪問的表現，雖然這位保守而親切的丹麥人還是設法在戰爭結束後恢復禮貌的社交關係。然而，當波耳在容克的書中看到海森堡對於那次會面的敘述，他對於文中自我主義的特質感到不悅，以至於反覆書寫出一封無比憤怒的信，但一直未能成功寄出。波耳特別生氣的是，海森堡宣稱他曾試圖勸阻他的德國物理學家同僚製造原子彈，以及他曾向波耳建議，想要抵制國際研究核子武器。他說，波耳對於這樣的武器能

---

37 W. Heisenberg (1956), letter to R. Jungk, op. cit.

38 同前註。

夠製造出來似乎「有點害怕」，就彷彿丹麥物理學家之前從未想過這件事。

「就我而言，我記得我們的每一句交談，這場談話發生在丹麥的我們都感到極度悲傷和緊張的背景之下。」波耳在他未寄出的信中寫道：

> 特別的是，這場談話給了瑪格麗特（他的妻子）和我一個很強烈的印象，還有在協會的每個人。你對於德國會戰勝表達了明確的信念，也堅信如此一來，我們還持續希望戰爭會有不同的結果並對德國的所有合作提議保持沉默，是很愚蠢的事。我也非常清楚記得我們在協會辦公室的談話，你在那裡的含糊其辭只讓我確信，在你的領導下，德國一定會盡全力研製原子彈。[39]

在另一個草稿中，他補充說：「你告訴我，你堅信這場戰爭如果持續得夠長，最後的勝負關鍵將是原子武器，而我沒有感覺到你給了任何暗示，說你和你的朋友正在往另一個方向努力。」[40]

波耳非常危險的留在哥本哈根很長一段時間。他的母親是猶太人，因此被官方認定為「非亞利安人」，雖然德國一開始為了維持他們拉攏丹麥政府時虛構的假象，而對丹麥的猶太人相對寬鬆。但是到了一九四三年，他們豁免於集中營的特權被終止，納粹並在初秋時開始驅逐知名的丹麥猶太人。波耳接到通風報信，知道自己即將在九月底遭到逮捕，於是在十月初乘船逃到瑞典。由於擔心他可能會在那裡被德國間諜暗殺，英國人讓他從斯德哥爾摩搭機到英國。該年底，他搭機到洛斯阿拉莫斯國家實驗室，在那裡他對技術工作貢獻不大——「他們不需要我幫忙製造原子彈」[41]，他如此表明——但是對士氣的幫助極大。「他讓這項事業看起來充滿希望，」[42]曼哈頓計畫的科學領導人羅伯特．歐本海默（Robert Oppenheimer）後來寫道。

海森堡在訪問哥本哈根之後，繼續在德國占領的領土發表科學演說，讓國家社會主義黨的領導人很滿意。根據荷蘭物理學家卡西米爾所說，海森堡在一九四三年前往荷蘭期間聲稱，德國統治歐洲有正當理由：

39 N. Bohr, letter to W. Heisenberg, undated. Niels Bohr Archive, documents released 6 February 2002, Document 1. Available at www.nba.nbi.dk/papers/docs/d01tra.htm.html.

40 同前註，Document 7, www.nba.nbi.dk/papers/docs/d07tra.htm.html。這些信件於二〇〇二年在萬眾期待下公開發布，回應了弗萊恩的戲，顯然讓海森堡的捍衛者感到不適。二〇〇七年去世的外側克宣稱波耳的記憶有「很深的誤會」（Dörries [ed.] [2005], 36）。

41 Rhodes (1986), 525.

42 同前註，524。

> 就歷史來看，德國統治歐洲及之後統治世界是正當的。只有無情統治的國家才能維持下去。民主無法產生足夠的能量來統治歐洲。[43]

他警告說，如果不是德國，那麼歐洲將會被蘇聯統治，情況就會變得更糟。當時對德國來說，戰爭的前景看起來非常暗淡，但是海森堡的聲望卻是前所未有的高。

雖然現在無法確切了解哥本哈根的會面裡到底說了什麼，我們一定還是能夠推論出海森堡在戰時德國科學界所扮演的角色。他在哥本哈根代表的是征服的力量，而且他預期丹麥科學家會看到這個力量透過友善的臉孔表達，而感到放心。換句話說，他覺得他的個人狀態會以某種方式消除因為受到占領所帶來的屈辱：就是這種浮誇讓海森堡相信，無論如何他都必須留在德國，因為只有他能在戰後重建德國科學。他迷失在自負中。

保留顏面

德國為什麼沒有製造原子彈？如果他們有能力，會這麼做嗎？

戰爭結束後，海森堡決心表明他和他的同僚已經能掌握狀況，並且規劃出結局。「從一開始，」他在一九四七年出版的《自然》期刊中一段關於德國核子研究的文章中寫道（前一年十二月的《自然科學》期刊第一次出現譯文），「德國物理學家有意識的努力掌控這項計畫。」[44]他說，這一點之所以可能，單純是因為做出炸彈既非不可能（在這種情況下，他們該不該這麼做的問題就不會出現），也不容易（在這種情況下，他們當然不能阻止）：

然而，在隨後的事件中，已知的真正狀況及時給了當時的物理學家決定性的影響力，因為他們給了自己的主管部門很好的理由——原子彈可能不會投入戰爭中使用，再不然就是運用一切可能的努力，也許還可以使它們發揮作用。[45]

一九六八年，海森堡提供了關於這個故事不那麼洋洋得意的版本：

---

43 G. Kuiper (1945), report to Major Fischer, 30 June. In University of Arizona Library, Kuiper Papers, Box 28. 這句話來自第三手報導：阿爾索斯行動的一員，荷蘭裔美國籍天文學家傑拉德．柯伊伯（Gerald Kuiper）於一九四五年曾發送此引言，而此引言來自卡西米爾。卡西米爾宣稱，海森堡曾在萊頓一次私人談話中向他說過這句話，在那次談話期間他還知道，海森堡在當時知道德國集中營的情況。目前尚不清楚卡西米爾的報告是否能夠採信。

44 Heisenberg (1947), 214.

45 W. Heisenberg (1956), letter to R. Jungk, op. cit.

很顯然，我們並沒有充分意識到危險的程度，但是在頭兩年，有件事變得很清楚，那就是若是使用溫和的手段，建立核子反應器相對容易，換言之，在幾年之內一定可以達成，也就是我們知道某種反應器將會開始運作，那種反應器將會使用天然鈾和重水。我們也很清楚，炸藥就是用這樣的反應器（鈽）生產出來的，所以可以從其中做出原子彈；但幸運的是，我們也很清楚，做出原子彈需要持續多年大量投資在科技中。因此，我們可以完全誠實並秉持良心的向政府機構報告這些結果，而結果正如我們所希望的，政府決定不投入心力建造原子彈，但我們收到的回應是（雖然資金不多）要繼續努力設計反應器，就只是重水反應器。[46]

這是一個精心建構的故事。故事強調物理學家完全能夠勝任：他們知道反應器會成功，他們知道反應器可以做出炸彈，他們知道這將非常困難（雖然，考慮到分離鈽相對容易，海森堡誇張了他的技術難題）。他們誠實的告知納粹領導人，但是只做到確保可以持續得到資金，卻不用承諾做出炸彈。此外，透過強調這些資金的有限，海森堡可以解釋他們的成就為什麼及不上曼哈頓計畫。正如他在《自然科學》期刊所說的，如此明智而謹慎的處理情況，代表他們對於是否要為希特勒製造炸彈這件事，「不必做出決定」[47]。海森堡在戰後相關的言論中都沒有提到他於一九四二年對當局的明確承諾，那就是「鈾機」可以產生強力的炸藥。

因此，從德拜對韋佛半幽默的敘述中可以看出，對海森堡來說，德國物理學家是如何認為他們讓當局以為在資助基礎研究，才是這件事的完整事實：

> 政府的官方口號是「我們必須將物理用於戰爭。」我們扭轉了這句話，讓它變成我們的口號：「我們必須將戰爭用於物理。」[48]

海森堡暗示，我們的口號是知識的崇高目標，而我們用聰明的詭計來追求這個目標。這個故事讓科學家成為掌舵的人，把他們的政治領導人矮化成一群容易上當的傻子，將他們由國家資助的軍事研究幾乎成為抵抗行為，並且從納粹政權的惱人現實中分離出純淨、未受汙染的科學。

但是，我們能相信多少？

海森堡及其同僚暗示，他們故意放慢研究步伐，讓希特勒無法取得可怕的武器。對此高斯密特提出強烈的質疑。他堅持認為，如果做得到，這些科學家肯定會製造出炸彈，但是因為政治管

---

46 Hentschel (1996), lxxxvi.
47 Heisenberg (1947), 214.
48 Cassidy (2009), 305.

理的無能，而他們也不知道該怎麼做，所以才沒能做出炸彈。他希望海森堡承認，納粹的統治如何消耗了德國科學，從而展現只有在自由社會中，科學才能蓬勃發展。但他也希望看到德國科學家能夠認知到自己的傲慢和自滿，認為他們自己就可以解決利用核分裂的問題。然而，海森堡拒絕接受，最好的德國科學家，不是指迪布納那樣的納粹爪牙，竟然不夠能幹。這兩個男人展開了漫長而有時過激的信件往返，但是兩個人看來都不願意承認德國在製造炸彈上的真正障礙：納粹從未足夠相信，以曼哈頓計畫的規模來分配資源是可行的。有鑑於此，海森堡說他們得以免於做出最終的道德決定，並沒有錯。儘管如此，高斯密特確切指出關鍵要點，而這一點不只適用於海森堡，也幾乎適用於所有的德國物理學家：他「對抗納粹不是因為他們不好，而是因為他們對德國不好，或至少對德國科學不好」[49]。

高斯密特歸咎德國人之所以沒有做出炸彈是因為他們根本不知道怎麼做，這一點刺痛了海森堡。而格羅夫斯在回憶錄《現在可以說出口》裡也提出這個想法。因為發現盟軍已經遠遠超前，讓他們的智力優越感受盡折磨，而且，雖然他們堅持認為，原因只是各自的國家領導人所提供資金的程度，但是仍舊會讓人有所懷疑：難道德國人沒有更強烈的爭取支持，是因為他們對於任務的重要性有所誤解？

這個問題的一個重要層面涉及製造原子彈所需的材料數量：一個易裂物質發展出自發、失控的連鎖反應的臨界質量。在一九四二年交給陸軍軍械局的報告中，鈾二三五或鈽的臨界質量估計為「大約十到一百公斤」。[50]然而，即使是這種模糊的數字看來都不足以說明不確定性的程度。這個估算可能來自海森堡，他對此事的聲明給人一種很混亂的描寫。當海森堡在農場會堂聽說了投在廣島的原子彈，他表現出難以置信的反應，因為他不敢相信盟軍能夠產生出好幾噸純鈾二三五。對此，哈恩回答說：「我想，只需要很少的『二三五』……這麼說好了，如果他們有三十公斤的純『二三五』，他們就不能用來製造炸彈嗎？」海森堡的回答是，「這樣還是不能爆炸」：他不相信這樣就足夠。[51]伯恩斯坦說：「這種說法顯示，在此時，海森堡並不知道如何做出炸彈。」[52]

如果說海森堡已經忘記了他之前對於臨界質量的估算，那麼哈恩並沒有。「但是告訴我為什麼你曾經跟我說，想要做出任何炸彈，需要五十公斤的『二三五』。」他提出要求。「現在你卻說需要兩噸。」海森堡顯然感到不安，他試圖掩蓋：「當時我說的不是最終定論。」他離開並做了更好的計算，決定確實只要幾十公斤就已足夠。[53]

---

49 Goudsmit (1947), 115.
50 Walker (2009), 353.
51 Bernstein (ed.) (2001), 117.
52 同前註。
53 同前註，118。

海森堡後來聲稱，他早就知道臨界質量相當小。一九四八年，他告訴高斯密特，一九四二年六月，在他於柏林與史佩爾和其他官員的會議中，他被問到，要摧毀一座城市需要多大的炸彈，他回答了「和鳳梨一樣大」[54]。「這種說法，」他向高斯密特強調，「當然引起了驚喜，特別是知名的物理學家，因此一些與會者一直記得這件事。」[55]這是海森堡在農場會堂所做的計算之前，唯一一次聲稱對於臨界質量擁有肯定並準確的估算，而且我們並不清楚背後的原因。

羅斯認為，海森堡其實在一九四〇年嚴重高估了臨界質量，因為他對其中所涉及的物理有所誤解，而他直到在農場會堂受到哈恩質疑後，他才正確的通曉理論。羅斯認為，海森堡之後幾次迴避問題，因為他不想承認自己的錯誤，而海森堡在戰後所說的故事有意掩蓋他與同僚無法製造炸彈的事實真相，讓人不去注意他們其實誤以為臨界質量是無法達成的巨大，才斷了念頭。

羅斯斷言，未能從反應器的物理原理中找出炸彈的物理原理（反應器不能產生核子爆炸，雖然不受控制的連鎖反應可能會導致過度的熱產生和熔毀）讓德國人相信，可以做出一種混合的「反應器炸彈」。海森堡在聽到廣島的消息時的確推測，或許盟軍已經投下了這種嵌合裝置。並且，根據哥本哈根會談的某個版本，海森堡和波耳會面時，給了他德國的炸彈設計草圖，但是當波耳把這張草圖轉給洛斯阿拉莫斯的科學家時，他們認為這個設計看起來更像是反應器，而非炸彈。這個故事是當時在洛斯阿拉莫斯國家實驗室工作的貝特告訴伯恩斯坦的。但波耳的兒子奧格（Aage）一直堅決否認海森堡給了他的父親這樣的草圖，而有鑑於海森堡在揭露這場會談中的資訊時所展現的謹慎，這確實看起來相當不可能。儘管如此，這個模糊的炸彈／反應器草圖似乎已經從某處來到了洛斯阿拉莫斯。

其他歷史學家認為羅斯誇大了物理學家在理論上的短處。萊納・卡爾許（Rainer Karlsch）和沃克說，外側克於一九四一年為了製造鈽彈所提交的專利申請「讓情況變得非常清楚，他確實了解鈽的性質和軍事應用」。[56]沃克說：「就他們所了解的而言，（德國科學家）所理解的和美國人及流亡者的理解相當。」[57]他認為，指控德國物理學家缺乏技術能力是關於德國的炸彈的另一種迷思。

即便如此，當海森堡和同僚面對證明短短幾年內就能做出炸彈的廣島事件，就必須解釋為什麼會讓他們的領導人誤以為這是不可能的任務，而無需承認這是因為技術上的錯誤。海森堡在他一九四七年刊登於《自然》期刊的文章中，把責任歸咎於納粹政府所資助的資金。他辯稱，科學家已經清楚的知道可以用鈾二三五或鈽做出炸彈，而直到一九四二年史佩爾據稱決定撤回大部分

54 W. Heisenberg, letter to S. Goudsmit, 3 October 1948, 3. In Samuel Goudsmit Papers, Box 10, Folder 95. American Institute of Physics.

55 同前註。

56 Karlsch & Walker (2005), 17.

57 M. Walker，私人信件。

支援，轉而投入火箭計畫之前，他們的研究都和美國比肩齊眉。海森堡聲稱，這個決定很適合他們。如此一來，當戰爭結束時，他們就可以將研究用在核能的和平用途中：

> 我們會很高興，用於和平目的的重要技術發展，最終必須從（哈恩和史特拉斯曼的）發現而來，將會在德國找到開始，並且很快就能品嘗果實。[58]

這樣所塑造的圖像太過美好。從一方面來說，如果德國科學家直到一九四二年時，所了解的知識和取得的進展都不亞於盟軍，那麼費米在芝加哥的反應器為什麼在那一年達到臨界反應，而德國科學家在整個戰爭期間甚至沒能成功建造能夠運轉的反應器？德國科學家以轟炸和缺乏足夠的政府支持為理由，宣稱已經崩潰。但所謂的缺乏足夠政府支持卻和事實相違背。核能研究其實享有相當高優先的資源，遠比飛機生產更多。一九五〇年代，史佩爾因為戰爭罪而遭到逮捕時曾說，他希望海森堡不會企圖將鈾研究的失敗責任都推到他身上。但很顯然，海森堡已經這麼做了。

另一個「官方」德國故事的假線索是中子減速劑的問題。博特為反應器計畫的失敗背了黑鍋，因為他對石墨的中子吸收測量「錯誤」，以至於在有利於重水的考量中排除了石墨，阻撓了努力投入重水生產的辛勤工作。海森堡特別因為鈾研究的進度緩慢怪罪博特。這不僅不公平，也並非事實。雖然博特的研究看來的確表明，石墨行不通，但是漢勒後來發現，博特看到的過量吸收是材料中的雜質所引起。純淨石墨應該沒有問題。然而，陸軍軍械局認為純化的成本太高。

最後，如臨界質量這樣的技術問題和德國為什麼沒有做出炸彈之間的關聯尚不清楚。他們在分離鈾同位素上沒有進展，以及他們從來沒有做出能夠維持可控制的分裂連鎖反應的反應器，這樣的事實意味著，他們看來也無法在戰爭期間達成估算起來不大的臨界質量。我們並不清楚，德國政府資助的決定是否仰賴反應器或炸彈的設計和工程上的細節，對此就連科學家們也似乎無法掌握。羅斯認為，這一切都取決於海森堡知道或不知道什麼，諷刺的呼應了這位物理學家自己的浮誇信念，認為就算不是德國物理都如此，鈾研究也只仰賴他一人。

戰後幾年，海森堡和外側克在兩種態度中搖擺不定，其一是為缺乏資金，他們被動的免於做出是否製造炸彈的決定；其二是他們積極操縱情勢，如此一來製造炸彈就沒有前景，也不必面對困境。外側克甚至於一九九三年聲稱，他參加研究時希望，那些知道如何做出如此高效武器的科學家，能夠成為納粹不可或缺的成員，如此一來他們也許能影響希特勒的政策。難道他真的認為他有可能說服希特勒關閉集中營？外側克本人似乎感覺到這聽起來有多麼難以置信，於是強調這

---

58 Heisenberg (1947), 214–15.

是「如夢的心願」[59]，本來就有點瘋狂。無論如何，如果物理學家沒能證明他們能夠履行承諾，並釋放出核能，他要怎麼知道這樣的動機能夠發揮影響力？

但是對海森堡和外側克來說，這些故事是否嚴謹、一致或合理，似乎都沒有太大關係。只要他們能夠在某種程度上不受道德的懲罰就夠了。如今從戰時所出土的證據都顛覆了這些虛構故事。所以，海森堡和外側克究竟是真誠但自我欺騙，或積極試圖誤導人心？羅斯一直傾向於相信這些人最糟糕的一面，認為他們的故事不過在製造幻覺，以維護自己的尊嚴、名譽和「榮譽」。而德國人對「榮譽」的理解，是一個人的內在一致性，而不是（其他人可能會如此認為）一個人行為的道德取向。在另一方面，沃克認為他們的說法背後的原因，沒有這麼多或不完全是，自身的利益，甚至也不是擔心被指責為納粹走狗，而是熱切希望維持德國科學的聲譽。無論如何，他們這麼做似乎不單純是自私的想要表現出無罪，並且在納粹的腐敗中不受汙染。

最後，我們是否能夠討論德國科學家究竟有沒有嘗試製造炸彈？正如沃克所說，這不是好問題，只是因為它聽起來好像應該有個簡單的答案。這樣的話看似天真。舉例來說，我們怎麼定義「嘗試」？物理學家知道應該可以做出炸彈，他們並且進行了該計畫的初始階段，例如開發用於分離同位素的技術。他們了解，如果能夠讓「鈾機」運作，那麼至少能夠生產一個新的易裂元素。在他們對納粹領導人的呼籲中，「炸藥」一詞就算不是無處不在，也反覆強調。但是，無論是科學家或其領導人，都不將原子彈列為重要的優先，因為他們都不相信能在短期內完成。[60]對其中的物理原理的誤解應該也是原因之一，但可能不是決定因素。德國政府並不缺乏資金——佩內明德的火箭計畫花費的金額和曼哈頓計畫不相上下——但寬厚的說，他們也信心不足。

俄國人從威廉皇帝物理研究所沒收而於最近交還普朗克學會的文件暗示，其實德國人也製造出了原子彈，只是比較拙劣。這些文件似乎表明，一九四五年三月，迪布納在戈托夫的團隊於德國東部的圖林根州製造了兩個小型「核子」爆炸，殺死了數百位戰俘和徵為奴隸的集中營囚犯。不說別的，如果這戲劇性的說法是真的，那就會讓那些物理學家受到戰爭罪的直接牽連。

在鈾研究的過程中，絕對有可能出現和核子無關的爆炸，尤其是因為水可與鈾反應產生易燃的氫氣。一九四二年六月，海森堡和德佩爾一起研發的一個原型反應器在萊比錫因為氫氣爆炸而毀壞，幸運的是他們都全身而退。但是戈托夫的爆炸看來並非偶然。那些文章中表明，科學家企圖引發有濃縮同位素的鈾的分裂，或者是更不尋常的，利用傳統炸藥的爆炸，用鈾或鈽的核心來引爆同心球形裝置爆炸，也就是氘的核熔合。這當然是在戰爭最後期間所挑起的瘋狂而絕望的行為。若這真的發生了，海森堡和外側克似乎對此一無所知，雖然據稱革拉赫知道並批准了這些測

59 Walker (2009), 346.

60 戰爭即將結束之時，科學家們認為可能只需要一兩年的時間就能做出炸彈。但即使如此，也並未為了做到這一點而投入工業規模的大量努力。這不僅是因為轟炸和有另外優先的考量讓這件事變得不可能。

試。然而，就連迪布納看起來都不相信，有任何前兆暗示會有投在廣島的那顆原子彈：他在農場會堂大聲說：「我們總是以為，我們會需要兩年才能做出炸彈。」[61]

粉飾真相

一九四六年，海森堡獲准返回被擊垮的德國，在哥廷根安頓下來，並建立了馬克斯・普朗克物理研究所——也就是重整後的威廉皇帝物理研究所，如今正式改為德拜當初選擇的名稱。哥廷根被盟軍指定為即將成為西德的科學重建樞紐。外側克則在海森堡的研究所中擔任理論物理部門的主任。他變成和平主義者，推動裁減核武軍備，並且在漢堡創辦了「科學與和平研究」中心。一九八四年，他的弟弟理查（Richard）成為德意志聯邦共和國的總統，並主導了東西德的統一。二〇〇九年，在卡爾去世兩年後，德國歷史最悠久的科學學會德國科學院（National Academy of Sciences Leopoldina）開設了「社會關鍵問題的科學貢獻」領域的「卡爾・馮・外側克獎」（Carl Friedrich von Weizsäcker）。儘管外側克對科學的社會角色表達出真誠的關心，但是他從來沒有對他的戰時活動明確吐露出遺憾的話語。

一九四六年九月，威廉皇帝學會短暫的解散了，又以馬克斯・普朗克學會之名再度復活。[62]一般認為，普朗克的名字會削掉與納粹政權的所有關聯，再加上任命勞厄為主席來加強這個想法。我們並不知道，普朗克本人是否接受那個象徵性的角色。他也在哥廷根定居，不僅年至遲暮，也感到心灰意冷。他的人生遭受了可怕的打擊：在第一次世界大戰中失去了長子，次子又在暗殺希特勒事件之後，被納粹處死。他的兩個女兒也在希特勒上台前死於分娩。

普朗克於一九四七年過世。後人了解了他的善良，但也愈來愈清楚，光是善良並不足以引導普朗克在所面臨的挑戰中前行。對該時代德國物理學家的批評極少手軟的歷史學家霍夫曼，在普朗克逝世五十週年紀念時說，「他代表了專業卓越、持續尋求真理，代表了科學和個人的正直，代表了人性和誠實、謙遜和虛心」[63]。但是對普朗克的傳記作者海爾布隆來說，他是一個淒楚與悲慘的受到自己的信念所背叛的人：

> 他在納粹時期所做的一切依據一種世界觀行動，而這種世界觀讓他無法在不損害榮譽的前提下全身而退。[64]

61 Bernstein (ed.) (2001), 117.
62 在一九四九年之前，這個機構只被德國的英國占領區所承認。
63 Heilbron (2000), 216.
64 同前註。

德國物理學的重建從挽救聲譽開始，於是需要更多的神話。一九四六年，德國物理學會副主席沃爾夫岡．芬克恩堡（Wolfgang Finkelnburg）在德國物理學會會刊（*Physikalische Blätter*）如此寫道：

> 儘管有如此多困難，物理學家也要鼓起極大的勇氣，並有權了解，在一九四〇年最後一場物理學家的會議之後那幾年，德國物理學會的執行委員會如何盡全力在國家社會主義黨和帝國教育部前呈現出乾淨和體面的物理科學，並防止比之前發生過更糟糕的事件。我相信，這種反對物理為黨服務的抗爭可能會被視為真正的德國物理學的英雄篇章，因為儘管只有少數人積極帶領，這個抗爭仍舊受到絕大多數物理學家的有力和道德支持。[65]

當我們受到自己的行動所連累，不難理解會產生一種衝動，想要逃避指責並建構一個可以依此活下去的故事。然而，霍夫曼嚴厲卻不失公允的說，德國物理學會的主席冉紹耳及其同僚不僅為了自保，更在戰後的德國針對第三帝國的現實推動了更廣泛的陰謀。他說，在德國物理學會的活動中沒有「英雄主義」，充其量只有損害限制。霍夫曼說，冉紹耳等人所套用的「免除責任的公式」，也就是「他們為了科學盡了一切努力，並暗示是為了崇高目的」的這種說法，完全忽略了「他們為了一個自己所支持並為其效力的罪惡政權，在其中進行科學研究，以獲得個人和專業上的特權」[66]。

芬克恩堡的陳述說明了，回過頭來看，德意志物理運動（如今被標籤為「為黨服務的物理」）如何被用來讓大多數「乾淨和體面」的物理學家和納粹有所區別。實際上，這個運動用來涵納了與政權合作所產生的汙點。芬克恩堡沒有提到，一九四〇年之後，德意志物理運動無論如何還是走向終點，也從來不是國家社會主義者領導下的「官方物理學」，而政府官員總是帶著困惑看待這些物理學家的戰役。不，德國物理學現在需要的是代罪羔羊。當然，整個德國社會都如此：社會上的普遍做法是，把希特勒政權的集體罪責推到幾個「真正的納粹」上。但是在物理界，這樣的情況又更進階：在海森堡等人提出的陳述中，那些最熱情支持國家社會主義議題的科學家，同時也最有能力。因此，德國科學不僅在政治上，也能在專業上得到救贖。

這種把科學家分成「納粹」和「非納粹」的二分法甚至出現在農場會館，那裡的物理學家開始把矛頭轉向彼此。如今看來，身為黨員顯然需要做出讓步，就像巴格和迪布納。他們兩人試圖爭辯自己從未真正對國家社會主義者懷有同情之心，想要為自己脫罪。迪布納說，自己的黨員身分純屬權宜之計，他希望萬一德國贏得戰爭，能夠因此提高工作前途。他並且列出他的各種「反

65 Hoffmann (2005), 294.

66 同前註，324。

抗」行為。他的同僚並不這麼認為;有些人說,如果在戰爭期間要簽署反納粹聲明,而迪布納也同列簽名人,他們就無法不帶著罪惡感而加以簽署。較年輕的巴格可憐的聲稱,他的母親在他不知情下幫他加入國家社會主義黨,然而算他的母親再權謀,這也是不可能的任務。

這麼做不過是為了轉移注意力。除了勞厄、海森堡和哈恩之外,其他人都隸屬國家社會主義黨的組織,而海森堡也很有意願為政府效力。瑞特納少校在這些被拘留者之間看見了這樣的民族沙文主義,以至於認為有必要在九月的報告中提及「這些人與生俱來的驕傲,依舊相信納粹德國鼓吹的天生優越的民族」[67]。他說,勞厄是唯一可能的例外。

在各行各業中,很少有德國人因為被說成納粹同情者而受到不良影響。許多科學家,尤其是物理學家,確實擁有真正有價值的知識能力來換取他們的復職,而美國和蘇聯可以接受這種討價還價(萊比錫大學的德佩爾就是東進的一位核子物理學家)。即使是「亞利安物理學家」斯塔克和雷納都躲開了嚴重的指責。他們被傳喚到肅清納粹主義法庭,但是雷納被認為過於虛弱無法受審。斯塔克起初歸類為「重大罪犯」,是五類罪犯中最嚴重的一類,並被判處六年的強迫勞動。但上訴法院改判「輕微罪犯」(第三類),並責令斯塔克只要支付一千馬克的罰款。

這是典型的模式。眾所皆知,戰後審判根本不具效用,因為徹底調查任何指控既困難又耗費時間,更不用說要證明這一點。事實上,數以百萬的案子就這樣撤銷。許多支持政權的人都幾乎毫無困難的獲得所謂的漂白證書。在大學中最喧嚷的納粹在沒有資遣下遭到解雇,而那些明顯協助政權的人卻得到了提前退休的安置。舉例來說，國家社會主義黨員喬登對該黨十分熱中，以至於有人曾說，這個黨的意識形態甚至已經滲透到他的物理學中。海森堡曾發給他漂白證書，證明他「從來不認為喬登有可能是真正的國家社會主義者」（這樣的說法只讓人懷疑海森堡的想法究竟從何而來）[68]。

這種情況讓羅斯包德的幻想徹底破滅。他在一九四八年一封給寫高斯密特的信中提到：

> 我們大部分的老朋友要不是重拾舊職，就是至少不再是納粹分子或忙著加以證明——而他們最終能夠證明……他們會給你看那些我不想告訴你名字的人所寫的美好信件，而你會從這些信件中知道，他們是很不錯的人，有時甚至說過希特勒的壞話。[69]

德國科學的剷除納粹行動甚至遭到那些對國家社會主義者不感同情的人積極阻撓。民眾對占領德國的盟軍當局入侵普遍帶著憤慨的態度，導致最不可能意見相同的夥伴團結一致、同聲共

---

67 Frank (ed.) (1993), 168.

68 Renneberg & Walker (eds) (1994), 252. 波耳較不樂於助人。他對於喬丹免除罪責的請求所做的回覆是，寄給這位物理學家一份因納粹而死的親友名單。

69 Rose (1998), 309.

氣。就連相對清白的人都拒絕譴責那些明確和納粹政權有所關聯的人。舉例來說，革拉赫為黨衛軍軍官曼澤爾簽署了一份漂白證書，若是在戰時，他絕不可能正眼看他。[70]而勞厄和索末菲也支持減輕紐倫堡審判施加在斯塔克身上的刑期。這看來似乎不是聖潔的寬恕，而是專業上的擁戴。

其他人則指出了戰後清除納粹和戰前迫害「非亞利安人」之間令人反感的相同之處。哈恩在面對加之於明確親納粹的喬登和史都華的指控時，抱怨著說：「我們在第三帝國時期，遭遇了夠多窺探和斥責的麻煩。」[71]對於哈恩來說，剷除納粹包括「對我們民族的科學的襲擊」。再一次，他似乎認為德國科學的「完整」必須不惜一切代價得到捍衛，可以從第三帝國的政治議程分離出來。

在剷除納粹化過程中的推諉搪塞和迴避，意味著想要在第一時間清楚建構出德國社會的納粹化，很快就成為不可能的任務。「這是我身為歷史學家感到最沮喪的其中一個經驗，」漢斯契說，「我從文件中看到，在一九四五年之後要了解並處理國家社會主義政權的機會這麼快就消失無蹤，並從此錯過機會，去坦率評估這個政權所設立的促成環境。」[72]

如此拒絕處理戰時行為讓德國以外的科學家挫折了許多年。彷彿一個人做了什麼並不重要，只要他說得出（往往相當真實）「我從不喜歡納粹」。一般人普遍表現出來的不是內疚或自責，而是因為遭受強加的屈辱所產生的自憐和怨恨。曾於一九三三年被迫離開哥廷根的數學家庫蘭特，在一九四七年訪問德國，絕望的描述德國人「絕對尖刻、負面、指責、灰心及挑釁」。[73]

位於柏林的前威廉皇帝物理化學研究所的戰後所長哈特穆特・保羅・卡爾門（Hartmut Paul Kallmann），身為「非亞利安人」的他曾於一九三三年在哈柏擔任所長時遭到解雇，並在戰爭期間為法本公司工作。他於一九四六年寫信給流亡的邁克爾・波蘭尼（Michael Polányi）說到，「這裡時時刻刻發生的艱難狀態比起過去十年的邪惡還要令人痛惜得多……群眾仍然不知道納粹的毀滅對全世界和德國來說，帶來了什麼樣的拯救。」[74]波耳夫人兩年後告訴梅特納，「這對德國人來說是個困難的問題，他們很難深刻了解，因為他們總是先為自己感到難過。」[75]

有時候情況更糟糕，因為我們不應該想像，所有的德國人都會迫切感覺需要撇清自己和納粹的關係。一九四七年，達姆施塔特的理工學院校長抱怨，對有些學生來說，「看起來納粹做的唯

70 曼澤爾在審判中被認定為「輕微罪犯」，並判處兩年半徒刑。但是因為他從戰爭結束起就遭到拘留，被視為服滿刑期，所以在一九四八年初判決後就立刻遭到釋放。他的老闆拉斯特的刑期或許不會如此輕微，要是他沒有在一九四五年五月自殺的話。

71 Hentschel (2012), 332.

72 同前註，318。

73 同前註，322。

74 同前註，355。

75 同前註，356。

一錯事就是輸掉戰爭」。[76]卡爾門最終在一九四九年離開德國，放棄他在化學研究所和在柏林新成立的科技大學的職位，因為他覺得納粹的心態仍舊在主導學術界，並對此反感。

海森堡體現了這種對過去的否認。他常常提到「納粹主義壞的一面」，以暗示也有「好」的一面。即使奧斯威辛集中營遭到揭發之後，他似乎仍然頑固的無視那些領導人的性格，堅持認為如果德國贏得戰爭，那麼總有一天——他給了五十年的時限——納粹會變得文明。「他持續捍衛德國發生的所有邪惡事，認為不過是所有社會革命會產生的正常附帶結果，」高斯密特於一九五○年在美國會晤海森堡之後在給羅斯包德的信中如此說道。[77]海森堡甚至在一九四七年對著失去工作、成為難民、親友被關進集中營的英國物理學家兜售他的天真樂觀說法，他的表現讓人清楚了解，海森堡的性格中有個部分，就算指責他有野心和傲慢都說不過去。

在德國科學界中，長期令人不安的存在著對自我檢驗的反感。在威廉皇帝人類學、醫學和精神病學等研究所中，有著比在物理學家中所看到的妥協和搪塞更加嚴重的適應和積極的合作——有時會帶來可怕的後果。舉例來說，威廉皇帝人類遺傳暨優生學研究所所長奧特馬·馮·維斯契爾（Otmar von Verschuer）認為約瑟夫·門格爾（Joseph Mengele）是他的共同研究者。[78]這個醜陋的傳統有據可查，但即使到了一九八○年代，馬克斯·普朗克學會仍不願正視。生物學家休伯特·馬柯（Hubert Markl）於一九九七年成為馬克斯·普朗克學會主席之後，曾勇敢的委託專家去調查學會在納粹德國中的角色。有人對此發出怨言，認為這項委託將會傷害學會自身的利益。一直到二〇〇一年，學會才對門格爾之流的犯罪醫學研究公開道歉，並承認其罪孽和共謀。在一場暴行的少數倖存者受到邀請的會議中，馬柯說：

> 我想向這些以科學之名所犯下的罪行中的受害者，不管是死者或倖存者，所遭受的痛苦道歉……當我在這裡以我的名義及代表威廉皇帝學會的馬克斯．普朗克學會道歉，我指的是針對科學家所犯下、支持及不阻止這類罪行的事實，所真誠表達的最深遺憾、同情和羞恥。[79]

羅斯認為，德國文化中有個特點，導致科學家和其他知識分子沒有能力（不只是拒絕），用其他西方國家可能預期的方式在道德上評價他們在國家社會主義分子統治下的行為。羅斯甚至深入評論，認為「德國」的心性與他所謂的「西方」截然不同。他舉出德國思想中一個百年傳統作為舉證，認為道德等同於思想的個體自主（內在世界），而不是如抵制邪惡的政治那種外在行

---

[76] 同前註，322。
[77] Rose (1998), 311.
[78] 維斯契爾直到一九六五年都持續在明斯特大學擔任遺傳學教授。
[79] Heim, Sachse & Walker (2009), 7.

為。當面對邪惡的情勢，這種傳統會讓人們只尋求維持某種「內在的自由」，同時就能允許甚至要求絕對服從統治者。羅斯說，在這個意義上說，讓在專制的威廉皇帝統治下的德國人也能夠相信自己是自由的，因此那些在納粹統治下自願流亡的人，如湯瑪斯．曼，都因為不忠誠的遺棄「德國文化」，而遭到許多留下來的人所鄙視，即使他們自己也不喜歡納粹。

雖然這種「德國的心性」的說法似乎和「猶太心性」相近的惱人，但是羅斯的分析似乎能夠說明海森堡和外側克的態度，他們在戰時和戰後有時反常的態度和行為無法合理的歸咎為對納粹潛藏的同情。「德國文化和行為模式的薰陶讓海森堡及其同僚的心態和感受自成一個智力和道德的宇宙，盟軍的科學家只能用厭惡和困惑看待，」羅斯推斷。[80] 今天，許多德國人將會在二十世紀上半葉長大的那幾代人之間證明這種態度。

雖然把問題推給戰前「德國文化」在道德上的目光短淺看起來很簡單——我們也因此可以了解勞厄、薛丁格、普朗克、羅斯包德和德拜等人反應的多樣性——但是看起來，德國科學家在戰後的自我辯解並非真的相信沒有什麼可內疚所做出的逃避行為。而在外人看來，這種態度從以前到現在都幾乎讓人無法理解。在某種意義上，為有種族歧視、想要滅絕其他種族的罪犯組織工作，卻不覺有任何責任，似乎顯示他們不存在道德判斷力。這種價值觀的衝突可以從梅特納與其逃離柏林之前的朋友、天體物理學家華特．葛洛帝安（Walter Grotrian）之間長期的通信中看出端倪。梅特納希望能在戰後恢復關係，寫信告訴葛洛帝安，她需要從他那裡知道他在參觀德國占領的挪威中特羅姆瑟一間天文台時，如何在那個不受歡迎的環境中保持愉快，彷彿在他代表納粹領袖拜訪的過程中，一切都沒問題——那次參訪在許多方面都堪比海森堡和外側克於一九四一年到哥本哈根的行程。葛洛帝安似乎對她的抱怨感到困惑，於是梅特納向他直言：「我還是無法了解，一個公正的科學家——這是我一直以來對你的理解和評價——為了那些掌權者的利益，會認為在非法占領的國家組織科學研究工作是恰當的任務。」[81]葛洛帝安回答說，他在當時接受了德國人入侵挪威的「官方」理由，即使這些理由後來被證明是錯誤的，而且他的訪問純粹和科學有關。「因為你抱持完全不同的態度，」他寫道，「你不可能了解我的行事方式。」[82]梅特納無法接受，為什麼這樣一個正派的人在一九四〇年會視納粹為可以也應該為其工作的領袖。葛洛帝安已經登記參加德國空軍，並未看出問題所在。

在一九四〇年代後期，德國以外的許多科學家認為他們的德國同行能夠輕鬆面對難題。一些在美國的科學家尤其沮喪的看到德國人毫不掩飾他們的戰時研究，獲得特許進入美國，為美國政府工作。最惡名昭彰的就是火箭設計師布勞恩。[83]「在大多數情況下，讓我們的科學家與這些

---

80 Rose (1998), 75.

81 Dörries (ed.) (2005), 41.

82 同前註，43。

83 V-1和V-2火箭在英國和比利時殺害了大約一萬五千人。但是在某些方面來說，它最可惡的是在建造這些火箭時，有許

引進的同僚工作，在道德上並不正確，」高斯密特寫道，「那些反對納粹政權統治世界的暴行的人，卻仍舊同意帝國主義德國的政策。我只知道非常非常少數的人，清楚看到了德國的錯誤，並採取相應的行動。」[84]

「納粹的軍械士」？

高斯密特於一九四七年所撰寫那本關於阿爾索斯任務的書有部分是要對抗德國物理學家所傳播的扭曲事實。參與曼哈頓計畫的物理學家菲利普．莫里森寫道：

在阿爾索斯行動中引用的文獻充分證明，德國科學家從他們的盟軍同僚沒有什麼區別，也盡全力為軍方工作。但是其中的區別讓人永遠不可能原諒，那就是他們的工作成果導致了希姆萊和奧斯威辛集中營，也造就了焚書者和押管人質的人。科學界會因為研發供給納粹的軍械而長期缺乏學術上的進展，即使他們的工作並不成功。[85]

儘管莫里森評論「像勞厄那樣的勇敢好男人就連在科學的領域都能抵抗納粹」[86]，勞厄仍舊受到刺激而做出回覆。德國以外的人士正確的認為勞厄在德國科學家中幾乎是獨一無二，對於希特勒的統治持續保持抵抗，讓他獲得空前程度的尊重和道德權威。然而，他在戰後時期的行為卻較為曖昧，表現出不恰當的匆促，為了自己職業和國家的利益，想要平息過去的一切。對於莫里森的指控，他的回覆像是辯解——真實、誠懇，在許多方面值得稱道，卻仍舊是辯解：

> 自從文明國家之間的戰爭再次墮落成人類之間古老野蠻的「全面」戰爭，身為交戰國家的獨立公民就很難讓自己於戰爭服務中置身事外……就算在戰爭期間有某位德國科學家發現有可能讓自己的工作不陷入風暴中，我們也不能說所有人都當如是。
>
> 特別是較大研究機構的主管，必須讓他們的機構設施至少有一部分正式為戰力服務。如果他們公開拒絕，就會立即被歸類為「破壞分子」，將不可避免的為自己帶來悲慘的後果。另一方面，（通常虛假的）配合軍隊的要求有其優勢，而我們的對手應該也同意這是合理的做法。[87]

多人喪生：大約有兩萬奴工在無法想像的工作環境中死於佩內明德。

84 S. Goudsmit (1947), 'German scientists in army employment I: the case analysed', *Bulletin of the Atomic Scientists* February, 64.

85 Morrison (1947), 365.

86 同前註。

87 Laue (1948).

勞厄認為，德國在戰爭期間所從事的大多數科學工作是「真誠、純粹的科學研究，平穩的遵循戰前研究的步調」，並且「與希姆萊和奧斯威辛集中營沒有關係」[88]。此外，他承認，對高斯密特來說，「只要說到奧斯威辛，必定會喚起難以言喻的痛苦」[89]，但是這也肯定會讓他無法做出公正的評價。「我們對於暴政時所發生的事件所下的評論，」勞厄寫道，「一定要非常謹慎。」[90]當他最後呼籲，不要讓怨恨和仇恨常留心頭，人們不禁因此感動：

我們建議，不管是偉大或微小的事，作為和平政治每個言論的基礎，就如索發克里斯借一個勝利國家的公民安蒂岡妮之口所說的話：「我生來是要與愛結盟，而非與恨聯合。」[91]

然而莫里森這位擁有不凡智慧和人性的科學家，並未受到勸阻。「許多德國科學界能力最強、最傑出的男人，」他回答說：

都毫無疑問受到國家忠誠的情感、當局對他們的傳統回應和單純的恐懼所動搖，為了納粹政府效力。這些人實際上就是為納粹提供武器的軍械士。世人所知曉並敬佩的勞厄教授不在其中。這不是讓評論家判斷他們遭遇多大的危險，也肯定不是讓他暗示，他可以比他們更勇敢或更聰明。但這說的就是他們的情緒、他們的弱點和恐懼，讓德國人迎來了十年的非人暴政，因此毀壞了歐洲，並且嚴重打擊了文化本身。[92]

莫里森說，當提到奧斯維辛集中營這個詞時，不是高斯密特應該感到難以言喻的痛苦，

> 但在今天，哥廷根大學中許多富有見識和責任的德國知名物理學家，他們都能夠在第三帝國中生活十年，從未冒著失去安逸與權威地位的風險，去對抗那些打造喪盡天良的死牢的人。[93]

當梅特納看到勞厄與莫里森的通信，她告訴哈恩，他「不在幫助德國，而是冒著達到反效果的風險」[94]。莫里森最後的回信最接近真實情況。那些面對納粹的人在一九四〇年代末期需要聽

88 同前註。
89 同前註。
90 同前註。
91 同前註。
92 Morrison (1948).
93 同前註。
94 Hentschel (1996), 402.

到的解釋，不是德國科學家如何計算出來假裝配合有什麼「好處」，也不是他們如何在一個壓迫政權的陰影下以無害的研究安靜的應付。因為如今已經很明顯知道，納粹不僅是高壓的暴君，還是犯下難以想像的邪惡罪行的肇事者。那麼，在勞厄的高尚字眼中，科學家為這個用毒氣害死許多家庭、還把他們的屍骨堆積成山的政權工作時，是否有任何一絲恐懼感？

梅特納了解這一點，不僅因為她知道她的命運如此接近。當盟軍部隊來到達豪和布痕瓦爾德集中營時，她對於所揭露的真相所做的反應如此真實與適宜，是其他物理學家在他們謹慎措辭所表達的遺憾無法表現出來的。她就是坐在收音機旁哭泣。「應該要有人，」她於一九四五年六月寫信給關押在農場會堂的哈恩，「逼像海森堡和其他幾百萬人去看看這些集中營和那些受難的人。」[95]

在這封信中，梅特納覺得有些話不得不對哈恩說，否則將阻撓她想恢復的友誼：

> 我很清楚的知道，連你和勞厄都沒有掌握真實情況……這當然是德國的不幸，事實上，你們所有人都喪失了對於正義和公平的那一把尺……你們都為納粹德國工作，甚至從未想要做出消極抵抗。當然，為了不讓自己良心不安，你們幫助了許多遇險的人，但你們卻容許數百萬無辜的人遭到屠殺，卻完全不做任何抗議。[96]

儘管莫里森表現出坦誠的謙遜，我們或許會想回應他「這麼說當然容易」，但是絕不會如此回應梅特納。她不僅經歷了納粹統治下的生活，而且在她看來，她也曾是同謀。梅特納應該是第一個承認這一點的人，而不是海森堡、德拜或是可憐、悲痛欲絕的普朗克，甚至不是勞厄——到頭來這是最糟糕的一件事。「今天，我知道，我沒有立即離開，不僅愚蠢，也非常不公平」，她告訴哈恩。這個想法讓她深受折磨。但是她對於同事們沒有幻想。「你不曾失眠，」她告訴她的老同事，請他只以「相信我不曾動搖的友誼」的心態讀她的信。「你不想看到它；這對你來說太礙事了。」[97]

或許，哈恩最終也會了解，但是花了許多年。一九五八年，他於梅特納的八十歲生日寫信給她，幾乎附和她以前說過的每一句話：

> 我們都知道，不公正的事在發生，但我們不希望看到，我們欺騙自己……一九三三年，我跟隨了一幅我們應該立即撕下的旗幟。我沒有這麼做，而現在我必須為此承擔責任。[98]

---

95 同前註，334。
96 Hoffmann (2005), 325.
97 Hentschel (1996), 334.
98 Sime (1996), 364.

他感謝梅特納「試圖讓我們理解，以卓越的機智引導我們」[99]。在那些後來加諸於在納粹德國期間工作的科學家身上的美好話語中，很少有像梅特納位於英國南部罕布夏的墓碑銘文那樣純粹的真理。他們稱她為「一位從未失去人性的物理學家」[100]。

99 同前註。
100 同前註，380。

第十二章 我們假裝成什麼，就變成什麼

馮內果一九六一年的小說《今生情與恨》（*Mother Night*）中故事的主人翁是霍華・坎貝爾，一位於一九三〇年代生活於希特勒德國的外籍美國劇作家。德國說服坎貝爾播送為種族主義納粹宣傳的英語廣播劇。但納粹並不知道，美國戰爭部門已經徵召他在他的節目中，以咳嗽和停頓來傳送編碼過的情報。這個角色從未為世人所知，而坎貝爾在戰爭結束後因為其罪行而遭到審判。坎貝爾的納粹黨岳父承認，他懷疑坎貝爾從事間諜活動，但未曾揭穿他，因為總的來說，他能夠繼續工作對納粹來說更有用處。他說，坎貝爾的節目為他的納粹理想提供靈感來源，連希特勒或戈培爾都比不上。「光你一個人就能夠不讓我認為德國已經瘋了。」[1]他告訴坎貝爾。馮內果推斷，故事的主旨告訴我們，「我們假裝成什麼，就變成什麼，所以我們必須謹慎對待我們假裝的

[1] Vonnegut (1961), 75.

樣子」[2]。

外側克應該會捍衛像坎貝爾這樣的人，因為在戰爭結束後，他斷言，真正重要的是一個人的意圖，而不是行為。根據這種推理，他、海森堡及其同僚提供給國家社會主義黨的明顯支持都已不復存在，事實變成他們從來沒有喜歡過這個政府。但外側克或許比許多人還更有原因讓人想要相信。在戰後剷除納粹化的過程中，他的父親恩斯特因為在戰爭期間擔任國務卿而被控犯下泯滅人性的罪行。老外側克承認，他留在這個職位，只為了幫助對抗希特勒的地下反抗軍——儘管他因為這樣做而被發現共謀將猶太人驅逐到集中營。

馮內果的小說比德國人更能夠做到的更加深入探討了合作、適應和反抗的複雜性。當我們看到起訴坎貝爾的檢察官簡單化的英雄／惡棍二分法敘事時，我們因為他所遭遇困境中的不公平所觸動。但是，我們不能免除他的罪行，因為，正如他自己所了解到，那個他告訴自己在戰爭期間他的動機為何的故事，讓他無法真正質疑自己所作所為的後果。馮內果稱坎貝爾是「一個太過公開為惡又太過私密行善的人，是他的時代的罪」[3]。他暗示，我們不能發明一種私密的自我，其意圖和我們的實際行為相違背，因為我們存在於因果的世界。

一九四四年參與了反對希特勒事件的吉塞維斯察覺了這個困境：

在極權主義之下，如果一個人「在內心」有著不確定的態度，那麼只可能去阻撓及反對。但若是深入參與一個令人憎惡的組織，是否有可能不出賣靈魂？當反對黨更加認同，只能透過納粹統治者自己的方法來打敗他們，他們就更難解決良心問題。對他們來說，更難去避免客觀和主觀的罪惡。毫無疑問，許多人付出相當大的代價，讓自己能夠保持自省，而有許多人被冤枉成機會主義分子。[4]

然而，吉塞維斯太過工整分類「反對派」的方式，並不能真正解決以下的難題，那就是應該怎麼區分「打從心裡」反對、不真正試圖改變制度來控制傷害，以及單純避免麻煩、盡可能不弄髒雙手，這三種程度的界線。

為了保護自己，透過隱微的試圖重新排列記憶和歷史，這些區別變得更加模糊。回顧起來，我們堅持這是我們的動機，也是我們開始相信的一切，因為如果我們想要對自己的良心和道德自

---

2 同前註，v。《今生情與恨》以一個虛構的小說所能及的程度，非常直接的道出生活在納粹德國的現實。人們不禁要問，當坎貝爾說：「並不是說海爾加和我都很瘋納粹。另一方面，我也不能說我們恨他們。他們是我們的觀眾中很熱情的一部分，是我們生活的社會中重要的人……只有在回顧的時候，我才會把他們想成是跟在後面的黏液。」（Vonnegut [1961], 28-9.）

3 同註1，xii。

4 Gisevius (2009), 44–5.

律保持一致的看法，知道自己在做什麼的錯覺就有其必要。正如尼采所說：

我的記憶說，「我做了那件事」。我的驕傲說，「我本來可以不那麼做」，而那件事仍舊不可避免。最後，我的記憶屈服。[5]

德拜事件

德拜的學生很喜歡重複他說的一句話：「但是你看，這一切都非常簡單。」[6]這概括的捕捉了他備受稱讚的能力，能夠直指科學問題的核心，用簡單且直接的詞彙表現。[7]索末菲堅稱，這是德拜的座右銘，不只應用在科學中，也在生活中。這一切就是如此簡單。

看起來也是如此。[8]從戰爭結束到一九六六年德拜去世，他的一切都沒有爭議。他一直是康乃爾大學的教授，成就非凡，但也沒有什麼增加，繼續獲得獎項和榮譽，並和科學家同僚保持可親的關係。一九五〇年，德國物理學會授予他馬克斯．普朗克獎章，比梅特納和法蘭克分別早和晚了幾年——呈現了德國物理學界的團結和統一。正式退休並邁入八旬的德拜持續參加學術會議，對於參與科學論述的耐力和渴望令同事震驚不已。他的插話總有見地，總是認真傾聽並表現尊重。[9]「到頭來，」美國化學家約翰．沃倫．威廉斯（John Warren Williams）於一九七五年寫道，「他的慷慨、友善和對別人的關心，都和他的心理能力相稱。」他喜歡園藝和釣魚，被視為重視家庭，是用心的丈夫和祖父。「在他的眼中，」艾柯夫說，「他已經從第三帝國脫身……沒有留下任何汙點。無論是德拜，或是和他同時代絕大多數的人，都不曾提起大眾的科學利益（雖然在這裡比較中肯的說法無疑是社會和道德的利益）和他個人的科學利益是否相符的問題。」

5 Rose (1998), 7.

6 Mansel (1970), 216.

7 Williams (1975), 47.

8 Eickhoff (2008), 138.

9 愛因斯坦是在這種敬重中罕見抱持不同看法的人，他在一九二一年到加州理工技術學院任教之前，和德拜同在索末菲的研究小組中。他認為德拜「不是討人喜歡的人，非常以自我為中心，還是個極好的政治家」（Epstein [1965], 79）。愛因斯坦說，他「不是最有專業誠信的人」，但是有「打動人的天賦」，並且讓索末菲相信他應該擁有很好的能力——「他其實完全控制了他」（Epstein [1965], 79）。但顯然愛因斯坦的評價中包含了個人的憎惡——「我看透了他，而他因為這個原因不喜歡我」（Epstein [1965], 86）——以及這個雄心勃勃中產階級知識分子的勢利：

> 德拜也是非常無趣的人。也就是說，他沒有文化；他來自相當低的社會階層，沒有受過通識教育。也就是說，他無法探討文學、藝術或哲學的議題，而且他的語言乏味又簡單……德拜的口音和模樣就很粗鄙。（Epstein [1965], 86.）

我們可以在此感覺到對於如此低出身的學生竟然平步青雲有多不滿。即使在學生時代，當人們知道德拜的父母不用支付負擔不起的學費，也對他表現出這種高傲自大。

如果說德拜的訃告曾觸及他在納粹德國的地位和他離開的原因，那麼也遵循了個標準的敘述方式：德拜曾努力盡量減少國家對物理的干擾，也曾在有餘力捍衛弱勢的同事，並且在納粹讓他別無選擇時選擇離開。有時候，會有人認為他是被迫離開威廉皇帝物理研究所，以便軍事接管，不只是因為他在自己的國籍爭議後休假一段期間。一九六三年，《伊薩卡紀事報》（*Ithaca Chronicle*）堅持說，他「拒絕納粹的威嚇」[10]，而他的美國學生歐文．班格多夫（Owen Bengelsdorf）在訃告中宣稱，自願離開德國的德拜表現出「極大的個人勇氣」[11]。

大家一致認為，德拜不關心政治，只關心科學。大家認為這是美德，或至少是立場中立。如果這讓他變得在政治上有些天真，其中也沒有羞恥的成分。他的同事和擁護者屢次甘願對於他「驚人的對政治缺乏興趣」做出未經調查的平淡意見——彷彿這就和對歌劇缺乏興趣沒有什麼不同。[12]「我從來沒有看過德拜對哲學問題有任何興趣，」他從前的同事休克耳在一九七二年如此寫道，「在我看來，德拜的生活方式非常直接又簡單。」[13]

令人吃驚的是，要問出更難的問題花了如此長的時間——而不幸的是，第一次問出這個問題卻是二〇〇六年由李斯彭斯以如此粗糙的方式提出。我們已經看到，李斯彭斯選擇性的編輯事實，表現出德拜是個可能同情納粹的反猶太主義分子，而且，在離開德國之後，決心只要有機會就回到他在柏林的職位，卻沒有通過嚴格的審查。

李斯彭斯很高興烏得勒支和馬斯特里赫特大學在他的指控之後，決定撤回使用德拜的名字。

其他人則感到憤怒。這個決定「不是基於合理的歷史觀察資料」，烏德勒支研究所的總監范金克爾說：「我認為這個決定是根據我們目前的了解所做的錯誤推測，我還認為，它不必要的損害了德拜教授和家人的聲譽、德拜研究所的利益，也傷害了整個科學界。」[14]范金克爾準備寫書，試圖恢復德拜的名聲，烏得勒支大學卻暫停出版計畫，斥責范金克爾，並禁止他對記者發言。

現在許多人認同，李斯彭斯的書有所誤導。就連在前言中做出推薦的荷蘭諾貝爾獎得主物理學家馬丁努斯·維特曼（Martinus Veltman），都意識到自己過於草率的為一個可疑的學術研究背書，要求在之後的版本中刪除他的引言。二〇〇六年五月，他寫信給烏得勒支（之前）的德拜研究所，提到：

> 如果我意識到後果，我肯定不會介入這件事……現在我很清楚，李斯彭斯的指控毫無根據，應該被歸類為「寓言故事的領域」……現在的問題仍然是：在這件事中誰受到最大傷

---

10 Eickhoff (2008), 144.
11 同前註，145。
12 同前註，141。
13 van Ginkel (2006), 90.
14 Schultz (2006).

害。答案是明確的：烏得勒支和馬斯特里赫特大學……烏得勒支和馬斯特里赫特的決定賞了自己一記耳光。在我看來，這兩所大學應該承認自己的錯誤，撤銷其決定，並接著把此事拋在腦後。[15]

德拜家不可避免的因為這項指控及其後果而感到沮喪。「我們認為你對彼得．德拜做出不公的指控，損害了德拜這個姓氏，並且就要對你們這樣知名的機構造成巨大傷害，」他的兒子彼得和他的孫子寫信給烏得勒支大學。[16]為了捍衛他，他們闡述了他如何反對納粹，強調他提供梅特納的援助，並說他「在清楚了解繼續抵抗也不會有用的時候」離開德國。（他們沒有指出這種「抵抗」是對於改變他的國籍的要求，而不是對於政權的基本政策。）「當德拜再也無法置身於政治之外，他離開德國，」德拜家爭論道，「他放棄在內部對抗不公正。他走出局外，並幫助打敗這個他厭惡的政權。」

我們沒有道理期待德拜家做出不同的回應。但也正是因為李斯彭斯對於事情的簡化陳述鼓勵了如此簡化的回應、如此態度上的兩極，真是非常可悲。這種趨勢甚至影響了荷蘭政府對於指控所做的調查，此調查由艾柯夫為了荷蘭戰爭文獻學會所執行。艾柯夫受委託提供客觀的評估，而這個於二〇〇八年所做的檔案研究報告品質無可指責，但是內容多是赤裸裸的偏袒、滿是怨恨和影射，讓情況益發不幸。艾柯夫將可觀的有價值題材，塑造成通俗心理學的作品，把焦點更放在為了它的主題建構出虛假的動機，而不是在所有的模稜兩可和尚無定論上，列出事實。這讓人不禁要問，艾柯夫是否擔心，拒絕提供明確的判斷會被視為失敗作品。

就像當時兩位荷蘭教授所抱怨，這種對於譴責或免除罪責的熱切仍舊代表了這個國家對於戰爭那幾年的立場：「第二次世界大戰時，我們荷蘭人知道的只有『好』或『錯』，沒有什麼介於兩者之間。」[17]就連霍夫曼和沃克這兩位或許最能夠解釋德國科學家對於國家社會主義所做出反應的微妙之處的歷史學家，在想要糾正李斯彭斯所描繪的不平衡樣貌時，都可能受到曲解。他們合理的指出，德拜的行為完全代表了他那些「不關心政治」的許多同事，然而藉由將德拜的特質描述為「一個在特殊環境下的普通人」，[18]他們讓他的行為聽起來，像是對於該時代的極端所做出的簡單和無可非議的反應。

因為美國康乃爾大學化學系和德拜有著長遠且引以為傲的關係，該系在沃克和霍夫曼的協助下發表了自己針對該事件的調查。「根據到目前為止所掌握的資訊，」該系的新聞稿如此總結：

---

15 van Ginkel (2006), 148.

16 the Debye family (2006), letter to the University Board of Utrecht University, 20 June.

17 D. Hartmann & J. van Turnhout (2006), 'Zestig Jaar later: niemand is veilig', letter in *Het Parool*, 29 August. 參見 http://home.kpn.nl/i.geuskens/peterdebye/DebyeTurn.htm.

18 Hoffmann & Walker (2006a).

> 我們還沒有找到證據，支持德拜是納粹同情者、合作者或是反猶太分子的指控……在另一方面，關於他可能願意配合納粹政權觀點的指控，呈現出一個更加困難和具有細微差別的情況……人們也可以問他為什麼從來不為自己當時的行為提出解釋或合理的理由……顯然，我們希望德拜能夠提供書面資料，詳細說明之前離開德國的理由。然而，在我們看來，暗示缺乏這些證據就其本身而研究看起來有罪，並不合乎情理。[19]

並非每個人都看法一致。康乃爾大學的化學家暨諾貝爾獎得主羅德．何夫曼（Roald Hoffmann），在大屠殺中失去了他烏克蘭猶太家庭的大部分成員。在年輕時險遭相同命運的他不那麼願意姑且相信德拜。「德拜身居德國科學界的管理和領導要職，清楚知道這樣的職位免不了與納粹政權合作，」他說：

> 該政權的暴虐、不民主及執著於反猶太主義的性質很明確。德拜選擇留下來，並且透過在科學體系中擔任重要的政府要職，表示他支持納粹政權的本質和形象……我的看法是，康乃爾大學應該從講師名單中刪去德拜的名字，也不要讓一個重要的教授職位以他為名。德拜的科學成就依然存在。[20]

何夫曼說，至於該系入口大廳的德拜半身銅像，「我會建議移到它所屬的地方，那就是教師休息室。」

一九三九年十二月三十日，在德拜離開德國前夕寫給索末菲的信中，我們可以發現他既受到攻擊也受到防衛的本質原因。他對之前的導師解釋，他的處世哲學是：

> 不絕望，並隨時準備抓住稍縱即逝的良善，除非絕對必要，不讓惡有任何空間。這就是我大多時候所採行的原則。[21]

想要盡可能做到保持樂觀，找到方法去貢獻一些有價值的東西、避免有害的行動，這樣的意圖怎麼會是錯的？還能再要求什麼？然而，我們可以為德拜的話提供另一種解讀：不要試圖改變或挑戰什麼，但是要善加利用來到身邊的機會，迴避你所造成傷害的責任。

哪一個才是正確的解釋？事實上兩者都不符合，原因很簡單，因為連德拜自己看起來都沒有

---

19 Cornell University press release, 2 June 2006. In van Ginkel (2006), 149.

20 R. Hoffmann (2006), *Chemical & Engineering News* 24 July, 6.

21 van Ginkel (2006), 3.

思考過其中的區別。他只是帶著淺薄的樂觀做出聲明，除非情況讓這樣的聲明站不住腳，否則也沒有問題，甚至值得稱道。在納粹德國中，德拜缺乏道德的深度。

想要在德拜的罪責或過失上找到一些假道學的判斷並沒有意義。艾柯夫得出的結論是，李斯彭斯所描繪出的知名科學家「弄髒雙手」的樣貌並不公平，但德拜仍舊因為其「機會主義的行為」難辭其咎。[22]他聲稱，德拜耕耘於「模糊原則」，這使他在每一次避免最後接受各方指責的情況中做出自私的行為。這個推測體現出，許多試圖對德拜事件做出的裁決都是錯誤的，因為它們想要把問題歸咎於鞏固德拜做出決定背後的深思熟慮、一致和計算的態度。這種「模糊原則」無非是要闡釋我們並不知道德拜為什麼做了那些事，卻錯誤的假設德拜有自己遵循的道德標準。總之，這樣的結論拒絕接受他——甚至可以延伸到普朗克、海森堡以及他們的同僚——是容易犯錯、即興發揮，而且經常粗心大意的人，不放棄希望一切到最後終究會變好。漢斯契感嘆他的科學史同僚傾向於無視人性的這一面：他說，很少人「有勇氣放棄自己性格中虛假的正直」[23]。他們認為，接受矛盾或模稜兩可的衝動是投降，是不負責任，無法為歷史人物所作所為的原因提供一致的說明。然而，我們自己又有多常知道我們為什麼這麼做？

也有一些人似乎相信，若是更仔細的檢視檔案，德拜事件的真相會顯現出來：有一種說法是，一篇日記的紀錄顯現出同情國家社會主義的反猶太主義，另一種證據顯現德拜和盟軍的情報單位合作，以確保希特勒垮台。但無論哪種可能都和德拜所過的公眾生活相當不一致，以至於讓我們不得不將後者視為自始至終的徹底騙局。總之，德拜不是那種人。在他對索末菲所做的陳述中顯現的人格，既非怯懦的機會主義者，也不是勇敢和高尚的個體。他是一個不懈的躲避艱難道德選擇的人，他的做法不是在逆風中彎腰，而是堅持傳統對於科學和榮譽制度的責任觀念——以至於讓這樣的選擇看起來不必要、甚至有害身心。如果我們要譴責德拜什麼，不會是因為他被動的支持納粹，不是因為他在回顧戰時的行為時保持緘默，也不是因為討好的機會主義。所有這些指控充其量只是模稜兩可。但是德拜似乎不願接受一個科學家對科學以外的其他義務。正是因為這有值得稱讚、也有危險的一面，我們發現很難就如何評判他取得相同的意見。然而，為了排除道德灰色地帶所造成的任何陰影，就必須縱容海森堡、外側克和德國物理學會所做的辯解，而在這樣的辯解中，德國科學家要不是受納粹愚弄的人，就是無可指責的專業人士。

德拜在個人事務上保持私密。我們不能確定，他有時候會不會想，自己在德國的作為是否正確。大多數很了解他的人觀察到，或許他表現出來的權宜之計和對政治問題的不加關注，其實掩蓋了他與道德困境搏鬥的內心世界。然而，因為連他的家人都沒有提供這方面的證據，所以這看起來不太可能。無論如何，都不能讓他免除罪責。一個和德拜有相同遭遇、在納粹德國擁有相當

---

22 Eickhoff (2008), 154.

23 Dörries (ed.) (2005), 34.

權威地位、最後不得不做出艱難的選擇和妥協、被視為榜樣的人，如果一直表現出一切都沒事、沒有什麼疑問的樣子，就等於沒有盡到社會責任。即使不是公眾人物，公開拒絕質詢那個時代的黑暗真相本身，在道德上就是不負責任的行為。我們可以爭論納粹德國時德拜行為的是非曲直，而他的沉默是無疑證明了他的失敗。霍夫曼說：「戰後，德拜並未對他的行為道歉。睿智的德國前總統理查．凡．外側克（Richard von Weizsäcker）曾於一九八五年說，『沒有記憶，就沒有和解』……我認為德拜戰後的沉默，顯示出他本來希望我們能忘記。」[24]

真相是什麼

我們並不清楚針對普朗克或海森堡的類似評估是否適當。普朗克總是敏銳的意識到該做正確的事，他的困境在於釐清怎麼做才「正確」這樣衝突的概念。我們不禁同情這個人，他對於德國政府和文化抱持著重大責任感，卻被迫面對犯下如此道德淪喪罪行的政府。普朗克在一九三三年沒能意識到情況的嚴重性，並非因為愚蠢或漠不關心，他對於納粹思想的侵犯相對微弱的反應看起來也不是由於怯懦（儘管華寶如此指責）。相反的，他遭遇的困境讓他動彈不得，而他所受的保守教育從來沒有教過他該怎麼面對。就像海爾布隆所說，他是真正的悲劇人物。

海森堡和普朗克一樣，對德國和德國科學有相同的愛國心，這一點他親自確認到了不健康的程度。而且像德拜一樣，他把科學當作面對道德困境的避難所，一個讓人可以高尚居住的較高階級，不必煩惱政治的「財務問題」。[25] 戰爭結束後，他讓自己表現出暗地裡反對納粹的樣子，對高斯密特舉例說，「我知道……如果我們德國人不能從內部破壞這個系統，並最終除去它，那麼就會爆發巨大的災難，並將讓德國和其他國家中數百萬無辜人民的生命付出代價。」[26] 這樣的評論不僅與他戰時的言論不相一致（例如，我們要做的，僅僅是等待納粹極端主義消退），也讓人很難理解當海森堡「破壞這個系統」、而非試圖在這個系統中倖存（在某些方面也取得成功）時，他覺得自己在做些什麼。

看起來最能夠讓海森堡有所妥協的是對於認同的渴望——甚至是一個在方法和原則上都讓他不屑的腐敗政權的認同，而這一點似乎與他無法脫離年輕的理想主義同時存在。他性格的這個方面在以後的生活中以對哲學神祕主義的喜好浮出水面，甚至和他對於量子理論的詮釋有所關聯。同時，藉由堅持他在納粹時代的無為和配合，其實是能夠造成影響的「積極反對」的唯一形式，他試圖為自己的默從行為尋找誇大的抽象理由。他說，在這種時代中的大型「思想運動」，不是

---

24 R. Hoffmann (2006), op. cit.

25 Cassidy (2009), 64.

26 W. Heisenberg, letter to S. Goudsmit, 5 January 1948, 4. In Samuel Goudsmit Papers, Box 10, Folder 95. American Institute of Physics.

個人的力量所能影響，我們必須聽任命運的安排：

我們別無選擇，只能致力於簡單的事情：我們應該認真履行人生呈現給我們的職責和任務，不問太多原因或結果。我們應該把目光轉移到對我來說看來仍舊美麗的下一代，將遭受摧毀的加以重建，並且超越喧囂和激情，去相信別人。然後，我們應該對接下來發生的事拭目以待。[27]

我們不禁像梅特納一樣，想要知道：海森堡究竟有沒有真正看到「接下來發生的事」？在一九三〇年代，物理學家已經知道，他們生活在一個凶暴、反智的國家。但如今歷史學家廣泛認同，一直到戰爭結束，德國中所有受過教育、出身名門的人——海森堡和普朗克肯定符合這個標準——對這個國家腐敗的程度都有一定的了解，了解開始於一九四一年年中大規模的猶太人種族滅絕行動。據沃克所說，「海森堡知道他在為一個殘忍、種族主義和殺戮的國家工作。」[28]他從未縱容這種狀況，但他說，這是兩害取其輕，也說其極端主義將隨著時間消逝，如今看來，非常明顯的都是自我欺騙，而他之後也拒絕承認，甚至檢驗。高斯密特於一九四八年出於一些原因向他抱怨，「德國同僚沒有一個人譴責納粹主義，並指出其邪惡特徵和共產主義邪惡的一面有多麼類似」[29]。但是，這並不是主要問題所在。沒有人懷疑，大多數物理學家一直不喜歡國家社會主義分子，而且他們大多數都想要說出口；在一九四八年，想要譴責納粹非常容易。然而，他們似乎覺得，只要這麼做，他們就能和希特勒政權脫鉤，並了結這件事。

雖然把德拜定義為「特殊環境中的普通人」有其風險，讓人們看出他特殊的弱點，但是也讓大家了解，他的弱點並不特別嚴重。德拜偶爾的自私和有限的道德感、海森堡的不安全感和自我中心、普朗克的推諉和對責任概念的誤解，以上都不是深刻的性格缺陷，如果在比較愉快的情況下，這些都不過是基本上正直的個性中的小瑕疵。對他們來說，非常不幸的是，第三帝國中的艱鉅條件放大了這些明顯可以原諒的特質，無情的將其轉變成一些人認為不可救藥的缺失。我們沒有理由去原諒那些具有深遠後果的行為，但是我們也不該完全用行動來定義人。因為這無疑就是暴政中令人警醒且確實可怕的性質：這些暴政殘忍的讓我們無所遁形，找到我們的弱點並加以放大到不成比例。這就是為什麼我們在當時所表現出的恰當行為無法與之後比擬。

27 Rose (1998), 286.

28 Walker (1995), 172.

29 S. Goudsmit, letter to W. Heisenberg, 20 September 1948, 2. In Samuel Goudsmit Papers, Box 10, Folder 95. American Institute of Physics.

科學家特別嗎？

我們有沒有任何理由只因為普朗克、海森堡和德拜是科學家，就期待他們不只表現出原本妥協、遲疑和矛盾的道德立場？他們身處德國物理學界領導成員的地位，我們難道不能對他們有更多期待，要求他們比一般民眾盡更多義務？大家普遍認為，科學家和其他人相比，在道德上並不會更負責。這種說法原則上正確，雖然一定會出現一種情況——核子物理學的發展就是如此——科學家因為擁有優越的知識，在思考他們的研究更廣泛的社會和正式意義時，就被賦予了特殊的責任：只有他們可以評估這些研究會如何受到使用和濫用。但更大的問題是，這些專業機構和科學界的態度在道德上的認知如何，如何負起責任。

我們已經看到，德國科學家在經歷幾次戰爭中，如何擁有共同信念，認為在他們專業中正確和高尚的行為，一定必須包含從公民社會的混亂、被迫妥協的權力鬥爭中抽身，不去關心政治，轉而投入邏輯、抽象和「真理」的境界。因為愛因斯坦參與了世俗事務，有些崇敬他的成就的人，有時甚至譴責他「將科學政治化」。我們仍舊可以在今日的研究學者中看到這種信念。科學家們自豪於提供真相，而非觀點，而且有些科學家堅持在科學發現的純粹和其應用的骯髒現實之間做出區別。對公眾來說，與商業、社會考量與政治現實的脫離，容易使科學家看起來像毫無道德觀念的奇愛博士（Dr. Strangelove）[30]。

在納粹德國中可以看到這種將態度立場簡化的天真。一方面，「不關心政治」的姿態讓科學家易受政治操縱；的確，它本身就成為和政治有關的立場，因為不關心政治讓人不用直接批評政府。它同時成為一種表象，讓科學家可以利用核電這個誘餌從抱持懷疑態度的政府獲取資金。如果他們獲得的資金沒有超過預期，那是因為他們對自己研究的真正潛力缺乏信心，而不是因為可取得的資金不足。今日很少有科學家會否認，去獲得政府和企業的支持，讓他們對於投資研究很快就能獲得金錢回報愈來愈感興趣，這件事在某種程度上變成一場競賽。但是他們更不願意接受，這種情況使得科學本身變得政治化，並且在道德上有責任。而這不僅是因為科學發現具有社會後果，也因為科學家也參與了政治現狀。事實上，科學中有極大部分出於人道主義的動機，從藥物研究到能源技術，這些都給予科學道德和政治傾向。如果科學家希望在世上行善——當然大部分的科學家都是如此——那麼他們就必須知道，這種希望就已經讓從事科學研究成為政治行為。

逃避、妄想、轉移：這些都是大多數科學家面對德國納粹黨調適自己的方式，通常很不情願，往往卻不自覺。正如拜爾岑所說：「事實並非科學家是政治懦夫，而是他們不懂怎麼做政治

---

[30] 譯註：《奇愛博士》是一九六四年出品的電影，奇愛博士是製造毀滅世界武器的科學家。

英雄。」[31]他們的眼光過於狹隘，他們的標準過於保守。並不是這些人盲從了多餘的責任概念，而是他們似乎主動建立了「科學的責任」想法，用來否認更廣泛的責任。就如同德拜於一九三七年寫給他在阿姆斯特丹的同胞季曼的信中所寫：「我一直習慣問自己，我要怎麼做才能對物理最有幫助。對我來說這是首要因素，其他的個人考量才扮演了次要的角色。」[32]諷刺的是，德拜自己指出，德國科學家在工作中尋求庇護。他與韋佛於一九四〇年二月在紐約會面之後，韋佛報導說：

德拜認為，希特勒透過發動戰爭，完成了自己與德國的完整認同。在和平時期，德國的知識分子或許可以在希特勒這個人、他的政策和原則以及祖國之間做出區別。但在戰爭時期這種區別全部消失。比如，德拜說，他認識許多傑出、聰明的德國人，在自己被賦予的工作上盡全力付出（門檻極高的）能力和能量。這樣的人因為擁有可以幾乎用盡全力的工作，情緒上獲得了某種程度的紓解。他們不會停下腳步提問或者覺得有可能去質疑任何廣泛的政策和大方向。他們在戰爭時期做的事情，不是為了希特勒，而是為了德國。去擔心總體政策既不可能，也不適當。人們只要盡力做好自己的工作。[33]

這種不論政治或道德問題、只「為科學」工作的企圖，困擾著戰後核子時代的一些評論家。

瑞士劇作家佛里德里希・迪倫馬特（Friedrich Dürrenmatt）在他一九六二年撰寫的諷刺劇《物理學家》（*The Physicists*）中檢驗了核子物理學家的道德困境，劇中三位被監禁在瘋人院的物理學家，針對如何兼顧工作與責任提供了不同的看法。一位物理學家宣稱效忠國家；另一位堅持認為「我們有效果深遠的開創性工作要做，這些都應該引起我們的關注」[34]。這三位都錯以為自己對於政治家有高度影響力，認為他們對於自己所釋放出來的「不可思議的新力量」應該如何受到使用的意見，會左右政治家的看法。[35]就如同二十世紀初許多科學家，包括海森堡和運氣不好的波耳，他們對於新世界秩序由科學先賢來引導的宏偉計畫，其實很少受到政治領導人的注意。

他們原本可以做些什麼？

然而，要藉由累積有損聲譽的細節來譴責德國科學家，多麼容易又如此誘人。或許有人會

31 Beyerchen (1977), 207.
32 van Ginkel (2006), 49.
33 Eickhoff (2008), 109.
34 F. Dürrenmatt (1964). *The Physicists*, transl. J. Kirkup, 54.
35 同前註，53。Jonathan Cape, London.

說，普朗克本可以起而對抗可笑的希特勒，他本可以支持愛因斯坦，而不是要求他辭去普魯士科學院士的職位。海森堡至少可以不要建議在被占領的丹麥的前同事，必須為了德國勝利而團結一致。關於那場讓他在納粹圈子中受到矚目的宣導演講，他應該三思而後行。德拜本可以辭去他在德國物理學會的管理職位，而不是簽下那封帶有「希特勒萬歲！」字眼、對他的未來有重大負面影響的信。

然而，如果不是從一個安全又舒適的觀眾席，帶著事後諸葛的有利角度來看，我們可以合理的期待這些物理學家會做些什麼不同的事？吉塞維斯斷言，以個人的力量要反對這個政權，有多麼困難：

> 我們不要忘記，極權主義和反對派是兩種互斥的政治理念。在民主國家中，反對是可以實踐的事，但獨裁統治不能接受對立者；它甚至不能忍受冷淡和懷疑。凡是不擁護的人，就是反對者。反對派必須保持沉默，或者必須進行地下活動。[36]

暗中抵抗和反對又是兩種不同的情況。反對是對現有政權的鬥爭，是企圖按照一定程序造成轉變或人事的變化，而不直接推翻一個系統。因此，反對訴求的是更加審慎的策略，提供有理有據的建議，透過訴諸統治者的常識並企圖贏得選民的青睞，來試著達成改革。但是在極權制度的反對派不能嘗試改革。他的好建議只會助長暴政。任何明智的建議都將支持恐怖統治。

吉塞維斯的言論被用來證明德國科學家對希特勒的反應相對自滿。他們似乎在說，唯一選擇就是像吉塞維斯所做的那樣，冒著肯定和立即的死亡風險，策劃出危害納粹領導人的暴力行為。但吉塞維斯的情況過於極端。一些科學家，如勞厄和斯特拉斯曼，都曾公開對政權表現出「冷淡和懷疑」——事實上，他們表現得更激烈——然而政府在一定程度上忍受了他們的態度。這樣的異議不一定是自殺行為，甚至對工作來說也是如此，但無疑會造成麻煩。

在戰爭期間，情況又有所不同。荷蘭物理學家卡西米爾在回憶錄中自問為什麼不加入荷蘭反抗軍或給予猶太人更多援助，表現出令人稱道、甚至可說相當動人的真誠：

> 我覺得我是懦夫和機會主義者……有幾次短暫的機會，我曾收留不得不躲藏的人，也有一兩次剛好躲過被逮捕。這樣不夠……我一直害怕不得不面對人性的殘酷，害怕不得不面對遭到質詢和拷問的風險……我不適合從事「非法」地下工作。[37]

---

36 Gisevius (2009), 42.

37 Casimir (1983), 191–2.

他說，他一直試圖避免分歧和衝突，但「在戰爭期間，這是錯誤的態度」。因此，卡西米爾得出結論：「我認為我的行為可以解釋，或許在某部分免除於罪，但即使是今天，這也無法讓我不內疚。」不管我們對卡西米爾的自白作何感想——這裡肯定有某種道德勇氣去彌補他在戰時對物理自認缺乏的勇敢態度——在為納粹德國工作、甚至在某些情況從中獲利的物理學家中，我們幾乎看不到這種反省，就連在被占領國家的受害者身上也是如此。

比像勞厄般的稀有反對派更有問題的，是科學家的態度中的兩個基本特徵。首先是幾乎完全沒有道德立場。有好幾次，普朗克、海森堡和德拜都拿出勇氣拒絕遵守政治規定。但是沒有證據顯示，他們在這些情況下的行為是來自明顯的道德觀點。他們幫助猶太同事，因為他們是同事，而不是因為他們認為猶太人受到不當的壓迫和驅逐。他們譴責這種壓迫不是因為它不人道，而是因為它會損害德國科學。當他們抵抗時，他們捍衛的往往不是道德原則，而是自己的自主權和傳統。普朗克決心表彰哈柏，不是因為這象徵了抵抗反猶太人的偏見，而是因為不這樣做會違反他對專業責任的規範。

這並不代表科學家看不見反猶太主義的不人道，而且想像他們對此無動於衷也不公平，更不用說認為他們縱容這件事。但它證明了美德有限的概念。在這件事上，科學家的立場和那些並不真正讚賞反猶太人措施的許多德國人沒有什麼不同。作為科學家不會讓他們對於猶太人的困境比較不敏感，也不會賦予他們更大的道德感性。反而使他們能夠說服自己，盡可能堅持專業標準也是一種「反對」的形式。但拜爾岑正確的結論出，其實這「根本算不上反對……在這個第三帝國創造的環境中，政治上的反對派是唯一名副其實的反對」[38]。想要安撫良心卻沒有真正的效果，如吉塞維斯所說，「在專業上的反對」可說是有害無益。

第二個，或許是最令人頭疼的特徵是，當科學家回顧時，他們幾乎普遍不能承認，甚至沒有發覺自己的失敗。表現出判斷力差、缺乏決心，或在危機中只注意自身利益是一回事；事實上，這很正常。但是在之後不表現出悔恨又是另一回事——更甚者，重新建構歷史敘述，這樣一來甚至連自責都不必。外側克在農場會堂提到，德國核子科學家在無情的獨裁政權威脅之下，「聽從良心的聲音」，而沒有什麼可畏懼的盟軍科學家卻製造出具有極大破壞力的武器。外側克會說出這樣的話沒有什麼可原諒的——連他自己都不否認。最令人擔憂的不是科學家試圖為自己的行為辯護，因為這畢竟是人性的共同弱點，而是在某些方面，他們甚至沒有想像過自己是在辯護。我相信，德拜如果有知，會對二〇〇六年針對他的指控感到驚惶。他正確的認為他們病態、非常不公正，卻對被問起這樣的問題感到失望。

二〇一一年是德拜獎自從二〇〇四年以來首次在馬斯特里赫特頒發，受獎的對象是烏得勒支大學重新恢復的德拜研究所所長。頒獎典禮在市政廳舉辦，旁邊仍有德拜的半身銅像。這看來是

38 Beyerchen (1977), 206–7.

合情合理的結果，因為決定從這些機構刪除德拜的姓名沒有為任何人帶來好處，是考慮不周和反對進步的政治姿態。但是，這並不代表德拜的問題已經在有利於他的立場上獲得解決。情況也不應該如此。

事實上，德拜事件的一個輕微後果是，它應該促使一些機構在以「偉大科學家」命名的做法上多加考慮。[39]往好的方面說，動機值得商榷。為了回應德拜事件，烏得勒支大學的歷史學家利恩·多斯曼（Leen Dorsman）感嘆以個人為機構命名的「美國習慣」：「動機不是尊敬偉人，而是一個賣點。學院門面上的名稱呼喊著：看看我們，看我們有多麼重要，我們和真正的諾貝爾獎得主關係緊密。現在從這一連串的事件中，我們清楚看到這樣會引起問題。下了這麼高的賭金，（雙方）會產生恐慌反應也是合乎邏輯的結果。」[40]這種做法在學術界很普遍，但是科學界似乎特別喜歡這種推崇「偉人」的方式。當然，這樣做的目的並不總是像多斯曼說的那麼不光彩，但很顯然，光是擁有科學中的卓越地位並非決定性因素：海德堡已經不再有菲利普·雷納研究所。如果是這樣的話，如此盛讚就等於將對於正直不切實際的期望，強加給那些獲此殊榮的人。科學家正當的堅持將人的科學特質和性格特質加以區別。如果是這樣，為什麼要創造出必然將此兩者混為一談的情況？

將德拜從學院中除名，然後又加以復原，意味著恥辱和昭雪的過程——先是判決有罪，又還他清白。這正是在德拜、海森堡、普朗克及納粹德國時其中許多人的個案中，我們必須想辦法避免的情況。因為，透過單純的譴責或赦免他們，我們取消了科學和科學家對無時無地不面對的困境所必須負起的責任。

39 宏博基金會（Alexander von Humboldt Foundation）頒發海森堡勳章給促進國際合作的人士。有鑑於海森堡在戰時到占領國家所發表的宣傳講座，而德國研究基金會（German Research Foundation）頒給海森堡教授職位，這其中的諷刺很難否認。德國物理學會頒發馬克斯·普朗克獎章給在理論物理領域的傑出研究，則呈現出較能撫慰人的前景：在戰爭結束之後到一九七〇年之間，許多受獎者具有猶太血統，包括玻恩（一九四八年）、梅特納（一九四九年）、赫茲和法蘭克（一九五一年）、派爾斯（一九六三年）和高斯密特（一九六四年）。愛因斯坦於一九二九年成為第一個受獎者。

40 海森堡於一九三三年受獎，德拜則是一九五〇年，外側克於一九五七年受獎。據我所知，沒有勞厄獎章。Reiding et al. (2008)，無頁碼。

後記　我們說的不是同一種語言

一位諾貝爾獎得主最近向我表明，他認為納粹暴行是「過度信仰」的結果，而所有優秀的科學家，既然身為啟蒙運動理性主義傳統的火炬手，都應該拒絕這樣的行為。這種主張的歷史有效性和邏輯都和教宗本篤十六世的說法一樣扭曲。他認為納粹暴政是「無神論者極端主義」[1]的結果（要贏得一場爭論，最有把握和簡便的方式就是把希特勒放在反對方），但是它表達出科學家之間的共同觀點，那就是他們的天職應該和各種過度的意識形態絕緣。科學家哈恩於一九四七年抨擊剷除納粹化的惡劣行為時，曾以驚人的傲慢宣稱，科學家「和其他職業的人比起來，看

1 address of Benedict XVI, Palace of Holyroodhouse, Edinburgh, 16 September 2010. Available at http://www.vatican.va/holy_father/benedict_xvi/speeches/2010/september/documents/hf_ben-xvi_spe_20100916_incontro-autorita_en.html.

待事情的態度，或許都習慣於稍微更從容和更理性」[2]。科學史學家哈柏雷爾於一九六九年得出的結論是，「認為科學是較優秀類型的活動的理想化概念，仍舊在當代科學的群體意識中根深柢固」[3]。同樣的語句在今天仍舊成立。

國家社會主義時期的德國科學史戳破了這個假設所具有的危險性自滿。即使是粗略的考量這件事，都應該能夠顯而易見的了解，在科學中所要求的理性和客觀的觀點，在道德問題上也絕對沒有擁有任何優勢。事實上，一九三〇年代德國物理學家的行為表明，這種情況可能更糟。雖然一些德國宗教領袖、作家、藝術家、企業家和政治家付出極大個人代價來強烈反對納粹統治，有些人甚至犧牲了生命，但是都比不上在德國科學中出現的情況。

就整體而言，這並非因為科學家同情這個政權，即使他們像許多中產階級自由主義者一樣，最初同意其中一些一般原則，如民族主義、強大的領導能力和外交政策，還有減少猶太人對公眾生活的影響力。儘管如此，科學家後來堅持認為，那些熱情支持第三帝國的同事是精神錯亂、平庸的人或瘋子，這樣的堅持一定會被看作是企圖「洗滌」科學專業的意識形態汙點。然而，正如哈柏雷爾所說：

> 真正的問題在於，受過科學訓練的人如雷納和斯塔克，如何可能成為狂熱的民族社會主義者。如果諾貝爾獎得主都會受到影響，那麼科學訓練和實踐能提供什麼樣的保護，來對

付那些不理性的個人、經濟、社會或政治上的過激行為？大多數科學家都傾向於認為，他們（比任何其他類型的專業更能夠）遵循理性、客觀，甚至是人性化行為的路徑。愈來愈多的證據表明，整體來說，科學家不會比其他人更能對於政治人物的毛病免疫。[4]

這更像是在說，就道德而言，科學家並不比我們一般人更好——這個結論應該不會有人感到驚訝，儘管有一些科學家誤以為理性和美德同時存在。因為儘管斯塔克和雷納的確屬於少數，但是許多科學家在他們的職業找到理由去躲避社會正義和正直的問題：辯稱他們只需對科學負責。因此，哈柏雷爾暗示，雖然沒有理由認為科學比人類活動的其他領域更依據道德原則，但是科學也有可能更加缺乏。「無論他們是否支持這個政權，」[5]一群科學歷史學家最近寫道，「大多數科學家，或許應該說科學界的人，會為了能夠從事科學活動而盡其所能。」

話說回來，科學確實有自由主義的傳統。如今，幾乎任何國籍的科學家都比該國的普遍大眾更傾向於國際主義、更寬容、更左傾和革新。但是，這種情況比較會出現在戰後的科學文化已經

---

2 Hentschel (2012), 334.
3 Haberer (1969), 2.
4 同前註，152-3。
5 Walker (ed.) (2003), 59–60.

進化、受過教育的知識分子普遍的國家，而非單純就科學訓練本身而言。同樣的，正是德國物理學家的背景和專業發展，而非他們的科學，決定了他們對納粹統治的反應：他們的保守、愛國精神和責任感。在科學家中原本就有並持續有一些個人獻身於世界的和平，如約瑟夫・羅特布拉特和鮑林，也有知名的政治異議分子，如方勵之和安德烈・沙卡洛夫（Andrei Sakharov）——只是這些勇敢、有道德原則的人恰好是科學家（而他們把自己能夠在政治發聲歸功於這個身分）。

我們還必須區分，為了保護科學專業而反對國家干預和表現出更廣泛的社會良知，兩者之間的不同。許多科學家現在都經常和正確的面對侵犯言論自由而直言不諱，並會堅決支持在獨裁政權下受到壓迫的同事。但捍衛同僚的權利並不一定代表認可更廣泛的道德問題。有一次，我在巴黎的國際物理學會議期間參加了一場關於人權的會議——在這樣的活動中，這個罕見的會議本身就值得高度讚揚——參加成員雄辯又激情的代表身陷囹圄的科學家挑戰政治領導人，但在被問及在軍火貿易和侵犯人權之間的明確連結中，武器研究的正當性時，卻陷入沉默。為了解決這個問題，就意味著去侵犯同事選擇研究方向的自由。

此外，「言論自由」原則上是科學界理所當然珍惜的資產，而言論自由也可能會成為勝過其他任何道德判斷的條件反射公式。二〇〇七年，倫敦科學博物館一場原本由諾貝爾獎得主暨生物學家詹姆斯・華生（James Watson）發表的講座遭到取消，因為華生在接受報紙採訪時針對智力發表種族主義言論（他聲稱「不得不與黑人雇員打交道的人」知道，各種族間智力相等的假設並不真實）。[6]而生物學家理查・道金斯（Richard Dawkins）將此處置抗議為「對我們這個時代其中一位最傑出的科學家所發起的追逼行為，只能被描述為不自由和不寬容的『思想警察』」[7]。這樣的抗議不僅沒能認知到，華生利用他享有特權的平台去傳布如趣聞般的偏見，而非科學假設，並且暗示了，他身為科學家的專業地位本身應該對於他人的責難提供保護。雖然不想點出這令人毛骨悚然的相似，但是人們不禁會因此想起索末菲針對斯塔克在紐倫堡審判中主張，他的判決應該因為他「在科學上的重要性」而減輕。[8]

科學家常說，人們不能指望他們在做出道德和倫理判斷時，和做出科學判斷一樣精通。美國物理學家珀西・布里奇曼（Percy Bridgman）在一九四八年三月發行的《原子科學家公報》（*Bulletin of the Atomic Scientists*）一篇名為〈科學家與社會責任〉的文章中援引了這個想法。布里奇曼認為，研究的社會後果必須置於科學家的領域之外。畢竟，科學家怎麼可能預見他們的作品會被應用在哪些方面，更不用說去確保只能運用在有益的方式中？他們要不是會受到極大的規範和約束，更不用說在法律上處於弱勢，要不就是因為官僚系統而動彈不得。無論如何，他們受

---

6 參見http://news.bbc.co.uk/1/hi/7052416.stm.

7 R. McKie (2007), 'Disgrace: how a giant of science was brought low', *Observer* 21 October. 參見http://www.guardian.co.uk/uk/2007/oct/21/race.research.

8 Hoffmann & Walker (eds) (2012), 390.

的訓練都不是要成為道德或公共政策領域的能人。

事實上，布里奇曼的觀點非常極端。他認為，科學的需求讓科學家一定要從道德或社會限制的束縛中得到釋放，如此一來他們就沒有義務去考慮自己的工作可能帶來的後果：

了解大自然的挑戰就是對於我們最大能力的挑戰。在接受挑戰時，人能敢於拒絕任何障礙。這就是為什麼科學自由必不可少，並且難以想像會有工具或標的物的人為限制。[9]

目前，大多數科學家對於表達如此直率的觀點可能會抱持猶豫態度，但我毫不懷疑，有些人會用激情辯護，而有些人會私下覺得這種觀點很誘人。當然，許多人樂於宣布「沒有不應該問的問題」這樣簡單的概念，卻忘了政客和媒體每天都告訴我們的，那就是，建構一個問題本身就可以是受政治影響的行為。[10]

雖然布里奇曼提到科學家在道德上並不特別有能力並沒有錯，但是該聲明有些自我應驗的味道。科學的訓練很少包含道德層面。即使有，重點也往往只在於專業行為的規範：如知識產權、引用、工作人員的處理、利益衝突和告密等問題。有人可能也會問，一個基本上全是技術的職業是否應該比普通公民承擔更多的道德責任。也就是說，汽車修理技師和廚師不會被這樣的要求所困擾。但我們似乎可以這麼說，人們在這方面的義務，應該和人的行為所造成的可能影響成正比。第二次世界大戰期間核子武器的發展讓人們了解，一項新技術可以如何造成社會和政治的變革，更不要說造成破壞性的改變，並且把這個問題帶上了頂點。

由於遺傳工程和納米技術的發展，今天大家更能夠了解，新技術引發了重要的社會和倫理問題，應該拿來在科學界和他們的技術發展之中或之上進行辯論。大眾也普遍認識到，不能期待科學家本身預先考慮到所有這些問題和難題，或自己做出裁決。然而，這並不一定能夠讓科學家做好準備在提供技術諮詢的角色之外投入這些事務。我們常見的反應是，承認這些都是重要的問題，但堅持必須把這些問題留給「其他人」或「社會」來決定——科學家的責任只延伸到技術判斷和數據及證據所客觀呈現的問題。

科學界大多數人的有限道德視野和有意識的疏離政治有緊密的關係。認為科學應該以某種方式「凌駕」政治的信仰至少從十七世紀初以來就顯而易見。然而，在同一時間，那樣的歷史觀點也呈現出科學如何不可避免的綁定政治，尤其就科學界對於國家的許可和支持的角度來看。哈柏

---

9 Douglas (2003), 60.

10 沃克向我指出，由保守派歷史學家恩斯特・諾爾特（Ernst Nolte）提出「沒有不能問的問題」的主張所產生的回響。他於一九八〇年代在大屠殺的修正主義分析的背景下提出此主張，其中藉由比較納粹與其他制度和國家的種族滅絕政策，試圖為納粹開脫。

雷爾說，科學的實踐「充滿了需要思想的政治模式和政治手段的問題」[11]。

抗拒擁抱科學的此一面相，意味著其社群並未在政治競技場上戰功卓著。哈柏雷爾聲稱，和那些在政府與一些藝術和宗教運動之間所發生的衝突相比，「科學的領導幾乎毫無例外的趨向於順從任何與國家的根本對立，尤其是當反對派可能會引起嚴重的制裁」[12]。而且，個別的科學家往往表現出錯誤的信念，以為他們可以操縱國家領導人去完成自己的目的，卻發現他們才是遭到利用並拋棄的人。甚至那些展現出道德勇氣的科學家也容易出現這種錯誤。在核擴散的歷史中，很少會有比波耳與邱吉爾的悲慘會面更加酸楚的場景。波耳在那場會面中，希望說服這位英國首相，有需要與蘇聯就原子武器進行誠實的對話。史諾（C. P. Snow）把那場會議描述成「戰爭中數一數二的黑色喜劇」[13]，在其中，波耳和他的兒子奧格被尖刻的斥責轟走。「他像罵小學生一樣罵我們，」波耳之後說，「我們說的不是同一種語言。」[14]

儘管人們不能指望科學家比其他人更加勇敢，或在道德上更加敏銳，但是科學界可以也應該組織起來，以最大限度的發揮能力，在集體上、道德上和——必要時——政治上付諸行動。這一目標需要更清楚認識科學本身的政治性質，並且應該放棄對於例如伽利略或（在傳統故事裡的）焦爾達諾．布魯諾（Giordano Bruno）這種意識形態上的「科學烈士」存有的未經證實的神話所抱持的依賴。

等到科學真的面對政治，在那樣的政治行為中，科學往往容易帶有一種天真、柏拉圖式的觀點，而在那樣的抽象領域中，對與錯的問題幾乎不存在。德國精神病學家和哲學家卡爾．雅士培（Karl Jaspers）在歐本海默對科學的社會角色所做的聲明中觀察到這種邪惡的傾向，在其中充滿了政治家在國家中實踐他的「經世致用」技能的意象，而未能找到任何和道德有關的選擇。與此同時，科學家帶著純潔的敬畏在大自然的奇蹟中漫遊，不去在意後果。正如歐本海默所言：

> 我們認為這是正確的，而且只能說社會對科學的資助，有很大部分的基礎來自於知識造成權力增加。如果我們迫切希望，權力的給予和取得都能以智慧和人性的愛來運用，那麼幾乎所有人都會有同樣的迫切。但是，當我們追求實際的目標或追求行使知識所給予的權力時所關注的利益時，也因此了解，高度的知識幾乎沒有改變世界的面貌，也幾乎沒有改變人們對於世界的觀點，雖然這樣的改變需求逐漸變得比以往任何時候都更加深刻。對於我們大多數人來說，當我們最不腐敗的大多時刻裡，支撐、鼓舞並帶領我們的，是自然世界的美及其

11 Haberer (1969), 299.

12 同前註，303。

13 Rhodes (1986), 529.

14 同前註，529-30。

秩序中怪異卻難以抗拒的和諧。那也是自然世界應該有的樣子。[15]

雖然歐本海默的聲明確實解釋了充滿榮耀的理想主義衝動如何激勵許多科學家，但同時也巧妙的轉移了問題以及對科學日常事務的不實陳述，讓人再次誤以為科學不涉政治。與歐本海默的玫瑰色觀點相反的是，科學家實際上會緊抓住可能將其發現付諸應用的任何機會。如果哈特克和海森堡努力透過炫耀核子物理學的可能用途，獲得軍事資金或政治威望，讓我們感到遺憾，那不是因為這些呼籲本身，而是因為對象是納粹。若以一九三〇年代德國物理學界的時空背景來看，歐本海默對所謂科學的道德中立性的評論和德拜所說的話驚人的相似，也呈現出截然不同的觀點，因為他比任何人都應該知道：

在大多數科學研究中，善與惡，或是非對錯的問題，充其量不過是微小而次要的……我們都知道，一個科學家的真正責任，在於他的科學的完整性和是否有效。並且因為大多數科學家就像所有學習的人，往往也有教師的身分，他們有責任傳達他們發現的真理。[16]

於是我們可以充分了解雅士培的抱怨：

我們從像是歐本海默這樣的科學家那裡聽到了不同的語言……他談論「美」，或者是談論我們在偏遠、陌生、不熟悉的地方或在一個偉大、開放、多風的世界裡仍舊存在的道路中，看見美的能力……這就是人的前提，而且我們可以在這些方面提供幫助，因為我們彼此相愛。在這樣的話語中，我只看到一種逃避，想要遁入複雜的唯美主義，進入那些相關於現實、和人類存在有關的困惑、誘惑及催眠人的短語。[17]

從更廣泛的歷史背景來看，德國物理學家在納粹時期的行為，顯然不是在極端情況下的脫離常軌，而是一個科學和政治如何互動的典型例子。正如沃克所說：「它必須能夠既尊重（德國的）國家社會主義的獨特、可怕的性質，又與歷史上其他時期相提並論。」[18] 歷史學家克里

---

15 J. R. Oppenheimer (1989). *Atom and Void: Essays on Science and Community*, 74–5. Princeton University Press, Princeton.

16 Haberer (1969), 258.

17 同前註，252。歐本海默有句名言這麼說，經過廣島事件，「物理學家知道了什麼是罪」，似乎並不是認罪。但是這句話也有模糊地帶，尤其是用「知道了」這種時態讓人難以捉摸。此外，他們一直到一九四五年才知道？哈柏雷爾說，這樣的評論透過這種方式「規避特定的含義」（Haberer [1969], 261）。就連歐本海默像聖經般的措辭，也無疑規避了核電所引起直接且非常實際的問題。

18 Walker (1995), 271.

斯蒂．馬克拉奇斯（Kristie Macrakis）的看法正確，她宣稱「在動盪時期，社會秩序影響科學的許多方式都以潛伏形式存在於科學機構、科學政策和平常時期或民主國家中科學研究的做法中。」[19]而且雖然這個特殊的情節肯定無法闡明或體現科學家在道德上和政治上運作的各個面相，但這樣的案例研究比起看待關於「科學態度」的一般主張來說，在看待科學如何在社會中發揮功能是更值得信賴的標尺。歐本海默關於「治國才能」的朦朧沉思所告訴我們的，不是科學家和政治家如何互動，而是讓他從一九五〇年代的安全檢查和權威脫離出來的麥卡錫式的現實政治。

在這方面，教訓不在於德國物理學家身為一個團體，竟然未能充分的反對希特勒。這個結論難以否認，但是一個勇敢的人，能夠毫不猶豫的斷言自己會做得更好，表現出更好的判斷，更加勇敢，對於做出的選擇會導致什麼結果有更清晰的觀點。比起單純指責他們缺乏道德感，哈柏雷爾描繪出更有效、更具通用性的評斷：

> 科學家們的失敗出自於他們在道德上的遲鈍，以及他們沒有定義、描述或甚至認知責任問題的能力。典型的是，只有在狹義的定義責任時，才能認知到它。科學家們願意為他們在科學工作上的能力承擔責任。就和他們的職位有關的正式責任而言，當他們為了自己的表現而在行政職務上有所作為時，他們也願意承擔責任。除了這個方法論上和官僚上的責任，至

少直到最近，科學家都還沒有大膽行事。[20]

對於他們做出的選擇，我不像有些人那般嚴厲評判德拜、普朗克甚至海森堡。但是的確非常難看到他們要如何從哈柏雷爾在這裡所描述的失敗中逃脫出來。在這方面，他們代表了那個時代大多數的科學家。

新的對話

如果當今的科學界沒有完全躲開這些指控，我們就仍然會錯誤的假設一切都沒有改變。隨之而來的曼哈頓計畫和核子軍備競賽在培養科學家更廣泛的認知到自己的責任這件事上，發揮了重要作用。從那時起也發生了許多其他事件，包括環境掠奪和氣候變遷、沙利多邁、吸菸與癌症之間的關係、遺傳工程、車諾比事件、愛滋病、胚胎研究和合成生物學。主張科學要繼續頑強的堅持純理論的純度並且和道德脫鉤，並不公平。

19 Macrakis (1993), 4.
20 Haberer (1969), 311.

然而，科學家有時只是因為受到脅迫，才接受在種種情況下的責任。舉例來說，一九九〇年代中大眾對於基因改造生物的強烈反應，迫使此領域的研究人員去處理與大眾對話的需求，或者用我們這個時代的說法來形容，是處理「公眾參與」的需求。的確沒錯，這樣的「參與」有些是受到想要避免過度限制和缺乏資訊的規則所產生的渴望所引起，更勝過深切期望養成良好的行為準則。不過，去假設情況就是如此，將會無禮又憤世嫉俗。

由參與曼哈頓計畫的研究人員在一九四五年所發行的《原子科學家公報》，是戰爭後第一次有跡象表明，科學已經準備好承認所負的社會和道德義務。該雜誌明確的嘗試去反對核子物理在政治上的陋習，並且向更多人警告新知識的危險。一九四七年，該雜誌推出了一個標誌性的符號來傳達這些危險：末日之鐘。在鐘面上，接近午夜的指針說明了科學家對全球核子災難的危險有其共識。如今，該公報已擴大關心的重點，及至科技所造成的其他潛在災難性的危險，特別是氣候變遷和生命科學的新技術。二〇〇七年，末日之鐘從距離午夜七分鐘調整到五分鐘，因應成千上萬在各國不斷增長的核子武器，以及氣候變遷造成人類棲息地的破壞。

一九五七年科學家在加拿大新斯科細亞的帕格沃什村舉行會議，會中討論核子武器的擴散以及蘇聯和西方國家之間上升的緊張局勢，表明了核子科學家願意承擔其沉重的職責。這次會議由加拿大銀行家兼慈善家賽勒斯伊頓（Cyrus Eaton）主辦，發起的原因來自兩年前由伯蘭特．羅素（Bertrand Russell）和愛因斯坦所寫的一篇宣言，呼籲科學家「舉辦會議來評估大規模毀滅性武器的發展所帶來的危險」，並呼籲東西方的和平會談。該宣言的簽署人包括玻恩、布里奇曼、約里奧—居禮、鮑林，以及羅特布拉特。帕格沃什會議是第一個主題為「科學和世界事務」的一系列持續會議，特別側重於核子武器、化學和生物戰，以及國際外交。

一九九五年，羅特布拉特和帕格沃什組織共同獲頒諾貝爾和平獎。羅特布拉特在致詞中譴責「少數科學家……在助長軍備競賽中，所扮演的不光彩角色」[21]。他以贊同態度引用了一九六四至一九七一年擔任英國政府首席科學顧問的解剖學家索利・朱克曼（Solly Zuckerman）所說過的話：

> 當說到核子武器……是實驗室的人在一開始因為種種神祕的原因，提議去改善舊的或者研發新的核彈頭，會有所幫助。這場軍備競賽的核心，是技術人員，而不是在場上的指揮官。[22]

羅特布拉特呼籲他的同僚科學家放棄「無政治傾向的科學」的神話，並去面對他們的研究所

21 J. Rotblat (1995), Nobel Peace Prize 1995 Lecture. 參見http://www.pugwash.org/award/Rotblatnobel.htm

22 同前註。

創造的困境：

> 你正在做的是基礎工作，推動知識往前進，但你做的時候往往沒有多加考慮你的工作對社會的影響。像是「科學是中性的」或「科學無關政治」的想法依然盛行。他們是象牙塔心態的殘餘，雖然象牙塔終於被廣島原子彈所摧毀。[23]

羅特布拉特的話證明科學家拒絕接受道德問題的概念是錯誤的，但在同一時間，這樣的話也說明了，即使到了最近，接受這種責任也並非常態。

對於科學家的道德責任另一次重要的確認發生在一九七五年，當時有許多最重要的生物學家、媒體和美國政府的成員，齊聚在加州蒙特利的阿西洛馬會議中心，一起討論遺傳工程新技術可能的結果：將基因切除並插入DNA的能力。這樣的方法目前主導了分子生物學的發展，不僅對用於研究、農業和育種的基因改造生物的創造非常重要，對於醫療的新形式（基因治療）、選殖和基因體剖析也至為關鍵。正如一位與會的諾貝爾獎得主，生物化學家保羅．伯格（Paul Berg）所言，「現在回想起來，這個獨特的會議開啟了公開討論科學和科學政策的一個特殊時代。」[24]科學家們已經意識到，雖然遺傳工程在醫學、工業和基礎研究領域中創造了極大的機會，但也產生了嚴重的隱患。根據伯格的說法，有些人認為，「不受約束的追求這項研究，可能會對人類健康和地球的生態系統產生意外及破壞性的後果」，而結果就是應該要自願暫停某些研究。[25]

阿西洛馬會議並未建議這樣的暫停，反而導向對於新的遺傳科技制訂嚴格的準則。這種「謹慎的放任」在現在看起來是明智的立場，因為儘管數以百萬計的實驗已經使用這樣的技術，還沒有發生對於大眾健康的危害中最令人擔心的情況。在伯格看來，阿西洛馬會議是成功的，不僅因為它為科學做出正確的決定，也因為它影響了如何執行科學的圖像：

> 首先，我們贏得了公眾的信任，因為這些最全心投入工作、最有動機追求夢想的科學家喚起了關注，讓大家知道他們所做的實驗中會存在的風險。除了這項行動空前的性質之外，科學家呼籲暫時停止那些最讓他們擔心的實驗，並對於評估和應對這些風險承擔責任，被盛讚為值得讚賞的道德行為。[26]

---

23 同前註。

24 P. Berg (2004), 'Asilomar and recombinant DNA', 參見http://www.nobelprize.org/nobel_prizes/chemistry/laureates/1980/berg-article.html.

25 同前註。

26 同前註。

這事關公共關係，卻不僅止於此：大眾益發抱持的懷疑態度（而這樣的猜疑代表著科學光環變得黯淡，開始於廣島事件）並不會因為科學家表現出來的社會責任姿態就輕易受到欺騙，更何況科學家並未真心承諾。然而，儘管阿西洛馬會議難能可貴的表現出準備考慮後果，並接受令人為難的結論，伯格仍舊懷疑同樣的做法在今日是否適用於一些受遺傳和生物醫學研究所引發的道德問題，如胚胎研究和幹細胞技術。評估客觀的健康風險是一件事，儘管在面對未知的後果和公眾對於風險認知的變化莫測，光是這樣遠遠不夠。但是，當科學遭遇根深柢固的社會和宗教價值觀時，根本無法明確了解，是否能夠達到共識，甚至加以妥協。社會必須找到調解不同意見的方法。解決這類問題並非科學的責任，也不是其所享有的特權。但是，我們應該希望全體科學界都能繼續致力於對此有所覺察，而不僅限於少數幾個特別深思熟慮的人。

科學與民主

而德國國家社會主義不能擔任今日每一個專制國家的代理人，科學在其指導下的命運挑戰了一般人對於有關科學研究和政治民主的關係的預想。許多西方科學家會堅持一種想法，認為只有在完全自由的社會中，科學才能真正蓬勃發展（忘了科學並非在這樣的社會中產生）。高斯密特在攻擊海森堡時，就秉持這種看法。雖然沒有強有力的理由，他仍想逼迫海森堡承認，德國之所以沒能製造出原子彈，是因為納粹對於德國科學的干涉，讓它變得太過無能。很顯然，在科學家之間也有共識，納粹領導人否認了現代理論物理學在意識形態範疇的層面是「猶太人的」物理學。正如我們所看到的，國家社會主義分子其實很務實——當他們發現「亞利安物理學」顯然只是讓人從有用的技術中轉移焦點、甚至變成阻礙時，他們就失去了興趣。

認為只有民主國家能夠且將會培育科學的態度並不適當，或許這樣的自以為是會造成危害。如雅科夫·拉布金（Yakov Rabkin）和伊蕾娜·米爾斯卡雅（Elena Mirskaya）這樣的科學史家的作品中澄清了錯覺。他們說：「極權社會的科學史讓科技與自由之間的關係看起來頗為牽強。」[27]這樣的政權不僅常常相當慷慨的支持科學，旗下的公民同樣的也會採用獨立客觀的科學態度去認可。沃克和其他知名科學史家都認為，「歷史證明，沒有單一的意識形態，包括自由民主，在推動科學或引導預期結果上，比其他的意識形態更有效」[28]。一九九〇年代晚期由馬克斯·普朗克學會所委託的專案在鑽研（威廉皇帝學會）這段陰暗的過去時，所下的結論是，整個學會並非單純的「在納粹政權下得以倖存」，而是成功推進自己的議程，並且在某些方面得以在希特勒統治下蓬勃發展。事實上，結論認為，「威廉皇帝學會是統治的國家社會主義制度中不可或缺的

27 Walker (ed.) (2003), 32.
28 同前註，58。

部分，征服了德國內外的人民，在種族滅絕和戰爭中告終」[29]。歷史學家赫伯特．梅譚（Herbert Mehrtens）挑戰科學和數學本質上是民主的想法，認為「只要能夠繼續延續，它們會適應政治和社會的變化」[30]。梅譚仔細檢驗納粹德國時期的數學史後，做出如下結論，「我看不出數學和任何其他科學，在支持技術專家政治的法西斯主義中，不應該找到完美合作夥伴的任何理由。」[31]

認為非民主國家可能會模仿西方民主的創新，卻絕對趕不上其科學創造力，是一個傲慢的錯覺。即使在冷戰時期的高峰，蘇聯的國家壓迫比戰前的德國更加極端，蘇聯的科學家仍舊能夠產出創造性和有效的科學研究成果。而今日中國的科學家也更加證明，即使在中國的傳統教育體系死記硬背的情形下，民主國家也並未獨享創造力。大家對此應該都不感驚訝。比起納粹統治下的德國科學家，今日大多數中國科學家享有更多的國家支持、個人自由和不受煽動主義影響，但是德國科學家還是完全能夠進行充滿活力和富有成效的科學研究，特別是導致哈恩和斯特拉斯曼於一九三八年發現核分裂的研究。

許多科學家認為，獨裁政權不可避免獨斷的決定可以或不可以發現和教育什麼樣的知識，並將此意識形態強加於科學之上。這種情況當然發生了：科學中一個最惡名昭彰的意識形態扭曲，是史達林於一九二〇至一九六〇年代之間，為了支持特羅菲姆．李森科（Trofim Lysenko）在遺傳學上所傳播對農業造成災害性影響的拉馬克觀點，而壓迫了達爾文的遺傳學，而李森科在政治考量上以馬克思主義的框架來表達他的觀點。但是，這種干擾很罕見。我們已經看到「亞利安物理學」從納粹政府所得到的支持相當少，主要是因為那些了解科學價值的領袖不相信科學能夠達成期待。「沒有政治體制持續且全面的嘗試過在科學家身上實行意識形態正確的科學」，沃克及其同僚說，部分是因為「科學和科學家的軍事潛力遠遠超過並否決想要從思想上淨化科學的企圖」[32]。希特勒因為務實的理由，準備在戰爭期間鬆開反猶太主義的束縛，史達林甚至也不想冒著讓核子物理政治化的風險。「史達林讓他的核子物理學家自行研究，」歷史學家托尼．朱特（Tony Judt）說，「他可能瘋了，但他並不愚蠢。」[33]

的確，科學和民主的價值觀應該脫鉤思考，不僅在科學的建立與實務角度上，也在於科學的智性內容。一些科學家仍然相信，要先成為世界的好公民、自由民主人士，能夠在開放心性和智性去接近自然，才能成為優秀的科學家。儘管斯塔克或雷納在科學上的成就都無法匹配他們所獲得的諾貝爾獎項，我們也不應該錯誤的想像，在他們可憎的政治和社會傾向中有種根本的東西，使其無法扮演好科學家的角色。喬登的案例更令人憂慮，他在哥本哈根對於量子力學的解釋正在

29 Heim, Sachse & Walker (eds) (2009), 4.
30 Renneberg & Walker (eds) (1994), 310.
31 同前註，311。
32 Walker (ed.) 2003, 58.
33 T. Judt (2010). Postwar: A History of Europe Since 1945, 174. Vintage, London.

形成時，是波耳圈子裡的關鍵人物之一。喬登從量子理論明顯破壞客觀性中做出結論，認為由第三帝國「消除」啟蒙運動的遺跡是必然的結果。根據歷史學家諾頓．懷斯（M. Norton Wise）的說法，更重要的是，喬登傾向納粹的意識形態觀點充溢於他的物理理論之中，讓他以真正的價值和效用來確切表達量子理論的各個方面。「有必要明確的說明這一點，」懷斯說：

因為我們抱持執著的迷思，認為當科學家擁抱希特勒，就會無法獲取基礎的知識。沒有人能夠在追求納粹政治利益或在追求知識時使用這些利益的同時，也能夠真正追尋真理。但是，他們當然可以，而且做到了。[34]

同一個錯誤想法的另一面是，想像科學中的政治干預只會發生在獨裁統治。有些情況的確不可避免：舉例來說，科學和技術需要規範，以確保遵循一定的道德標準和責任，而且對於這樣的規範應該延伸到什麼程度，沒有明顯或大家都同意的立場：對一位教授來說合理的要求，對另一位教授卻可能是壓制性的干預。可以制定或打破規範的資金，都是高度政治化的結果。福爾曼針對戰後美國量子電子技術的研究表明，政府只是透過如何選擇所要支持的研究，「就能夠深刻影響科學家的工作，影響他們研究的問題、使用的方法，以及如何展示成果」[35]。經過民主程序選出來的政治家都表現出願意挑戰科學的自主性、權威性、完整性和有效性。

他們不僅有時會權宜的忽略科學家所提出的麻煩建議——雖然最異乎尋常的例子就是喬治・布希對於科學界在氣候變遷上的共識所表現的抗拒，但是我們也可以看到一些西方政府持續拒絕聽從對藥物濫用政策的醫療建議——並且不屑於暗箱操縱證據。布希的生物倫理委員會被選為在胚胎研究和幹細胞技術上提供對於他的選區最好的建議，然而在二〇〇七年，美國眾議院政府改革暨監督委員會得出的結論是，「布希政府從政府系統致力於操縱氣候變遷科學，並誤導決策者和大眾對於全球暖化的危險認知」[36]。土耳其是穆斯林民主國家，最近讓科學院及其科學研究資助機構歸於國家直接控制之下。有人認為此一舉動是因為政府感覺科學界太過世俗和自由。當然，人們可以用邱吉爾的觀點來辯論，認為要防範此類干預，民主是最不糟糕的政治制度。這可能是真的。但是，在歷史上很難看到支持民主保證會有好的科學，而極權主義卻會將其扼殺的自我滿足假設。此外，如果科學要和政治領袖合作，有時又要加以反對，就會需要社會上其他人的支持。科學家需要免受排斥和迫害的法律保護，這個事實在美國的氣候科學和生物醫學研究的政治化中可以明顯看到。在美國，當來自資金充裕的宗教或氣候懷疑論者組織對個人提出的訴訟或恐嚇，

---

34 Renneberg & Walker (eds) (1994), 244.

35 Heim, Sachse & Walker (eds) (2009), 13.

36 US House of Representatives Committee on Oversight and Government Reform (2007), 'Political interference with climate change science under the Bush Administration', December. Executive Summary, i.

有一些機構會拒絕提供法律辯護。

自從哈柏雷爾針對四十年前的科學界（尤其是納粹德國）在政治和道德上的精明提出相當譴責的評論之後，產生了很大的變化，不僅於人們日益認識到，科學在應對如環境的變化和流行病這樣的全球危機中，扮演了核心的角色。但許多科學家仍然堅持一種陳腔濫調，認為他們的工作「非關政治」，是不受世俗事務汙染的真相追尋。當政府打擾並干涉科學，科學家仍在努力尋找有效的抵抗方法。很難讓他們負擔全責，但是歷史顯示，厭惡政治參與會讓政府更容易操弄一切。在從德拜、普朗克和海森堡的故事吸取教訓之前，我們不應該等待另一個獨裁政權出現，才能從政治和經濟挫折和幻滅達成共識。

參考書目

H. D. Abruña (2006). 'Peter Debye', *Chemical and Engineering News* July 24, 4–6.

H. Albrecht (1993). 'Max Planck: Mein Besuch bei Adolf Hitler' – Anmerkungen zum Wert einer historischen Quelle, in H. Albrecht (ed.), *Naturwissenschaft und Technik in der Geschichte* 41–63. Verlag für Geschichte der Naturwissenschaft und Technik, Stuttgart.

G. C. Altschuler (2006). 'The convictions of Peter Debye', *Daedalus*, Fall, 96–103.

J. Baggott (2009). *Atomic*. Icon, London.

J. Bernstein (ed.) (2001). *Hitler's Uranium Club: The Secret Recordings at Farm Hall*, 2nd edn. Copernicus, New York.

A. D. Beyerchen (1977). *Scientists under Hitler: Politics and the Physics Community in the Third Reich*. Yale University Press, New Haven.

M. Born (2005). *The Born–Einstein Letters*. Macmillan, London.

P. Bridgman (1948). 'Scientists and social responsibility', *Bulletin of the Atomic Scientists* **4(3)**, 69–72.

H. Casimir (1983). *Haphazard Reality*. New York.

D. C. Cassidy (2009). *Beyond Uncertainty: Heisenberg, Quantum Physics, and the Bomb*. Bellevue Literary Press, New York.

J. Cornwell (2003). *Hitler's Scientists*. Viking, London.

M. Davies (1970). 'Peter Joseph Wilhelm Debye: 1884–1966', *Biographical Memoirs of Fellows of the Royal Society* **16**, 175–232.

P. Debye (1965–66). Oral interview conducted by D. M. Kerr and L. P. Williams, 22 December 1965, 20 January 1966, 6 June 1966 & 16 June 1966. Kroch Library, Cornell University, Archive 13–6–2282 trsc.5216–5218.

P. Debye (1962). Oral interview conducted by T. Kuhn & G. Uhlenbeck, 3 May 1962. Available at www.aip.org/history/ohilist/4568_1.html.

P. Debye (1964). Oral interview conducted by H. Zuckerman. Oral History Research Office, Butler Library, Columbia University, New York, Box 20, Room 801.

M. Delbrück (1978). Oral interview conducted by C. Harding, 14 July–11 September. Archives of the

California Institute of Technology, Pasadena. Available at oralhistories.library.caltech.edu/16/1/OH_Delbruck_M.pdf.

J. van Dongen (2007). ‘Reactionaries and Einstein’s Fame: “German Scientists for the Preservation of Pure Science,” Relativity, and the Bad Nauheim Meeting’. *Physics in Perspective* **9**, 212–30.

M. Dörries (ed.) (2005). *Michael Frayn’s Copenhagen in Debate*. University of California Press, Berkeley.

H. Douglas (2003). ‘The moral responsibilities of scientists’. *Amercian Philosophical Quarterly* **40**, January, 59–68.

M. Eickhoff (2008). *In the Name of Science? P. J. W. Debye and His Career in Nazi Germany*, transl. P. Mason. Aksant, Amsterdam.

A. Einstein (1954). *Ideas and Opinions*. Bonanza Books, New York.

A. Einstein (1949). *The World as I See It*. Philosophical Library, New York.

P. Epstein (1965). Oral interview conducted by Alice Epstein, Pasadena, California, beginning 22 November 1965. Oral History Project, California Institute of Technology. Available at http://oralhistories.library.caltech.edu/73/.

P. Forman (1971). ‘Weimar culture, causality, and quantum theory, 1918–1927: adaptation by German physicists and mathematicians to a hostile intellectual environment', *Historical Studies in the Physical Sciences*, ed. R. McCormmach, 1–115. University of Pennsylvania Press, Philadelphia.

P. Forman (1973). 'Scientific internationalism and the Weimar physicists: the ideology and its manipulation in Germany after World War I', *Isis* **64**, 151–80.

C. Frank (ed.) (1993). *Operation Epsilon: The Farm Hall Transcripts*. Institute of Physics Publishing, Bristol.

H. B. Gisevius (2009). *'Valkyrie': An Insider's Account of the Plot to Kill Hitler*. Da Capo, Philadelphia. Originally published as *To the Bitter End*, Da Capo, Cambridge, Ma., 1947.

S. A. Goudsmit (1947). *Alsos*. Henry Schuman, New York.

S. A. Goudsmit (1921–79). Samuel A. Goudsmit Papers. American Institute of Physics. Available at http://www.aip.org/history/nbl/collections/goudsmit/.

J. Haberer (1969). *Politics and the Community of Science*. Van Nostrand Reinhold Co., New York.

J. L. Heilbron (2000). *The Dilemmas of an Upright Man: Max Planck and the Fortunes of German Science*, 2nd edn. Harvard University Press, Cambridge, Ma.

S. Heim, C. Sachse & M. Walker (eds) (2009). *The Kaiser Wilhelm Society under National Socialism*. Cambridge University Press, Cambridge, 2010.

W. Heisenberg (1947). 'Research in Germany on the technical application of atomic energy', *Nature* **160**, 211–215.

W. Heisenberg (1971). *Physics and Beyond: Encounters and Conversations*, transl. A. J. Pomerans. George Allen & Unwin, London.

K. Hentschel (ed.) (1996). *Physics and National Socialism: An Anthology of Primary Sources*, transl. A. M. Hentschel. Birkhauser Verlag, Basel.

K. Hentschel (2012), 'Distrust, bitterness, and sentimentality: On the mentality of German physicists in the immediate post-war period'. In Hoffmann & Walker (2012).

R. Hoffmann (2006), 'Peter Debye', *Chemical and Engineering News* July 24, Volume 84, Number 30, pp. 4–6.

D. Hoffmann (1997). 'Max Planck (1858–1947): Leben– Werk–Persönlichkeit', in *Max Planck: Vorträge und Ausstellung zum 50. Todestag*. Max-Planck-Gesellschaft, Munich.

D. Hoffmann (2005). 'Between autonomy and accommodation: the German Physical Society during the Third Reich', *Physics in Perspective* **7(3)**, 293–329.

D. Hoffmann & M. Walker (eds) (2011). *'Fremde' Wissenschaftler im Dritten Reich. Die Debye-Affäre im Kontext*. Wallstein Verlag, Göttingen.

D. Hoffmann & M. Walker (2004). 'The German Physical Society under National Socialism', *Physics Today* **57(12)**, 52–8.

D. Hoffmann & M. Walker (2006a). 'Peter Debye: a typical scientist in an untypical time'. Available at www.dpg-physik.de/dpg/gliederung/fv/gp/debye_en.html.

D. Hoffmann & M. Walker (eds) (2006b). *Physiker zwischen Autonomie und Anpassung*. Wiley, Berlin.

D. Hoffmann & M. Walker (eds) (2012). *The German Physical Society in the Third Reich*. Cambridge University Press, Cambridge.

J. Hughes (2009). 'Making isotopes matter: Francis Aston and the mass-spectrograph', *Dynamis* **29**, available at http://dx.doi.org/10.4321/S0211-95362009000100007.

S. E. Hustinx & C. Bremen (eds) (2000). *Pie Debije – Peter Debye 1884–1966*. Gardez!, St Augustin.

D. Irving (1967). *The Virus House*. Kimber, New York.

L. E. Jones (1988). *German Liberalism and the Dissolution of the Weimar Party System 1918–1933*. University of North Carolina Press, Chapel Hill.

R. Jungk (1958). *Brighter than a Thousand Suns*. Harcourt, Brace & Co., New York.

H. Kant (1997). 'Peter Debye (1884–1966)', in *Die grossen Physiker* Vol. 2, p. 263–75. Beck, Munich.

H. Kant (1996a). 'Albert Einstein, Max von Laue, Peter Debye und das Kaiser-Wilhelm-Institut für

Physik in Berlin (1917–1939)', in B. vom Brocke & H. Laitko (eds), *Die Kaiser-Wilhelm-/Max-Planck-Gesellschaft und ihre Institute*, 227–43. Walter de Gruyter, Berlin.

H. Kant (1996b). 'Peter Debye und die Deutsche Physikalische Gesellschaft'. In D. Hoffmann, F. Bevilacqua & R. Stuewer (eds), *The Emergence of Modern Physics*, Proceedings of a Conference Commemorating a Century of Physics, Berlin, 22–24 March 1995, 505–20. Università degli Studi di Pavia.

Horst Kant (1993). 'Peter Debye und das Kaiser-Wilhelm-Institut für Physik in Berlin'. In H. Albrecht (ed.), *Naturwissenschaft* und *Technik in der Geschichte: 25 Jahre Lehrstuhl für Geschichte der Naturwissenschaft und Technik am Historischen Institut der Universität Stuttgart*. Verlag für Geschichte der Naturwissenschaften und der Technik, Stuttgart.

R. Karlsch & M. Walker (2005). 'New light on Hitler's bomb', *Physics World* June, 15–18.

I. Kershaw (2008). *Hitler, the Germans, and the Final Solution*. Yale University Press, New Haven.

A. Kramish (1986). *The Griffin*. Macmillan, London.

T. S. Kuhn & G. Uhlenbeck (1962). Interview with Dr Peter Debye, 3 May. AIP oral history http://www.aip.org/history/ohilist/4568_1.html.

M. Kumar (2008). *Quantum: Einstein, Bohr and the Great Debate about the Nature of Reality*. Icon,

Cambridge.

E. Kurlander (2009). *Living with Hitler*. Yale University Press, New Haven.

M. von Laue (1948). 'The wartime activities of German scientists', *Bulletin of the Atomic Scientists* April, 103.

A. Long (1967). 'Peter Debye: An Appreciation', *Science* **155**, 979.

K. Macrakis (1993). *Surviving the Swastika: Scientific Research in Nazi Germany*. Oxford University Press, New York.

G. L. Mosse (ed.) (1966). *Nazi Culture: Intellectual, Cultural and Social Life in the Third Reich*. Grosset & Dunlap, New York.

P. Morrison (1947). '*Alsos*: The story of German science', *Bulletin of the Atomic Scientists* December, 354–65.

P. Morrison (1948). 'A reply to Dr von Laue', *Bulletin of the Atomic Scientists* April, 104.

B. Müller-Hill (1988). *Murderous Science*. Oxford University Press, Oxford.

Niels Bohr Archive, http://www.nba.nbi.dk/

J. R. Oppenheimer (1989). *Atom and Void: Essays on Science and Community*. Princeton University Press, Princeton.

A. Pais (1991). *Niels Bohr's Times*. Clarendon, Oxford.

R. Peierls (1985). Interview with Mark Walker, 7 April. Niels Bohr Library & Archives, American Institute of Physics, College Park, Maryland. Available at http://www.aip.org/history/ohilist/4819.html.

T. Powers (1993). *Heisenberg's War: The Secret History of the German Bomb*. Da Capo, Cambridge, Ma.

G. Rammer (2012), '"Cleanliness among our circle of colleagues": the German Physical Society's policy towards its past', in Hoffmann & M. Walker (eds) (2012).

J. Reiding (2010). 'Peter Debye: Nazi collaborator or secret opponent?', *Ambix* **57**, 275–300.

J. Reiding, E. Homberg, K. van Berkel, L. Dorsman & M. Eickhoff (2008). 'Discussiedossier over Debye', *Studium* **4**, 269–86. Gewina (Dutch Society for the History of Science and Universities).

M. Renneburg & M. Walker (eds) (1994). *Science, Technology and National Socialism*. Cambridge University Press, Cambridge.

R. Rhodes (1986). *The Making of the Atom Bomb*. Simon & Schuster, New York.

S. I. Rispens (2006a). *Einstein in Nederland: Een Intellectuelle Biographie*. Ambo, Amsterdam.

S. Rispens (2006b). 'Peter Debye, nobelprijswinnaar met vuile handen', *Vrij Nederland* 21 January 2006. Available at http://www.vn.nl/Archief/Wetenschapmilieu/Artikel-Wetenschapmilieu/Peter-Debyenobelprijswinnaar-met-vuile-handen.htm.

Rockefeller Foundation Archive, Tarrytown, New York.

P. L. Rose (1998). *Heisenberg and the Nazi Atomic Bomb Project: A Study in German Culture*. University of California Press, Berkeley.

J. Roth (2003). *What I Saw: Reports from Berlin, 1920–1933*, ed. & transl. M. Hofmann. Granta, London.

D. E. Rowe & R. J. Schulmann (2007). *Einstein on Politics: His Private Thoughts and Public Stands on Nationalism, Zionism, War, Peace, and the Bomb*. Princeton University Press, Princeton.

C. Sachse & M. Walker (eds) (2005). *Politics and Science in Wartime: Comparative International Perspectives on the Kaiser Wilhelm Institutes*. University of Chicago Press, Chicago.

W. Schulz (2006). 'Nobel laureate is accused of Nazi collaboration', *Chemical and Engineering News* 6 March, 19.

R. L. Sime (1996). *Lise Meitner: A Life in Physics*. University of California Press, Berkeley.

J. Stark (1938). 'The pragmatic and the dogmatic spirit in physics', *Nature* **141**, 770–72.

M. Szöllösi-Janze (ed.) (2001). *Science in the Third Reich*. Berg, Oxford.

G. van Ginkel (2006). *Prof. Peter J. W. Debye (1884–1966) in 1935–1945: An Investigation of Historical*

Sources. RIPCN, the Netherlands.

G. van Ginkel & C. Bremen (2007). 'Die Kontroverse um "Aachens berühmtesten Schüler": Peter Debye'. *Zeitschrift des Aachener Geschichtsvereins* Band 109, 101–150.

M. Walker (1989). *German National Socialism and the Quest for Nuclear Power 1939–1949*. Cambridge University Press, Cambridge.

M. Walker (1990). 'Heisenberg, Goudsmit and the German atomic bomb', *Physics Today* **43(1)**, 52–60.

M. Walker (1995). *Nazi Science: Myth, Truth and the German Atomic Bomb*. Plenum, New York.

M. Walker (2009). 'Nuclear weapons and reactor research at the Kaiser Wilhelm Institute for Physics', in Walker & Hoffmann (eds) (2012).

M. Walker (ed.) (2003). *Science and Ideology: A Comparative History*. Routledge, London.

Werner Heisenberg pages, http://werner-heisenberg.physics.unh.edu/.

J. W. Williams (1975). 'Peter Joseph Wilhelm Debye', *Biographical Memoirs of the National Academy of Sciences*. National Academy of Sciences, Washington, DC.

國家圖書館出版品預行編目資料

為第三帝國服務：希特勒與科學家的拉鉅戰／菲利浦．鮑爾（Philip Ball）著；張毓如譯. -- 二版. -- 臺北市：麥田出版：家庭傳媒城邦分公司發行, 2017.02
面；　公分. --（歷史選書；64）
譯自：Serving the Reich : the struggle for the soul of physics under Hitler
ISBN 978-986-344-430-5（平裝）
1. 德國史　2. 科學家　3. 希特勒時代
743.257　　106000492

歷史選書 64

為第三帝國服務：希特勒與科學家的拉鋸戰

Serving the Reich: The Struggle for the Soul of Physics under Hitler

作　　者／菲利浦．鮑爾（Philip Ball）
譯　　者／張毓如
校　　對／吳美滿
主　　編／林怡君

國際版權／吳玲緯　蔡傳宜
行　　銷／艾青荷　蘇莞婷　黃家瑜
業　　務／李再星　陳玫潾　陳美燕　杻幸君
編輯總監／劉麗真
總 經 理／陳逸瑛
發 行 人／凃玉雲
出　　版／麥田出版
10483臺北市民生東路二段141號5樓
電話：(886)2-2500-7696　傳真：(886)2-2500-1967
發　　行／英屬蓋曼群島商家庭傳媒股份有限公司城邦分公司
10483臺北市民生東路二段141號11樓
客服服務專線：(886) 2-2500-7718、2500-7719
24小時傳真服務：(886) 2-2500-1990、2500-1991
服務時間：週一至週五 09:30-12:00．13:30-17:00
郵撥帳號：19863813　戶名：書虫股份有限公司
讀者服務信箱E-mail：service@readingclub.com.tw
麥田網址／https://www.facebook.com/RyeField.Cite/
香港發行所／城邦（香港）出版集團有限公司
香港灣仔駱克道193號東超商業中心1樓
電話：(852)2508-6231　傳真：(852)2578-9337
E-mail：hkcite@biznetvigator.com
馬新發行所／城邦（馬新）出版集團【Cite(M) Sdn. Bhd. (458372U)】
41, Jalan Radin Anum, Bandar Baru Sri Petaling, 57000 Kuala Lumpur, Malaysia.
電話：(603)9057-8822　傳真：(603)9057-6622
電郵：cite@cite.com.my

封面設計／江孟達
印　　刷／前進彩藝有限公司

■2017年2月5日　初版一刷　　Printed in Taiwan.

定價：460元

ISBN 978-986-344-430-5